北京大学首都高端智库系列报告

北京市社会科学基金项目（20JCB073）资助

Report on Coordinated Development of
Beijing, Tianjin and Hebei 2022
Regional Coordinated Gcvernance

2022
京津冀
协同发展报告
区域协同治理

冯长春 赵鹏军 主编

科学出版社
北 京

内 容 简 介

本书围绕“区域协同治理”主题，总结《京津冀协同发展规划纲要》实施五年来取得的成效，诊断面临的问题、挑战和机遇；并从非首都功能疏解、京津冀产业协同发展规划、京津冀生态环境共保联治、京津冀交通网络互联互通、京津冀协同治理创新与保障等方面进行专题研究，系统梳理京津冀协同发展的进展，全面分析区域协同发展的趋势，针对性地提出“十四五”时期京津冀区域协同治理的策略，谋划京津冀区域协同发展的方向与路径。

本书可作为区域发展、产业经济、城乡规划管理、国土空间规划等领域高校师生的参考用书，也可供相关领域科研人员和管理人员参阅，以及为政府部门制定政策提供参考依据。

图书在版编目（CIP）数据

2022 京津冀协同发展报告：区域协同治理/冯长春，赵鹏军主编. —北京：科学出版社，2022.1

ISBN 978-7-03-071224-0

Ⅰ. ①2… Ⅱ. ①冯… ②赵… Ⅲ. ①区域经济发展-研究报告-华北地区-2022 Ⅳ. ①F127.2

中国版本图书馆 CIP 数据核字（2021）第 271066 号

责任编辑：石 卉 吴春花 / 责任校对：刘 芳
责任印制：徐晓晨 / 封面设计：有道文化

科学出版社 出版
北京东黄城根北街 16 号
邮政编码：100717
http:// www.sciencep.com

北京建宏印刷有限公司 印刷

科学出版社发行 各地新华书店经销

*

2022 年 1 月第 一 版 开本：720×1000 1/16
2022 年 1 月第一次印刷 印张：17 1/4
字数：350 000

定价：128.00 元

（如有印装质量问题，我社负责调换）

总　序

今年适逢我国改革开放四十年，也是首都建设和京津冀协同发展迎来新时代的开局之年。站在“两个一百年”的历史交汇点上，回顾往昔，展望未来，“建设一个什么样的首都，怎样建设首都”及如何促进京津冀协同发展这一被习近平总书记提出的重大时代课题摆在了我们各级决策者、众多研究者的面前。研究新时代的首都发展规律，探索建设以首都为核心的京津冀世界级城市群的发展道路，是区域与城市研究者，特别是首都与京津冀研究者的历史担当和使命。

成立于 1999 年 3 月的北京大学首都发展研究院（简称首发院）是北京大学与北京市委、市政府共建的服务于首都发展的重要平台。首发院汇聚了众多主要来自北京大学的城市与区域研究者，是首都及京津冀研究的一支重要力量，也是北京市第一批 14 家高端智库建设试点单位之一。成立近二十年来，首发院在城市与区域科学研究、首都发展战略研究、京津冀协同发展研究、空间大数据与政策模拟研究四大方向持续开展了卓有成效的研究咨询工作，已经成长为享有盛名的政策研究咨询机构。

首发院致力于归纳、把握与传播以首都和京津冀为研究对象的最新研究成果，持续地跟踪和分析城市与区域的发展动态，已经先后出版多部“首都发展报告”和“京津冀区域发展报告”。作为新时代首都新型高端智库的成果集中发布与展示载体，首发院整合原有发展报告产品，将其统一改版，以“北京大学首都高端智库系列报告”的形式编辑出版。

作为北京大学的毕业生和长期从事城市与区域研究的学者，我希望“北京大学首都高端智库系列报告”应该在以下三个方面成为典范：

一是应吸取北京大学及社会各界关于城市与区域发展理论和实践的经验，集中展现首都与京津冀发展研究的高质量成果和最新动态；

二是应以服务首都与京津冀协同发展为己任，以迅捷有效的方式为国家与北京市的科学决策提供智力支持；

三是应努力以翔实的数据、科学的方法、扎实的研究、凝练的语言，提供高质量的学术精品。

陆大道

2018年12月

前　言

2014年2月26日，习近平主持召开了京津冀协同发展座谈会，强调实现京津冀协同发展，是面向未来打造新的首都经济圈、推进区域发展体制机制创新的需要，是探索完善城市群布局和形态、为优化开发区域发展提供示范和样板的需要，是探索生态文明建设有效路径、促进人口经济资源环境相协调的需要，是实现京津冀优势互补、促进环渤海经济区发展、带动北方腹地发展的需要，是一个重大国家战略，要坚持优势互补、互利共赢、扎实推进，加快走出一条科学持续的协同发展路子来[①]。习近平将京津冀协同发展上升为国家战略，开启了该区域全面合作、协同发展的新篇章。2015年4月30日，中共中央政治局会议审议通过了《京津冀协同发展规划纲要》，明确指出，京津冀整体定位是“以首都为核心的世界级城市群、区域整体协同发展改革引领区、全国创新驱动经济增长新引擎、生态修复环境改善示范区”[②]。这一国家战略实施五年来，北京城市副中心建设、非首都功能疏解、冬奥会筹办、雄安新区建立以及京津冀交通一体化和环境综合整治等一系列重大举措落地实施，有力地推动了京津冀区域协同创新与高质量发展。党的十九大报告进一步提出，要以疏解北京非首都功能为“牛鼻子”推动京津冀协同发展，高起点规划、高标准建设雄安新区。党中央、国务院做出推动京津冀协同发展的重大战略部署之后，京津冀协同发展进入新阶段。京津冀三省市和有关部门单位围绕非首都功能疏解和建设以首都为核心的京津冀世界级城市群等任务，一是有序推进北京非首都功能疏解，优化空间布局和社会经济结构；二是高标准高质量建设雄安新区，新区面貌日新月异；三是大力推进重点领域协同发展，交通互联互通、生态环境共保联控、产业转型升级等方面

---

① “平语”近人——习近平解题京津冀协同发展[EB/OL]. http://www.xinhuanet.com/politics/2017-02/24/c_1120521126.htm[2021-06-08].

② 《京津冀协同发展规划纲要》[EB/OL]. http://www.bjchp.gov.cn/cpqzf/315734/tzgg27/1277896/[2021-06-08].

不断取得新进展；四是积极推进改革创新，协同创新发展体制机制不断完善；五是加快基础设施和公共服务设施建设，提升基本公共服务均等化水平；六是加强重大突发事件联防联控，提高风险防范和应急处置能力；七是圆满完成“十三五”规划目标和任务。京津冀协同发展报告研究组及时跟踪京津冀协同发展的进程和政策实施效果，总结京津冀协同发展取得的成就，诊断分析发展中面临的突出问题，科学谋划协同发展的路径和方向，是探索人口经济密集地区优化开发模式和推动京津冀建设世界级城市群的战略需要，也为京津冀协同发展政策的制定提供科学依据。

本书是首发院系统研究京津冀区域发展战略的综合性系列报告的第九部，也是首批纳入“北京大学首都高端智库系列报告”的报告之一。全书包括京津冀协同发展：《京津冀协同发展规划纲要》实施五年评价、非首都功能疏解、京津冀产业协同发展规划、京津冀生态环境共保联治、京津冀交通网络互联互通、京津冀协同治理创新与保障等内容。如无特别说明，本书引用数据源自历年《中国统计年鉴》《北京统计年鉴》《北京区域统计年鉴》《天津统计年鉴》《河北经济年鉴》《中国环境统计年鉴》《中国交通运输统计年鉴》。

本书是在“北京大学首都高端智库系列报告”学术指导委员会的指导下完成的。研究编写组成员来自北京大学城市与环境学院、政府管理学院、首都发展研究院及深圳研究生院等机构的专家团队。本书由两位主编讨论确定总体思路和结构框架、各章节的主要内容，然后由各章执笔者承担相应章节的写作，最后由冯长春、赵鹏军、贺一舟、高瑜堃、杨乐统稿，由冯长春、赵鹏军修改定稿。第一章由冯长春、赵鹏军、贺一舟、罗佳执笔；第二章由万山铨、张佳琪、陈思宇执笔；第三章由罗业典、毛守城、陆莹执笔；第四章由李燕莹、陈霄依、李佳瑞执笔；第五章由程正、刘允豪执笔；第六章由李贺诚、李孟渝、旦增巴桑执笔。北京大学首都高端智库（北京大学首都发展研究院）专门立项进行专题研究，并支持本书的编写和出版。本研究受到北京市社会科学基金项目（京津冀城市群空间深度一体化模式与治理路径创新研究，20JCB073）的资助。

北京大学首都发展研究院的工作人员为本书的编写和出版付出了诸多努力。本书在编写过程中得到了北京市社会科学界联合会、北京市科学技术委员会、北京市发展和改革委员会、天津市发展和改革委员会、河北省发展和改革委员会等单位的大力支持。本书的出版得到了科学出版社首席策划石卉女士的帮助。在此，对给予本书编写和出版的相关机构、企业、个人表示衷心的感谢。特别感谢中国科学院院士、北京大学首都高端智库理事会首席顾问陆大道先生欣然为“北京大学首都高端智库系列报告”作序，并对本系列报告提出了新要求，这将成为我们今后不断努力的方向。

本书力图反映《京津冀协同发展规划纲要》实施以来，京津冀协同发展的最新状况和总体趋势，但限于理论水平与实践经验，书中难免存在不足之处，望广大读者批评指正。

冯长春

2021年12月

目　　录

1 第一章 京津冀协同发展：《京津冀协同发展规划纲要》实施五年评价

第一节　京津冀协同发展取得的主要成就

一、城市群空间结构优化完善

2015年，中共中央政治局会议审议通过《京津冀协同发展规划纲要》，要求按照“功能互补、区域联动、轴向集聚、节点支撑”的思路，以“一核、双城、三轴、四区、多节点”为骨架，推动有序疏解北京非首都功能，构建以重要城市为支点，以战略性功能区平台为载体，以交通干线、生态廊道为纽带的网络型空间格局。2018年，《中共中央 国务院关于建立更加有效的区域协调发展新机制的意见》要求以疏解北京非首都功能为“牛鼻子”推动京津冀协同发展，调整区域经济结构和空间结构，推动河北雄安新区和北京城市副中心建设，探索超大城市、特大城市等人口经济密集地区有序疏解功能、有效治理“大城市病”的优化开发模式。2015年以来，京津冀区域空间格局逐步完善，“一核”首都核心功能优化提升，“双城”联动引擎作用不断凸显，“三轴”人口产业集聚作用显著，“四区”差异化发展格局初步形成，“多节点”城市综合承载力增强，“两翼”先行引领区域协同发展。

1.“一核”首都核心功能优化提升

北京是京津冀区域协同发展的核心，其辐射带动作用进一步显现。京津冀协同发展战略实施以来，北京GDP占区域GDP比重不断提高，由2015年的33.18%上升为2019年的41.82%。与此同时，非首都功能疏解初见成效，北京作为“全国政治中心、文化中心、国际交往中心、科技创新中心”的职能不断凸显，人口调控成效显著，产业服务化、高端化态势显著，“严控增量、疏解存量、疏堵结合”的政策手段逐步完善，“大城市病”问题初步得到缓解。

2.“双城”联动引擎作用不断凸显

北京和天津是京津冀协同发展中的“双城”，带动区域经济社会一体化发展的引擎作用不断显现。京津冀协同发展战略实施以来，京津两市GDP 占区域GDP 比重从2015年的57.02%上升为2019年的58.50%。2020年4月，京津两市共同签署《贯彻落实京津冀协同发展重大国家战略，推进实施重点工作协议》等6项协议及备忘录，宣布将在9个方面、30个重点领域深化互利合作。京津“双城”联动进一步强化，合作深度和广度全方位拓展，尤其在轨道交通建设、产业园区协作、协同创新发展等方面取得重大进展，“双城”共同发挥高端引领和辐射带动作用。

3.“三轴”人口产业集聚作用显著

京津、京保石、京唐秦是京津冀区域的主要通道，是区域主要的产业发展带和城镇集聚轴，产业要素的轴向集聚作用显著。京津发展轴沿线主要城市北京、廊坊、天津经济发展速度快，“京津冀大数据走廊”建设步伐加快，科研成果转化优势突出。京保石发展轴沿线主要城市保定、石家庄、邢台、邯郸等制造业转型升级成效显著，其中以河北·京南国家科技成果转移转化示范区中的固安高新区、霸州经济开发区、涿州国家农业科技园区等为代表的产业园区建设成果尤为突出。京唐秦发展轴沿线的天津宝坻区、唐山、秦皇岛等地的产业对接协作工作不断深入，其中曹妃甸区是河北承接京津产业转移和城市功能疏解的战略功能区，园区建设已初步完成，并为方便企业入驻消除了行政审批障碍；宝坻区是京津唐发展轴沿线的重要节点，重点将其打造成该轴线上的活力新城、非首都功能疏解重要承接地、科技绿色产业重镇和国家级生态保护与建设示范区。

4. “四区”差异化发展格局初步形成

“四区”包括中部核心功能区、东部滨海发展区、南部功能拓展区、西北部生态涵养发展区。中部核心功能区包括北京平原地区、天津平原地区、河北廊坊及保定平原地区，是引领京津冀协同发展的核心区域，具有要素资源集聚、产业层次高、创新能力强的独特优势。随着非首都功能疏解工作的不断推进，京津保地区率先开展联动发展，廊坊、保定两市合理承接产业迁移疏解，经济总量不断扩大，发展前景良好。东部滨海发展区包括天津、河北沿海地区，拥有广阔的发展空间和显著的对外开放优势，发展势头强劲。该区在强化港口群建设、加强港城联动的基础上，重点发展战略性新兴产业、先进制造业和生产性服务业。南部功能拓展区包括河北石家庄、邯郸、邢台平原地区及衡水，拥有丰富的自然资源基础，增长潜力较大。该区是推动京津冀协同发展的战略腹地，重点承担农副产品供给、科技成果产业化和高新技术产业发展功能。随着产业结构优化调整和农副产品生产供应功能的完善，该区经济实力不断增强。西北部生态涵养发展区包括北京山区、天津山区，河北张家口、承德及其他山区，拥有相对完整的生态系统和良好的环境质量，水资源相对丰富，是支撑京津冀协同发展的生态保障区域。该区充分发挥生态保障、水源涵养、旅游休闲、绿色产品供给功能，促进了区域社会经济的发展。

5. “多节点”城市综合承载力增强

石家庄、唐山、保定、邯郸等区域性中心城市的产业和人口集聚功能不断强化，持续拉动河北经济增长。张家口、承德、廊坊、秦皇岛、邢台、衡水等节点城市的支撑作用有所增强，城市综合承载力和服务能力逐渐提升。多个节点城市的功能定位进一步明确，成为区域人口、产业和空间格局优化的有力支撑，有序推动区域产业和人口的合理布局。

6.“两翼”先行引领区域协同发展

北京城市副中心和河北雄安新区是京津冀协同发展中的“两翼”，其发展已从顶层设计阶段转向落地建设阶段，作为区域联动的先行区推动京津冀一体化发展。北京城市副中心规划范围为原通州新城规划建设区，总面积约155平方千米，与外围拓展区覆盖通州全区约906平方千米[①]。2018年12月，中共中央、国务院《北京城市副中心控制性详细规划（街区层面）（2016年—2035年）》。2019年1月，北京市级行政中心正式迁入北京城市副中心。2020年3月，北京城市副中心新闻发布会宣布副中心与廊坊北三县地区开展协同规划和管理。雄安新区的设立，是党中央深入推进京津冀协同发展的一项重大决策部署，是继深圳经济特区和上海浦东新区之后又一全国性新区，也是中国（河北）自由贸易试验区的组成部分，其规划范围涉及河北雄县、容城、安新3县及周边部分区域。2018年12月，国务院正式批复《河北雄安新区总体规划（2018—2035年）》。2019年8月，中国（河北）自由贸易试验区在雄安市民服务中心揭牌成立。2019年10月，雄安新区入选国家数字经济创新发展试验区。雄安新区将高质量发展贯穿于新区建设发展的全过程中，增强对北京非首都功能的吸引力，加快构建符合高质量发展要求和未来发展方向的制度体系，形成北京非首都功能疏解的集中承载地，推动雄安新区实现更高质量、更有效率、更可持续的发展，起到先行引领示范作用。

二、非首都功能疏解成效明显

1. 人口疏解初见成效

在人口规模和密度的控制方面，2014～2018年，北京八大城区的1566.4万人减少到1503.3万人，共减少了63.1万人，其中外来人口占到七成以上。城六区的人口密度下降趋势比较明显，其中东城、西城两区尤为突出。在整治无证无照经营、非法群租和地下空间方面，北京仅2017年3～11月就取缔无证无照经营3.6万户，整治“开墙打洞”2.1万处。仅2017年前4个月，全市就整治违法群租房3709户，截至2018年底，城六区群租房已经基本整治完成。2019年开始，核查重心转移到回龙观、天通苑等区域，昌平区在2019年

---

① 北京城市副中心首次划分36个家园街区［EB/OL］. https://baijiahao.baidu.com/s?id=1604291457630820229&wfr=spider&for=pc［2021-06-04］.

6月底前整治群租房达4789户。① 2017年，地下空间散租整治完成，随后在2018～2020年进行了更严格的限制措施。在服务疏解方面，北京压缩培训机构的办学规模，仅2016年就压缩了市属高校招生计划的10%，相关高校外迁或建立新校区②。城六区内部医疗机构自2014年后禁止设立新床位并严格控制存量。

2. 产业转移加快推进

在产业结构方面，2013～2017年，北京区位熵大于2的行业由12个行业减少至仅信息运输业这一个行业。其中，属于疏解非首都功能政策实施重点的公共管理和社会组织，卫生、社会保障和社会福利业，教育，文化、体育和娱乐业等行业区位熵下降较快。在产业空间布局方面，非首都功能疏解从简单的产业位置转移向产业集群发展。京津冀三地达成协议，将打造四个战略功能区加若干合作共享平台的“4+N”产业格局，其中四个战略功能区为曹妃甸协同发展示范区、北京新机场临空经济区、天津滨海新区、张承生态功能区。2015年，中国铁路工程集团有限公司、中国铝业集团有限公司等京企以及中国国电集团有限公司、中国华电集团有限公司等四家电力集团入驻天津滨海新区。2018年，北京迁出的760家企业主要迁往河北、浙江、广东、山东、湖北、江苏、天津，其中迁至津冀两地的企业占到27.3%。天津“滨海–中关村科技园”成立两年多来新增注册企业1241家，其中京企280余家③。2019年8月19日，河北省人民政府新闻办公室召开发布会指出，登记进驻河北雄安新区的企业达3069家，大多来自北京，首批入驻市民服务中心的26家高端高新企业中也有90%来自北京。

3. 政策引导发挥作用

非首都功能疏解工作按照“严控增量、疏解存量、疏堵结合”的方式有序推进，根据疏解对象的特点，主要通过“禁、关、控、转、调”五种方式进行。对于一般制造业和高污染、高耗能企业，政府采取直接关停的强制措

---

① 今年上半年北京清理违法群租房4789处[EB/OL]. http://www.bj.chinanews.com/news/2019/0718/72312.html[2021-06-20].

② 以功能疏解促创新发展[EB/OL]. http://fgw.beijing.gov.cn/fgwzwgk/zcjd/201912/t20191226_1505407.htm[2021-06-04].

③ 滨海–中关村科技园新增280余家京企[EB/OL]. https://baijiahao.baidu.com/s?id=16457969692590877224&wfr=spider&for=pc[2021-06-04].

施，或利用差别化定价等经济措施推动其淘汰进程。北京于2016年提出《关于加快推进劣势及不符合首都功能定位的国有企业退出工作的指导意见》，将长期亏损、依靠政府补贴、竞争力差的国有企业纳入退出名录，重点疏解。对于城六区内的小商品批发市场、综合型菜市场、建材市场和百货商城等，根据其规模和经营内容采取关停、转移、升级三种疏解方式。截至2017年4月，北京全市共疏解商品批发市场392家，其中东城区共对25家综合型菜市场、4家商品交易市场进行升级改造，部分市场迁移至河北，5家市场直接清退；丰台区除疏解市场外，还对区内10万平方米的仓储物流设施进行疏解，并腾退了2个长途客运站。

三、产业协同发展有序推进

1. 产业结构不断优化

2015年以来，京津冀区域三次产业结构整体呈现第一和第二产业占比逐渐下降、第三产业占比逐渐上升的趋势。北京产业结构一直保持高端，不断转移非首都功能产业，高端服务业占比持续上升。2013～2018年，北京第一、第二产业产值占比分别下降0.39%和2.98%，第三产业产值占比增加3.37%；第一、第二产业从业人员占比分别下降1.19%和3.76%，第三产业从业人员占比增加4.95%；北京高增速行业都集中在第三产业，其中信息传输、计算机服务和软件业产值增长102.9%，水利、环境和公共设施管理业产值增长94.2%，卫生和社会工作产值增长82.4%，科学研究和技术服务业产值增长80.7%。天津产业由“二三一”结构转向“三二一”结构，向高端化、服务化方向发展。2013～2018年，天津第一、第二产业产值占比分别下降0.13%和10.43%，第三产业产值占比增加10.56%；第一、第二产业从业人员占比分别下降1.44%和9.96%，第三产业从业人员占比增加11.40%；天津高增速行业在区域内最多，其中文化、体育和娱乐业产值增长150%，水利、环境和公共设施管理业产值增长119.9%，卫生和社会工作产值增长109.1%，科学研究和技术服务业产值增长96.8%，租赁和商务服务业产值增长92.3%。河北承接京津两地产业转移，产业结构加快向“三二一”方向转变。2013～2018年，河北第一、第二产业产值占比分别下降1.86%和6.03%，第三产业产值占比增加7.89%；第一、第二产业从业人员占比分别下降1.07%和1.17%，第三产业从业人员占比增加2.24%；河北高增速行业同样集中在第三产业，其中居民服务和其他服务业产值增长116%，租赁和商务服务业、信息传输业产值增长119%，软件和信息技术服务业产值增长94.4%，文化、体育和娱乐业产值增长82.2%。

2. 产业交流不断增强

京津冀三地城市间相互投资增长。2014～2017年，北京对津冀企业投资增长215.41%，天津对京冀企业投资增长48.75%，河北对京津企业投资增长62.58%。三地之中，北京资本外溢显著，对津冀企业累计投资额达7322亿元，在区域产业融合发展过程中起到引领带头作用。河北各市在京津两地投资流向中占据一席之地。2014～2017年，北京对河北累计投资额为3230亿元，对唐山投资最多，其次是石家庄、保定、廊坊、张家口，承德和沧州紧随其后，秦皇岛、邯郸、衡水和邢台也获得了一定的投资。天津对河北累计投资额为263亿元，同样对唐山投资最多，其次是石家庄，其他地级市也获得了一定的投资。现代服务业成为京津冀区域跨省市投资重点领域。2014～2016年，北京对天津企业投资的一半以上流向商务服务业，其次是科学研究，再次是金融业；北京对河北企业投资中，商务服务业和制造业分别占25.6%和22%，科学研究、金融业等也获得了较多投资。在三地跨省市产业活动单位中，2018年商务服务、科学研究、信息技术服务业产业活动单位所占比重相较2013年提升了12.4%。

3. 产业分工格局初显

目前，京津冀三地产业优势各异、产业分工格局逐渐明确。北京先进服务业比较优势最大，并且有扩大趋势。2018年，北京第三产业法人单位为92.8万家，占第二、第三产业法人单位总数的93.9%，其中科学研究、信息技术服务、文化娱乐三大行业占北京第二、第三产业法人单位总数的比重分别为15.6%、7.8%和5.5%，分别比2013年提升4.3%、0.2%和1.2%。比较优势较明显的行业还包括商务服务、金融、教育和房地产等。天津经历了由“二三一”结构到“三二一”结构的转变，一般性服务行业有一定程度的增长，一些服务行业开始建立比较优势。2018年，天津第三产业法人单位为23.3万家，占第二、第三产业法人单位总数的80.0%，比2013年提升5.4%，其中科学研究、信息技术服务占天津第二、第三产业法人单位总数的比重分别为8.9%和6.1%，分别比2013年末提升2.1%和2.4%。具有比较优势的产业还有水利、环境和公共设施管理业，居民服务和其他服务等。河北的传统优势在于第二产业，同时高技术制造业快速发力。2018年河北第二产业法人单位为31.6万家，占第二、第三产业法人单位总数的27.4%，比京津冀区域平均水平高9.5%，其中化学制品制造、电气机械制造、医药制造的高技术制造业单位数量分别占京津冀区域的65.0%、64.1%和58.8%，高端制造业发展势头良好。

四、生态环境共保联治效果显著

1. 联防联控体系基本形成

在《京津冀协同发展规划纲要》"统一规划、严格标准、联合立法"的顶层设计指导下，京津冀三地以2015年底发布的《京津冀协同发展生态环保规划》为统领，共同制定大气、水、土壤和固废领域的专项规划，统筹区域污染治理。三地共同编制《京津冀区域环境污染防治条例》，研究推动建立契合京津冀实际情况的立法体系，实现区域的立法突破。2015年召开的京津冀环境执法与环境应急联动工作机制联席会议通过了《北京市天津市河北省环境执法联动工作机制合作协议》，确立了定期会商、联动执法、联合检查、重点案件联合后督察、信息共享五项基本工作制度。近年来，京津冀区域生态联防联控体系的参与主体和治理对象多元化、网络化发展，治理手段由单一强制性行政命令向规范法治、市场激励、宣传引导转变，覆盖区域由割裂分离向更具连贯性转变，整体上逐步向精细化、动态化、专业化、成熟化迈进。

2. 水环境治理效果明显

京津冀三地水质有明显改善。2014～2019年，北京Ⅰ～Ⅲ类水质河长占比逐年提高，2019年为55.1%；劣Ⅴ类水质改善效果显著，占比由45.8%降低至9.5%；地表水主要污染物年均浓度持续下降，氨氮浓度由高于5毫克/升降低至低于1毫克/升。天津Ⅰ～Ⅲ类水质河长占比大幅提高，2019年首次达到50%；劣Ⅴ类水质治理效果显著，占比由60%以上降低至5%；地表水主要污染物年均浓度与2014年相比下降4～7成，水环境质量达到近年来最高水平。2017年以来，河北Ⅰ～Ⅲ类水质河长占比稳步提升，2019年为54.54%；劣Ⅴ类水质占比大幅下降，2019年为8.48%。京津冀三地水生态改善稳步推进。2015年以来，三地加快生态补偿机制的探索和建立，增加区域内水生态改善合作，在永定河补水、引滦入津、密云水库上游潮白河流域水源涵养区横向生态保护等方面取得重要进展①。

3. 大气污染防治成效显著

总体来说，2013～2018年，京津冀区域空气质量达标天数比例和$PM_{2.5}$年均浓度差距呈降低趋势，说明大气污染治理情况较为理想。就具体空气质量指标来说，京津冀区域在大气污染物控制方面取得了一定成效。在2014～2015年京津冀协同发展战略正式部署阶段，三地的$PM_{2.5}$、PM_{10}、SO_2年均浓度下降比例显著提高；2017年的$PM_{2.5}$、SO_2、NO_2浓度相较于2013年分别下降了40.61%、69.97%、50.06%，远超国务院2013年印发的《大气污染防治行动计划》（即《大气十条》）中对应污染物浓度下降的目标值25%、44.9%、9.8%。大气质量改善离不开产业优化与能源使用改良。在污染行业去产能方面，北京炼钢、焦化、铸造等大型企业整体或部分生产环节已经迁移，河北多市出台针对水泥、化工、钢铁等重污染工业企业差异化错峰生产或停产限产的政策。在环保产业方面，三地的新能源汽车产业和节能环保产业发展均有一定进展。在能源使用方面，三地积极以清洁能源替代燃煤，有效控制了燃煤污染，能源结构有所优化，万元GDP能耗不断降低。

4. 生态系统趋于优化

在构建区域生态安全格局和生态系统服务功能分区方面，国家林业局与京津冀三地政府共同编制了《京津冀协同发展林业生态建设规划（2016—2020年）》，提出构建“一圈五区”，即京津保核心生态屏障圈、京北高原生态防护区、燕山-太行山水源涵养区、蒙辽防风固沙区、低平原生态修复区和沿海生态防护区，确立了区域生态安全格局。三地按照国家重点生态功能区、生态环境敏感区和脆弱区等区域划分标准，结合不同区域的生态系统特点和突出的生态系统服务功能，划分了水源涵养、生物多样性、土壤保持、防风固沙、洪水调蓄等生态系统服务功能区。在自然保护区方面，京津冀三地自然保护区占辖区面积比重总体增加。北京以森林生态保护区为主，且面积占比最大，对植被多样性保护具有重要意义；天津森林生态系统数量也较多，但面积小，以内陆湿地自然保护区为主，退耕还湿、河湖水系连通等工作不断推进，苇海修复和鸟类保护成效显著。三地提出构建环首都国家公园体

---

① 2014～2019年京津冀三地生态环境状况公报。

系，通过整合京津冀现有的自然保护区、风景名胜区、森林公园等各类自然保护地，打造共保联治的自然保护区。在政策支持和保护成效方面，中央和京津冀三地政府先后出台了《共同推进京津冀协同发展林业生态率先突破框架协议》《京津冀生态协同圈森林和自然生态保护与修复规划（2016—2020年）》《河北省太行山绿化规划（2016—2018年）》《北京市水土保持规划》等政策文件，政策实施效果显著。2017年京津冀三地森林总面积达509.3万公顷[①]，较2012年增加了6.17%，沙化土地面积减少了2.2%，基本遏制了沙化土地扩展。

五、交通基础设施互联互通程度提升

2015年，中共中央政治局会议审议通过的《京津冀协同发展规划纲要》，要求推动京津冀交通一体化发展，着力构建现代化交通网络系统。京津冀三地认真贯彻落实党中央的决策部署，按照"三地一盘棋，坚持整体性"要求，打通区域合作的交通基础设施壁垒，全面构建协同工作机制，统筹部署京津冀交通建设任务，构建快速、便捷、高效、安全、大容量和低成本的一体化综合运输网络体系和系统，提升京津冀区域交通运输服务水平和能力，实现区域交通一体化发展目标，使互联互通程度快速增强。

1. 构建内联外通的区域交通设施和通道网

交通运输部和北京、天津、河北三地分别成立了推进京津冀交通一体化领导小组及其办公室和京津冀三省市区域交通一体化统筹协调小组及其办公室，有效推动京津冀交通一体化建设，编制了《京津冀协同发展交通一体化规划》，积极构建"四纵四横一环"综合运输大通道骨架。区域对外运输通道主要包括北京—沈阳运输通道、京沪运输大通道、北京—石家庄运输通道、北京—唐山运输通道。相对应的区域对外综合运输通道项目有干线铁路项目、国家高速公路和国省干线项目，其中干线铁路项目包括京广铁路及京广高铁、京九铁路及京港高铁、京沪铁路及京沪高铁、京哈铁路及京哈高铁、京包铁路、北煤南运通道等，国家高速公路和国省干线项目包括七条首都放射高速干线及其联络线和并行线、三条东西横线及其联络线、首都环线高速、京津冀三地绕城高速等。目前，区域内国省干线"断头路"基本打通，

---

① 1公顷=10 000平方米。

公路网的未来建设将以存量更新为主。在城际交通方面，三地联手打造“轨道上的京津冀”，结合国家干线铁路，辅以区域内部的城际铁路、市郊铁路、城市地铁等，建立多层次、互相联通的轨道交通网络，实现客流量的高效转乘，基本实现京津石中心城区与周边城镇0.5～1小时通勤圈、京津保0.5～1小时交通圈，环首都1小时生活圈逐步形成，有效支撑和引导区域空间布局调整及产业转型升级。在机场群和港口群建设方面，京津冀机场群主要以“三地四场”为核心，通过轨道交通连接四个核心机场，已初步形成统一管理、差异化发展的格局；围绕北京大兴国际机场建设“五纵两横”交通网，构建京津冀交通一体化的主骨架；同时，以支线机场为节点，建设城际铁路，实现主要机场与周边地区的快速联系。京津冀港口群的建设则以天津港为核心，河北港口为两翼，将建成合理布局、功能互补的世界级港口群。

2. 京津冀客运一体化程度较高

近年来，京津冀城市群进入现代综合交通体系的建设阶段，规划引导开始注重不同交通方式间的功能互补和协调合作。区域陆路交通网络密集。2016年，区域铁路总里程达到8963千米，密度为4.1千米/100千米^2，是全国平均水平的3.1倍；公路里程达到22 7221千米，其中高速公路里程达到8718千米，密度为4.0千米/100千米^2，也是全国平均水平的3倍多。区域各类交通设施综合运输能力不断增强。在京津冀城市群内部，公路和铁路已成为城际运输主力，承担着绝大部分城际客货运输任务。2016年，铁路客运量已达2.87亿人，较2010年增长50.4%，轨道交通的客运能力已大幅度提高。

3. 区域交通物流稳步发展

以北京首都国际机场和北京大兴国际机场为主的临港经济区、保税区、自贸区等正在成为新的物流功能区。在仓储物流方面，随着北京部分仓储物流企业外迁，天津、廊坊、保定等周边城市的仓储功能得到发展。天津凭借其国际性综合交通枢纽地位和厚实的经济基础，有望成为京津冀区域的仓储物流中心。在国际贸易合作不断深入的背景下，京津冀仓储物流市场迅速扩大，货运量和行业生产总值都呈现出逐年增长的趋势。2018年，天津港货物吞吐量达44 604万吨，外贸货物吞吐量为25 864万吨，而天津滨海国际机场也形成了大规模的航空仓储物流区。此外，京津冀仓储物流业软硬件设施逐步完善。货物快运站开通、京津冀货物快运列车开行等硬件条件与高科技产业园区落地、京津冀仓储物流电子商务平台创建等软件条件对物流仓储业转型升级至关重要。2018年，北京制定“冷链物流发展规划”，京津冀三地共同组织制定《冷链物流冷库技术规范》等8项京津冀冷链物流区域协同标准，天津编制《天津市冷链物流发展规划（2018—2025年）》，保障生鲜农产品冷链物流的高效发展。在货物运输方面，京津冀区域货物运输“公转铁”步伐加快。2018年3月起，北京铁路局启动唐呼线基础设施设备升级改造项目，截至2019年4月10日，在该线运行的万吨列车达39对；北京铁路局还积极推动铁路货场向配送中心转型升级，尝试搭建“智慧物流信息平台+绿色集疏运网络”新模式。随着铁路货运改革的深入，铁路与海港的海铁联运模式不断发展。2016年6月，京津冀区域第一个海铁联运综合性集装箱铁路枢纽——中铁天津集装箱中心站正式开通运营。

六、国土空间格局逐渐优化

1. 城镇体系等级结构日趋合理

在行政等级方面，京津冀区域形成以北京、天津、石家庄为中心，区域城市为次中心，县级城市和小城镇为基础的城镇网络体系。在京津冀协同发展的国家战略实施后，区域内“撤县设区”“撤县设市”工作开展较快，在京津冀三地均有进行，是完善城镇体系、推进新型城镇化的重要方式，也是实现城乡和谐发展、区域经济协调发展的有力手段。在规模等级方面，区域内小城市向中等城市升级较快，大城市成为超大城市、特大城市进程稍缓，结构日趋合理，符合规划发展方向。北京人口的快速增长在京津冀协同发展战略提出后得到有效遏制，稳定在高位，近两年甚至出现负增长。天津作为京津冀协同发展的主要引擎之一，城市规模有所扩大，与早年相比增速加快。河北11个地级市中，原影响力较大的石家庄和唐山城市规模基本不变，位于发展轴带上的区域性中心城市和节点城市如保定、邯郸、张家口等城市规模扩大明显。目前，天津为超大城市，京津双城联动，发挥引擎作用。京津冀区域未来将通过基础设施、公共服务设施建设和政策引导等方式，提升中小城市产业承接能力、创新能力和人口吸引能力，加快其规模发展；同时，基于综合条件评估，重点培育发展潜力大的城市，促使其升级为大城市，进一步实现区域协调发展。

2. 城镇职能结构呈现优化趋势

《京津冀协同发展规划纲要》通过以来，京津冀三地逐步明确自身发展定位，实行错位发展和优势互补。纲要将京津冀区域的功能定位为以首都为核心的世界级城市群①。其中，北京的功能定位是全国政治中心、文化中心、国际交往中心、科技创新中心；天津的功能定位是全国先进制造研发基地、北方国际航运核心区、金融创新运营示范区、改革开放先行区；河北的功能定位是全国现代商贸物流重要基地、产业转型升级试验区、新型城镇化与城乡统筹示范区、京津冀生态环境支撑区②。北京在疏解非首都功能的过程中，已将部分非科技创新型企业、高端制造业的部分生产加工环节、金融后台服务、区域性物流基地、批发市场等产业转移至津冀两地，并将部分教育、医疗和社会公共服务功能、部分行政事业性服务机构同时转移，在疏解非首都功能的同时有针对性地帮助津冀两地实现目标城市职能。

3. 土地利用规划与管控逐步落实

2016年5月，国土资源部、国家发展和改革委员会联合印发《京津冀协同发展土地利用总体规划（2015～2020年）》，在严格保护优质耕地和生态环境的前提下，以空间格局优化统领京津冀协同发展各项土地利用任务，划定了减量优化区、存量挖潜区、增量控制区和适度发展区，明确了各区土地利用原则和利用导向③。减量优化区主要包括北京城六区和天津主城区，存量挖潜区主要包括北京及天津近郊区，增量控制区主要包括石家庄、邯郸、邢台、张家口、廊坊等地，适度发展区主要包括保定、沧州、衡水、秦皇岛以及石家庄西南地区和天津滨海新区等地。《京津冀协同发展土地利用总体规划（2015～2020年）》发布以来，京津冀区域各地土地利用按规划要求实施，土地利用管控逐步落实。土地利用趋势呈现出：北京主城区与天津主城区每年新增建设用地面积逐年下降，城市空间扩张的速度逐渐减慢；天津近郊区、滨海新区及河北石家庄、廊坊等地的建设用地面积增长较快；秦皇岛、张家口等地由于保护生态环境的要求，建设用地增长较为缓慢。

---

① 促进京津冀协同发展 打造世界级城市群[EB/OL]. http://www.gov.cn/zhengce/2015-09/17/content_2934181.htm[2021-06-09].

② 《京津冀协同发展规划纲要》[EB/OL]. http://www.bjchp.gov.cn/cpqzf/315734/tzgg27/1277896/?ivk_sa=1024320u[2021-06-08].

③ 京津冀协同发展土地利用总体规划发布[EB/OL]. http://www.mnr.gov.cn/dt/td/201605/t20160505_2360192.html[2021-06-09].

七、协同创新成果显现

京津冀协同发展上升为国家战略以来，三地政府积极响应党和国家的号召，在多领域展开密切合作，科技创新领域成果彰显，区域竞争力得到整体提升。

1. 政策协同体系逐渐完善

随着京津冀一体化的不断推进，三地在产业协作、交通建设、生态保护、文化创新、市场合作、人才交流、社会保障等方面都出台了一系列创新性协同发展政策，在产业协同、交通一体化、环境可持续发展、公共服务均等化几个关键命题上更是编制了专项规划，积极探索治理体系难题的解决办法。目前，三地政府通过一系列的政策与规划措施，正在逐步消除各个领域的要素流动壁垒，初步构建起京津冀协同治理保障机制。2014年，京津冀三地科技部门联合签署有关基础研究和国际科技合作的框架协议，初步确立了京津冀科技战略合作平台和合作机制。2015年，北京印发《关于建设京津冀协同创新共同体的工作方案（2015—2017年）》，提出北京应充分利用自身科技创新资源优势，带动津冀两地产业转型升级，提升整体区域创新能力和产业发展水平。2016年，京津冀三地联合发布《京津冀产业转移指南》，提出构建“一个中心、五区五带五链、若干特色基地”的协同发展布局①。2017年，为破除阻碍创新发展的体制机制壁垒，促进京津冀区域科研成果转化，三地联合印发关于石保廊全面创新改革试验、河北·京南国家科技成果转移转化、京津冀产业转移重点承接平台建设等一系列试点方案和实施意见。2018年，三地共同签署了一系列合作协议，以促进创新研究合作、实现区域创新资源共享。

2. 产业协同创新带动区域发展

2017年12月，京津冀三地共同出台《关于加强京津冀产业转移承接重点平台建设的意见》，确立了2个集中承载地，4个战略合作功能区及 46个专业化、特色化承接平台②。集中承载地是集中承接北京非首都功能疏解的重点地

---

① 京津冀产业转移指南出炉[EB/OL]. http://www.gov.cn/xinwen/2016-06/29/content_5086837.htm[2021-06-09].

② 北京举行《关于加强京津冀产业转移承接重点平台建设的意见》发布会[EB/OL]. http://www.scio.gov.cn/xwfbh/gssxwfbh/xwfbh/beijing/Document/1613953/1613953.htm[2021-06-04].

区，包括作为北京城市副中心的通州和河北雄安新区。战略合作功能区通过明确产业优先承接方向，快速形成产业集聚优势，包括曹妃甸协同发展示范区、北京新机场临空经济区、天津滨海新区和张承生态功能区。专业化、特色化承接平台主要临近交通通道布局，以一个个节点的形式连通形成空间网络，配合集中承载地和战略合作功能区，促进区域产业协同发展。

3. 区域协同形成具有推广价值的经典模式

在基础研究的区域协作方面，京津冀三地以签署基础研究合作框架协议等方式，打破科研管理体制的条块分割，构建跨区域基础研究合作平台，发挥三地科研机构和院所协同创新的叠加效应，有效促进了科技创新资源的区域共享和科技创新成果的转化落地。在科技园区建设方面，形成了合作共建模式。津冀两地与北京中关村科技园合作，在当地建设多个科技合作园区，高效利用北京中关村科技园“一区十六园”的科技创新资源和项目管理经验。在产业跨区域协同方面，形成了以企业为核心的多主体跨区域协同创新模式。三地科技部门共同搭建了京津冀钢铁行业节能减排产业技术创新联盟，其成员包括三地的大型钢铁企业、节能减排机构、高校和科研院所、金融机构、科技中介等107家市场主体，形成了以企业为核心的“政产学研资介用”跨区域协作，对京津冀区域的可持续发展具有重要意义。

4. 科技创新领域合作取得实质性进展

2014～2019年，京津冀三地达成的技术合同成交额为1063亿元，中关村企业在津冀两地设立的分支机构超过8000家。河北与京津两地合作共建的科技园区、创新基地、技术市场、创新联盟等科技创新载体超过210家，2019年与北京达成的技术合同成交额为214亿元。河北雄安新区管理委员会与北京中关村科技园区管理委员会签署共建雄安新区中关村科技园的协议，12家中关村企业入驻雄安新区。天津着力发展“1+16”协同创新和产业合作战略平台，滨海–中关村科技园、京津中关村科技城和京津产业新城等科技创新载体已成为京津冀协同发展的标志性战略合作平台，截至2019年，滨海–中关村科技园成功吸引北京企业超过240家，累计注册企业达941家，注册资金达104.3亿元[①]。

① 《2019年天津市滨海新区人民政府工作报告》。

第二节 京津冀协同发展仍需解决的主要问题

2015～2020年京津冀协同发展战略的深入推进已取得一系列的显著成效，但仍存在一些突出问题有待解决。对京津冀协同发展突出问题的科学诊断，可以为“十四五”京津冀协同发展重点任务的制定指明方向。

一、区域经济发展不平衡、产业结构需优化

京津冀区域内部两市一省之间经济发展水平差距较大。从经济总量来看，2019年京津冀三地GDP占区域比重分别为41.82%、16.68%和41.50%，2015～2019年北京GDP占比呈现明显上升趋势，天津GDP占比下降较多，河北GDP占比略有下降。三省市间人均GDP差距显著，2019年北京和天津人均GDP分别达到164 243元、90 584元，分别是河北的3.6倍和2.0倍（表1-1）。

表1-1 2015～2019年京津冀三地GDP总量、比重与人均GDP

年份	GDP总量/亿元			GDP占区域比重/%			人均GDP/元		
	北京	天津	河北	北京	天津	河北	北京	天津	河北
2015	23 015	16 538	29 806	33.18	23.84	42.97	106 497	107 960	40 255
2016	24 899	17 885	31 828	33.37	23.97	42.66	114 560	114 494	42 607
2017	28 000	18 595	35 964	33.92	22.52	43.56	128 992	119 441	47 985
2018	30 320	18 810	36 010	35.61	22.09	42.30	140 748	120 575	47 656
2019	35 371	14 104	35 104	41.82	16.68	41.50	164 243	90 584	46 238

资料来源：2019年数据源自京津冀三地国民经济和社会发展统计公报

注：受四舍五入影响，表中数据稍有偏差，全书余同

京津冀区域内部两市一省之间产业基础差距也较大。北京第三产业占比最高；天津第二产业、第三产业呈现平衡发展态势；河北第一产业、第二产业比重相较于京津较高，第三产业发展缓慢，产业基础还需夯实。北京和天津吸引了大量的人才、资金、科技等优质资源，促进了两地的经济快速发展，河北则因经济发展水平较低，难以对人才、科技、资金等高端要素形成吸引。从经济发展水平和产业结构来看，北京、天津、河北三地存在明显差距。

从GDP和人均GDP来看，京津冀整体经济实力弱于苏浙沪，与广东相当；从2017年三次产业结构来看，京津冀第三产业占比高于苏浙沪与广东

（表1-2）。虽然京津冀整体第三产业占比较高，但与苏浙沪区域对比，江苏、浙江、上海三地间的产业发展水平差距较小，区域整体产业结构较优。京津冀区域产业结构呈现出省市间差距大，尤其是河北第三产业占比过低，内部产业结构存在不协调现象。河北经济基础薄弱在这里表现得很明显，北京、天津如何有效辐射和带动河北的经济发展，将是未来京津冀产业协同发展路上需要解决的关键问题。

表1-2　2017年三大区域产业结构对比　（单位：%）

地区	第一产业	第二产业	第三产业
北京	0.4	19.0	80.6
天津	0.9	40.9	58.2
河北	9.2	46.6	44.2
京津冀	4.2	35.7	60.1
江苏	4.7	45.0	50.3
浙江	3.7	42.9	53.3
上海	0.4	30.5	69.2
苏浙沪	3.6	41.7	54.6
广东	4.0	42.4	53.6

资料来源：江苏、浙江、上海、广东数据源自各省市2018年统计年鉴

二、首都人口疏解实施面临机制瓶颈

自2014年2月中央指出调整和弱化不适宜首都的功能，把一些功能转移到河北、天津[①]以来，北京持续开展非首都功能疏解工作。从北京人口疏解政策执行过程中与疏解工作完成后的两个时段来看，北京的人口疏解工作缺乏长效机制。

在人口疏解政策执行过程中，北京存在“业走人留”与社会稳定风险两大问题。目前，北京实行的“以业控人”是人口疏解工作中的关键调控手段，疏解对象主要是劳动密集型、低附加值产业，主要承接地是河北。但是在实际操作过程中，河北的教育、医疗、文化、交通等基础设施和公共服务等配套环境与北京相比还存在较大差距，产业发展条件落后于北京，居民生活水平和配套的公共服务也远落后于北京，同时，河北一些地方与北京之间

① 中央党校经济学部教授：把雄安新区建成“中国创新之都”［EB/OL］. https://www.thepaper.cn/newsDetail_forward_1726693［2021-06-09］.

的交通联系便捷度还不高。因此，虽然北京中心城区的非首都功能产业向外疏解，但是许多相关从业人员会选择继续留在北京，涌入其他行业，如低端服务业，形成了“业走人留”的现象。除此之外，一些居民为了继续享受北京优质的教育资源，选择在北京外工作而将孩子继续留在北京，节假日回北京居住。这也在一定程度上加剧了北京“职住分离”的现象，造成了一定的交通压力。

人口疏解工作的开展势必涉及多方利益，包括政府、企业、居民等，在此过程中如处理不当可能滋生矛盾，引起社会稳定风险。例如，2016年“潘家园市场搬迁张家口”的传言导致潘家园旧货市场搬迁受阻。由此可以看出，涉及产业疏解、市场搬迁的人口疏解工作开展起来存在多方面的制约，居民从自身的利益出发，可能会对政府行为产生误解和不满。北京中心城区在工作机会、公共服务、文化活动方面远超周边地区，而当下被疏解对象的入京动机正是希望享受到北京城市核心区的相应福利。人口疏解工作在其看来是为进入北京设限，有碍于其追求更大的个人利益，而所谓“‘低端人口’没有进入北京的资格”等说法带有歧视意味，容易引发社会矛盾。

非首都功能的人口疏解，存在人口结构被改变进而影响城市可持续发展的问题。人口结构问题主要可以分为两大方面：一是年龄结构的变化，即老龄化程度加剧、老龄化速度加快；二是劳动力行业和素质的变化，即特定的行业被疏解出去以及高学历人才的增速出现放缓趋势。这两个人口结构的改变可能会带来社会负担加重、社会福利设施资源短缺、城市经济增速放缓、城市创新活力下降等新问题，因此需要进一步完善实施机制。

三、生态联防联控治理体系需健全

京津冀区域面临客观自然条件不十分优越，存在大气污染较严重、水资源短缺、生态环境保护矛盾突出等问题，生态环境联防联控的难度大。因此，在保持区域社会经济稳定增长的同时，构建合理有效的联防联控治理体系势在必行。在环境属地治理模式方面，存在目标差异、行政与管理手段机制不完善，以及行政管制压力下，市场力量发挥作用不够的问题。

我国长久以来实行基于行政区划的属地治理模式，各级政府“以经济建设为中心”，将加快经济发展和满足人民日益增长的物质文化需求作为治理的主要目标和任务，形成地方竞争的区域发展模式。而需要区域合作的生态环境协同治理得不到重视，联防联控治理体系不健全，甚至存在多层壁垒。在地方政府之间，不同行政区主体往往以特定城市而非整个区域的环境质量为目标，对重点污染源的认识、生态环境质量的需求不同，进而支付意愿、治理措施、力度和效果等也不同，甚至滋生治理中的地方保护行为，以行政区划为界限，难以形成生态联防联控合力。

在京津冀生态环境联防联控治理体系中，政府作为最重要的主体管理角色，在行政机制的建设和举措上，还存在组织领导较松散、标准不统一、信息共享不充分等问题。虽然成立了京津冀及周边地区大气污染防治领导小组，但成立时间短，协同行动机制尚未完善，规范化、常态化、权威化的运行模式有待加强。在同一地区的行政机制内部，不同级别和部门之间协同有效解决问题的能力需要提升。目前，在排放目标、环保标准、产业准入条件、执法效力等方面协同度相对较低，如三地有自己的“大气污染防治条例”，环境治理标准体系不统一，亟须协同一致。

京津冀生态环境联防联控治理体系中，在行政管制主导的情况下，如何发挥市场的调节和要素配置作用，在完善生态补偿、市场化资源配置机制等方面需要深入探讨。建立生态环境保护专项资金、碳排放交易及配套政策，充分发挥市场化调节能力，使京津冀区域生态环境联防联控机制可持续运行。从根本上来说，要解决区域发展不平衡、地方利益分割的问题。欠发达地区存在经济发展与生态保护之间的矛盾，若要与发达地区共同推进生态保护建设，就势必要在一定程度上以地方经济发展放缓、财政收入缩减等为代价。所以，必须克服各地自我利益最大化的地方本位主义，加强利益协调，实现合作共赢。

四、交通互联互通建设应加强

1. 健全区域交通统筹协调机制

目前，仅设立有京津冀城际铁路投资有限公司，交通一体化统筹协调机制还不完善。交通一体化建设的政策保障应加强，如土地、资金等政策的配套相对滞后，影响了交通基础设施项目的推进和落实。

2. 改善现有单中心式路网结构，提高区域交通运输效率

现有京津冀路网结构的特点是单中心、放射状，导致出现中心城市北京

交通运输压力大、周边地区交通联系弱等问题。进一步加强北京及周边地区交通联络线建设，应充分发挥各种运输方式的比较优势和组合效率，提升网络效应和规模效益。

3. 城际铁路建设有较大的上升空间

目前，京津冀区域已开通的城际铁路有京津城际、京张城际、京雄城际，在建的城际铁路有京唐城际、京滨城际，还有津承、廊涿、津沧等城际铁路在规划中。可以看到，京津冀区域城际铁路建设刚刚起步，距离建成较为完善的区域城际铁路网还有很大的提升空间。同时，现有的城际铁路建设大多围绕北京和天津展开，还需要向河北其他城市延伸。

4. 优化航空运输、提升利用效率

三地空港运输量差距明显，2018年北京、天津、河北三地运输旅客量分别为9100万人、1900万人和1400万人，北京首都国际机场航空运输压力大，随着北京大兴国际机场运转量的增加，北京首都国际机场的运输压力得以缓解，但应优化利用天津、河北的航空运输资源，提升空港利用效率。

五、城乡区域协调发展需提升

城乡二元体制一直以来是我国面临的巨大问题，在新型城镇化的道路中，乡村是重点。京津冀区域居民整体收入都得到了快速增长，但收入差距却有扩大的趋势。城乡收入是表征城乡关系最直接的指标，经济发展水平越高，城乡收入比越低，城乡协调发展水平就越高。一般认为，城乡收入比达1.4∶1，城乡关系为最优状态。通过2017年京津冀区域及河北各市居民基本生活情况（表1-3），可发现京津冀区域所有地市人均可支配收入比均高于1.4，最高的承德、张家口达2.8，北京、秦皇岛达2.6。

表1-3　2017年京津冀区域及河北各市居民基本生活情况

城市	人均可支配收入/元				人均消费支出/元				恩格尔系数/%	
	全体居民	城镇居民	农村居民	比值	全体居民	城镇居民	农村居民	比值	城镇居民	农村居民
北京	57 230	62 406	24 240	2.6	37 425	40 346	18 810	2.1	19.8	24.7
天津	37 022	40 278	21 754	1.9	27 841	30 284	16 386	1.8	31.2	29.6

续表

城市	人均可支配收入/元				人均消费支出/元				恩格尔系数/%	
	全体居民	城镇居民	农村居民	比值	全体居民	城镇居民	农村居民	比值	城镇居民	农村居民
河北	21 484	30 548	12 881	2.4	15 437	20 600	10 536	2.0	24.6	26.7
石家庄	24 651	32 929	13 345	2.5	15 299	20 339	8 417	2.4	23.7	26.9
#辛集	23 350	31 907	15 761	2.0	11 856	14 149	9 822	1.4	22.3	26.2
承德	17 755	27 042	9 682	2.8	13 454	19 426	8 264	2.4	28.3	29.5
张家口	19 585	28 512	10 293	2.8	13 127	18 043	8 010	2.3	26.3	29.8
秦皇岛	22 473	32 795	12 563	2.6	16 391	22 700	10 316	2.2	24.4	26.4
唐山	27 786	36 415	16 229	2.2	18 132	22 758	11 938	1.9	23.0	25.0
廊坊	27 338	37 474	15 487	2.4	18 772	24 389	12 203	2.0	21.5	25.9
保定	19 641	27 859	12 779	2.2	12 967	17 437	8 667	2.0	23.0	25.9
#定州	20 846	27 777	14 748	1.9	14 707	17 048	10 048	1.7	25.3	27.9
沧州	21 349	31 044	12 363	2.5	14 985	21 642	8 815	2.5	22.4	27.4
衡水	18 004	26 195	11 194	2.3	13 086	17 894	8 698	2.1	27.2	29.5
邢台	18 050	26 179	10 999	2.4	11 630	16 419	7 826	2.1	24.4	29.6
邯郸	21 168	28 774	13 151	2.2	13 736	17 568	9 697	1.8	25.9	27.2

#省直管市

京津冀区域在城乡融合发展的道路中存在一系列问题，具体如下。

1. 京津冀区域内部城乡要素流动机制不完善

城乡要素流动包括劳动力、土地、资金等的流动，是影响城乡发展的关键因素。由于我国土地流转制度尚不完善，土地价值还没有被全部挖掘出来。一方面，土地投入产出效益低，很多农民宁愿进城务工也不愿意从事农业，导致土地荒废；另一方面，由于存在土地被随意征用占用的现象，农民难以得到合理的土地补偿，失去赖以生存的保障。城乡金融市场发展也不平衡。农村发展资金融通难度大，投入不足，影响了农村的健康发展。

2. 城乡产业融合不充分

城乡产业之间的联系是城乡关系的重要组成部分。城乡产业融合主要表现为城乡之间产业的相辅相成：以城市产业带动农村产业，以农村产业促进城市产业，城乡之间要素充分流动，使城乡产业成为一个整体，形成一个完整的产业链。京津冀区域城乡产业融合程度低主要表现在农村各个产业发展落后于城市，与城市产业关联不足。

3. 基本公共服务城乡均等化任务艰巨

受长期以来的城乡二元结构影响，京津冀城乡公共服务供给呈现严重的不均等现象。城乡教育发展不均等也是城乡失衡的重要特征。由于收入水平低、受教育程度低等方面的影响，农民群体对教育的重视程度不高，部分农村地区入学率低、升学率低、辍学率高、文盲占比高。城乡医疗设施差异大，城乡医疗卫生资源分配不均衡问题显著。很多乡村医疗所仅仅能满足非常基本的医疗需求，很多老人不得不去城市治病。一般农村地区只有村卫生室，农村居民看病难、看病贵的问题亟待解决。同城市相比较，农村的基本医疗卫生设施、医生从业水平、卫生技术人员数量还存在较大差距。京津冀城乡基础设施差距大，主要表现在城乡基础设施布局不合理，突出表现在农村基础设施建设不足，水、电、气、网络、道路交通设施等不完善，以及在基础设施后期维护方面投入较少。

4. 城乡生态问题有较大的改善空间

城乡生态问题主要表现在基础设施不足、粗放式发展、监管不到位三个方面。第一，基础设施不足。河北各地区农村中，生活污水治理设施、村庄垃圾收集设施、乡镇转运设施存在明显短板，具有生活污水与村庄生活垃圾集中处理或部分集中处理能力的村庄数量较少，农村生活垃圾源头分类和资源化处理能力有待提高。第二，粗放式发展。河北农村农业生产有明显的小、散、乱、污等特征。在建设农业生产的过程中，对于一些主要畜禽养殖仍然以一种分散式的养殖方法为主，存在严重的设施不健全、管理粗放、污染分散等较为突出的问题。第三，监管不到位。在各级政府部门中，有关农村环保工作协调推动的力度不足，各部门职能以及相关负责人员并没有切实落实相应的工作，也在一定程度上导致各地农村村民对生态环境管理的责任感意识不足。

六、公共服务均等化水平需提高

作为政府改革和社会发展的重点领域，公共服务旨在加强城乡公共设施建设，为公民参与社会活动提供服务保障，对人类社会发展具有重要意义。作为中国重要增长极和经济发展最具潜力的地区，京津冀公共服务落后于经济发展，城乡间、区域间差异较大。得益于北京的首都地位和优质条件，北京在各项公共服务指标上遥遥领先；而由于行政区划、空间距离和体制的影响，居民就近享受优质公共服务存在困难。当前，公共服务领域缺乏一体化的规划、管理、协调单位，只有《京津冀协同发展规划纲要》和“十三五”规划为引领，有关公共服务的建设内容尚未深化，难以在区域–城市空间落实，具体的发展目标和指标规划不够明确，因而相关公共服务政策在区域联系中起了重要作用，各方政策的出台虽已初见成效，但公共服务壁垒依然存在，在服务能力和体制建设上也存在差距，推进基本公共服务设施建设仍需重视和加强。

自2015年京津冀协同发展上升为国家战略以来，京津冀区域在公共服务领域的均等共享化尚未取得明显进展，区域内部壁垒依然严重，存在公共服务设施布局和服务能力不均衡、公共服务地域差距居高不下、公共服务共享机制仍需完善三大问题。

1. 公共服务设施布局和服务能力不均衡

在公共服务设施布局上，学校、高等级医院、文体场馆、就业公司等普遍集中于中心城区，西北部山区、广大农村地区可达性较差，基础性服务场所的服务半径覆盖面积低于10%。通过2017年京津冀区域基本公共服务情况（表1-4），可见京津冀区域在教育文体、医疗卫生、社会保障、居民生活等方面均存在较大差距，北京在人均公共服务设施占有上均遥遥领先，再加上科教与创新能力突出，财政投入较高，吸引了大量京外人员寻求高等级服务，加剧了公共服务设施的供需不均。

表1-4　2017年京津冀区域基本公共服务情况

地区	人均财政教育支出/元	人均图书馆藏/册	人均运动场地面积/平方米	千人床位数/张	每千位老人养老床位数/张	养老保险参保率/%	医疗保险参保率/%	人均公园绿地面积/平方米
北京	4443	2.95	2.25	8.37	29.0	79.58	81.61	16.30
天津	2796	1.07	2.12	5.73	20.5	52.14	69.91	9.38
河北	1675	0.36	1.39	4.52	18.3	66.01	91.51	14.23

2. 公共服务地域差距居高不下

通过对京津冀各城市整体公共服务水平的基尼系数进行测算，系数常年稳定在0.4以上，北京、天津的优势地位十分突出。2014～2017年，尽管《京津冀协同发展规划纲要》中提出基本公共服务协同发展，但各城市间差距仍然扩大，协同发展在基本公共服务领域效果不理想。究其原因，一方面，河北城市经济增长后发优势逐渐减小，财政对于公共服务的投入有所不足；另一方面，城市群在公共服务领域缺乏协同能力，组织架构的不完善导致公共服务的松散化。

3. 公共服务共享机制仍需完善

京津冀区域由于历史发展等原因的限制，区域间发展水平和发展趋势都有所不同。由于地区间资源禀赋、财政收入、政策制度、管理水平的差别，公共服务在区域间的共享常常受到阻碍。具体表现在：户籍制度的限制使得异地入学、异地就医等活动依然困难重重；财政情况限制了落后地区的公共服务发展；目前的供给与实施机制下落后地区常常出现公共服务“洼地”。公共服务在京津冀不同地区间共享的一体化机制、管理与协调机制、财政机制、供给与实施机制等还有进一步完善的空间。

七、土地资源进一步高效集约利用

人地矛盾是我国大城市发展过程中面临的巨大问题。土地是城市发展的基础，各种经济社会活动都在土地上进行。随着人口不断向大城市集聚，土地资源的稀缺性越来越明显。大城市人口密度大，而土地资源供给弹性小。截至2020年，京津冀城市群面积占全国的2.35%，总人口却接近1.1亿人，人地矛盾在京津冀区域尤为明显。京津冀区域土地利用也存在粗放、低效等问题，加剧了人地矛盾。

1. 京津冀区域土地利用相对不均衡

北京中心城区人口和产业过度集中，截至2018年，北京平原地区6000多平方千米的土地中，建设用地已接近50%，北京的土地利用基本趋于饱和状态。北京的基础设施和平原地区生态承载力较难支撑北京的发展速度。而河北各市及京津郊区的发展速度远低于北京中心城区，河北各市工业用地面积虽然在逐年增加，基本符合《京津冀协同发展土地利用总体规划（2015～2020年）》中关于适度转移非首都功能中产业的需求，但仍无法满足京津二次产业转移，尤其是北京非首都功能疏解的要求。

2. 基于土地承载力分析，北京城市功能过于集中在城六区，天津中心城区人地矛盾显现，河北土地利用集约程度较低

北京土地资源整体尚未饱和且仍存在较大空间，但是土地利用强度分布不均衡，城市核心功能集中在城六区，而北京北部的延庆区、怀柔区、密云区和平谷区面积大且人口数量少，这些区域的土地资源还有一定的利用空间。天津同样面临着较突出的人地矛盾问题。河北土地资源充足，但由于土地利用集约程度较低，2018年单位建设用地第二、第三产业增加值仅为1.3亿元/千米^2，低于全国平均值2.33亿元/千米^2，远低于北京的8.38亿元/千米^{2}和天津的4.47亿元/千米^2，集约高效利用潜力较大。

八、协同创新发展上升空间大

京津冀城市群的创新发展格局目前以北京一家独大，协同创新发展格局尚未完全建立，创业共同体的建设水平较低，特别是企业创新主体和产学研创业协同体系未形成，影响了创新成果的转化和变现能力，限制了创新驱动发展的生产链条形成。

1. 区域内部创新水平差异明显

京津冀城市群中，北京的创新投入水平维持在津冀两地的3～4倍，R&D人员数也保持在津冀两地的2倍以上。创新资源的差异导致了创新产出的不均衡。2010～2016年，北京的技术市场输出合同成交额维持在天津的6～10倍、河北的60～100倍，尽管津冀两地近年来创新产出增速较快，但仍然难以和北京的水平相抗衡。

2. 企业创新主体地位不够突出

目前，京津冀城市群尚未形成企业主导的自主创新体系，企业在研发投入方面仍高度依赖政府资金。2016年京津冀区域R&D经费支出结构中，政府资金比重高达39.60%，远高于全国的20.03%；与此同时，企业资金所占比重只有53.87%，低于全国的76.06%。其中，津冀两地企业创新主体性较为突出，企业资金占R&D经费的比例均超过70%，而北京则因中央企业和国有企业的主导地位，呈现明显的政府投入倾向，政府投入资金占R&D经费的比例在50%以上。

3. 产学研协同创新水平有待提高

京津冀区域高等学校和科研机构的研发投入依赖于政府拨款，企业对高等学校和科研机构的研发投入水平较低。而高等学校和科研机构的创新成果与市场需求存在供需错配问题，科技成果转化能力有待提升，也影响了高等学校和科研机构创新成果的变现能力。

第三节 挑战与机遇

一、挑战

（一）国际形势严峻

新冠肺炎疫情是百年来全球发生的最严重的传染病大流行，是新中国成立以来我国遭遇的传播速度最快、感染范围最广、防控难度最大的重大突发公共卫生事件[①]。全球新冠肺炎疫情具有高风险、持续时间较长等特点，需要采取长期应对措施。新冠肺炎疫情引发世界新变局，国际政治、世界经济、大国关系、地缘格局、全球治理、发展模式受到显著影响，逆全球化和地方保护主义更加突出。

（二）国内经济增长压力

中国改革开放40多年来，宏观经济失衡的矛盾集中在需求方，该阶段目标是单一的，国家可通过出台货币政策来实现紧缩或扩张。不同于1978～2012年中国宏观经济的发展情形，中国经济进入新常态之后，矛盾同时发生在供需两侧。生产要素的成本大幅度上升，需求疲软的同时，经济下行，成本不断提高，属于成本推动型的通胀压力。一方面，需求疲软，经济衰退，失业率上升；另一方面，成本推动物价上涨。经济增长速度放缓导致民生方面就业机会减少。新冠肺炎疫情导致防疫救治、复工延产成本上升，推高了国民经济的成本。中国经济下行压力进一步增大，同时面临成本推动的通货膨胀的压力进一步上升，滞涨的威胁在新冠肺炎疫情面前进一步增大。因此，在宏观调控政策方面面临两难：一方面，既不能扩大需求：全面扩张有

① 习近平：在全国抗击新冠肺炎疫情表彰大会上的讲话[EB/OL]. http://www.gov.cn/xinwen/2020-09/08/content_5541737.htm[2021-6-21].

利于遏制经济下行，但有可能将潜在的可推高成本的通胀激活；另一方面，也不能全面紧缩：紧缩有利于遏制通货膨胀，使通货膨胀控制在潜在状态，不转化为现实的物价上涨，但可能加剧经济下行。在当前我国宏观经济形势面临较大压力的情况下，为了推动我国经济平稳健康运行，要坚持近期和长远相结合，稳步扎实推进“六稳”（指稳就业、稳金融、稳外贸、稳外资、稳投资、稳预期）工作，全面落实“六保”（指保居民就业、保基本民生、保市场主体、保粮食能源安全、保产业链供应链稳定、保基层运转）任务，切实增强宏观经济政策的针对性、精准性和有效性，促进我国经济平稳高质量发展。

（三）资源环境与技术约束

1. 水资源规模制约

对于人类的生存和经济社会发展来说，水资源是不可替代的自然资源，是经济社会可持续发展的重要保证。随着京津冀区域人口的大规模增加和社会经济的快速发展，水资源缺乏成为制约京津冀区域可持续发展的重要问题。近30年来，京津冀水资源量减少113亿立方米，缺水已成为京津冀区域发展的最大制约因素。由于地区降水补给季节差异大、年际变化大，不可改变的自然条件引起的水资源总量的不足会对京津冀城市规模带来直接制约。而京津冀区域人口的高度密集进一步加剧了水资源短缺问题的严重性。截至2018年，京津冀三地人均水资源量分别为164立方米、113立方米、218立方米，全国人均水资源量为1972立方米，而一般认为人均水资源量低于500立方米的地区即为极度缺水区，京津冀的人均水资源量属于极度缺水区中的低值。

2. 环境治理任重道远

环境治理与城乡居民的健康息息相关，是不可忽略的重要问题。随着京津冀城市化、工业化的不断发展，环境治理的问题层出不穷。一方面，区域内大气污染物治理还有很长的路要走。相比于全国其他区域，京津冀区域的大气污染情况最为严重，以2017年为例，在六大污染物中，除了SO_2和CO，其他污染物均未达到《环境空气质量标准》（GB 3095—2012）中规定的二级限值，空气质量优良天数也远低于全国平均水平。另一方面，水生态环境修复道阻且长。2019年，京津冀区域与全国其他主要流域相比，海河流域Ⅰ～Ⅲ类水质占比较低，而劣Ⅴ类水质占比较高，污染程度在全国十大流域中排名靠前。

3. 生态修复遭遇瓶颈

京津冀生态环境是一个整体，也是经济一体化的自然物质基础。由于京津冀发展早期呈现出中心-边缘模式，因此京津冀区域整体产业分工存在一定问题。一方面，京津冀区域存在水土流失与河流淤积等现象，尤其是西部和北部的太行山东坡、燕山山地，这不仅吞食农田、降低肥力、淤积塘坝、引发洪涝，而且易造成水库淤积，水库调节能力下降，对官厅和密云两大水库的行洪和供水造成影响，直接关乎水资源的供给；另一方面，京津冀区域仍存在土地沙化问题，对京津风沙天气有一定的影响。

（四）地区协调机制

1. 行政关系理顺

京津冀三地之间的关系实际上是包括中央政府在内的“三地四方”的关系。一方面，三地受中央政府的统一指挥；另一方面，由于北京独特的政治地位，作为中央政府的所在地，其既要承担一个独立城市的发展角色，又要服务好中央政府。而北京的政治地位同时也保证了大量的权力资源、政策资源以及众多公共服务资源的聚集。在三地政治地位不对等的情况下，三地之间的关系更多是单向依赖，即天津和河北需要北京，而北京不需要天津和河北。行政上的协调在京津冀协调发展中很重要。

2. 地方利益和区域利益协调平衡

当前，在中国各个区域的协同发展问题上，参与各方之间能否建立完善的协调和合作制度是区域协同发展能否顺利进行的基础和关键。京津冀区域关于利益表达、利益分配以及利益保障机制等在内的利益协调机制仍需完善。京津冀协同发展战略实施以来，三地各自为政的状况有了明显改善。随着交通一体化、生态环境保护、产业转移升级等领域的率先突破，一些方面的合作有了实质性进展，一体联动、共商共建的形象开始树立起来，但要实现全方位协同发展还要进一步做到地方利益和区域利益协调平衡。目前，统一要素市场发展相对滞后，金融、土地等要素的市场壁垒仍然存在，因此要加快推进金融、土地等要素市场的一体化，促进京津冀协同发展的步伐。

二、机遇

（一）国家宏观调控到位有效

1. 新冠肺炎疫情防控及时有力

新冠肺炎疫情发生后，党中央将疫情防控作为头等大事来抓，习近平总书记亲自指挥、亲自部署，坚持把人民生命安全和身体健康放在第一位。在党中央领导下，中央应对疫情工作领导小组及时研究部署，中央指导组加强指导督导，国务院联防联控机制统筹协调，各地区各部门履职尽责，社会各方面全力支持，开展了疫情防控的人民战争、总体战、阻击战。①

2. 统筹推进新冠肺炎疫情防控和经济社会发展

不失时机推进复工复产，推出8个方面90项政策措施，实施援企稳岗，减免部分税费，免收所有收费公路通行费，降低用能成本，发放贴息贷款。按程序提前下达地方政府债务限额。不误农时抓春耕。不懈推进脱贫攻坚。发放抗疫一线和困难人员补助，将价格临时补贴标准提高1倍。

3.“六稳六保”稳住经济基本面

2018年7月，中央首次提出“六稳”，并提出了“六保”的新任务，形成了“六稳”加“六保”的工作框架。

4. 经济恢复成效显著，高质量发展取得新进展

2021年，我国的经济增长国际领先。积极的财政政策效能提升，稳健的货币政策灵活精准，就业优先政策不断强化，国内生产总值较快增长。前三季度，我国经济增速为9.8%。1～10月份，全国城镇新增就业1133万人，同比多增124万人，提前完成全年目标任务。对外贸易和利用外资较快增长；我国进出口总额31.7万亿元，同比增长22.2%，创历史同期新高；我国实际使用外资9431.5亿元，同比增长17.8%（其中服务业实际使用外资增长20.3%，高技术产业实际使用外资增长23.7%）。前三季度全国居民人均可支配收入同比实际增长9.7%，两年平均增长5.1%，与经济增长基本同步。工资性收入稳定增长对居民增收发挥了关键作用，前三季度全国居民人均工资性收入同比

---

① 李克强说，新冠肺炎疫情发生后，党中央将疫情防控作为头等大事来抓[EB/OL]. https://www.chinanews.com.cn/gn/2020/05-22/9191432.shtml[2021-6-21].

名义增长10.6%。[①]

5. 坚决打赢三大攻坚战

坚持现行脱贫标准，增加扶贫投入，强化扶贫举措落实，确保剩余贫困人口全部脱贫，健全和执行好返贫人口监测帮扶机制，巩固脱贫成果。要打好蓝天、碧水、净土保卫战，实现污染防治攻坚战阶段性目标。加强金融等领域重大风险防控，坚决守住不发生系统性风险底线。

（二）规模大活力强的国内市场

完善要素市场化配置是建设统一开放、竞争有序市场体系的内在要求，是坚持和完善社会主义基本经济制度、加快完善社会主义市场经济体制的重要内容。为深化要素市场化配置改革，促进要素自主有序流动，提高要素配置效率，进一步激发全社会创造力和市场活力，推动经济发展质量变革、效率变革、动力变革，中共中央、国务院于2020年4月9日印发《关于构建更加完善的要素市场化配置体制机制的意见》。这是中央关于要素市场化配置的第一份文件，对于形成生产要素从低质低效领域向优质高效领域流动的机制，提高要素质量和配置效率，引导各类要素协同向先进生产力集聚，加快完善社会主义市场经济体制具有重大意义。

1. 推进土地要素市场化配置

具体表现在：①建立健全城乡统一的建设用地市场。加快修改完善土地管理法实施条例。全面推开农村土地征收制度改革，扩大国有土地有偿使用范围。建立公平合理的集体经营性建设用地入市增值收益分配制度。建立公共利益征地的相关制度规定。深化产业用地市场化配置改革。健全长期租赁、先租后让、弹性年期供应、作价出资（入股）等工业用地市场供应体系。②鼓励盘活存量建设用地。研究完善促进盘活存量建设用地的税费制度，以多种方式推进国有企业存量用地盘活利用，深化农村宅基地制度改革试点，完善城乡建设用地增减挂钩政策。③完善土地管理体制。完善土地利用计划管理，实施年度建设用地总量调控制度，增强土地管理灵活性，推动土地计划指标更加合理化，城乡建设用地指标使用应更多由省级政府负责。

---

① 就业扩大、环境向好，2021年我国经济发展十大亮点[EB/OL]. https://baijiahao.baidu.com/s?id=1718436695645620706&wfr=spider&for=pc[2021-6-30].

在国土空间规划编制、农村房地一体不动产登记基本完成的前提下，建立健全城乡建设用地供应三年滚动计划。探索建立全国性的建设用地、补充耕地指标跨区域交易机制。加强土地供应利用统计监测。实施城乡土地统一调查、统一规划、统一整治、统一登记。推动制定不动产登记法。

2. 引导劳动力要素合理畅通有序流动

具体表现在：①深化户籍制度改革。推动超大、特大城市调整完善积分落户政策，探索推动在长三角、珠三角等城市群率先实现户籍准入年限同城化累计互认。放开放宽除个别超大城市外的城市落户限制，试行以经常居住地登记户口制度。建立城镇教育、就业创业、医疗卫生等基本公共服务与常住人口挂钩机制，推动公共资源按常住人口规模配置。②畅通劳动力和人才社会性流动渠道。健全统一规范的人力资源市场体系，加快建立协调衔接的劳动力、人才流动政策体系和交流合作机制。营造公平就业环境，依法纠正身份、性别等就业歧视现象，保障城乡劳动者享有平等就业权利。进一步畅通企业、社会组织人员进入党政机关、国有企事业单位渠道。优化国有企事业单位面向社会选人用人机制。实施优先扶持和重点帮助。完善人事档案管理服务。③完善技术技能评价制度。创新评价标准，以职业能力为核心制定职业标准，进一步打破户籍、地域、身份、档案、人事关系等制约。加快建立劳动者终身职业技能培训制度。推进社会化职称评审。完善技术工人评价选拔制度。探索实现职业技能等级证书和学历证书互通衔接。加强公共卫生队伍建设。④加大人才引进力度。畅通海外科学家来华工作通道，为外籍高层次人才来华创新创业提供便利。

3. 推进资本要素市场化配置

具体表现在：①完善股票市场基础制度。制定出台完善股票市场基础制度的意见。坚持市场化、法治化改革方向，改革完善股票市场发行、交易、退市等制度。鼓励和引导上市公司现金分红。完善投资者保护制度。完善主板、科创板、中小企业板、创业板和全国中小企业股份转让系统（新三板）市场建设。②加快发展债券市场。稳步扩大债券市场规模，丰富债券市场品种，推进债券市场互联互通。③增加有效金融服务供给。健全多层次资本市场体系。构建多层次、广覆盖、有差异、大中小合理分工的银行机构体系，推动信用信息深度开发利用，增加服务小微企业和民营企业的金融服务供给。建立县域银行业金融机构服务“三农”的激励约束机制。推进绿色金融创新。完善金融机构市场化、法治化退出机制。④主动有序扩大金融业对外开放。稳步推进人民币国际化和人民币资本项目可兑换。逐步推进证券、基金行业对内对外双向开放，有序推进期货市场对外开放。逐步放宽外资金融机构准入条件，推进境内金融机构参与国际金融市场交易。

4. 加快发展技术要素市场

具体表现在：①健全职务科技成果产权制度。深化科技成果使用权、处置权和收益权改革，开展赋予科研人员职务科技成果所有权或长期使用权试点。支持重大技术装备、重点新材料等领域的自主知识产权市场化运营。②完善科技创新资源配置方式。改革科研项目立项和组织实施方式，建立健全多元化支持机制。完善专业机构管理项目机制。加强科技成果转化中试基地建设。支持有条件的企业承担国家重大科技项目。建立市场化、社会化的科研成果评价制度，修订技术合同认定规则及科技成果登记管理办法。建立健全科技成果常态化路演和科技创新咨询制度。③培育发展技术转移机构和技术经理人。加强国家技术转移区域中心建设。支持科技企业与高等学校、科研机构合作建立技术研发中心、产业研究院、中试基地等新型研发机构。积极推进科研机构分类改革，加快推进应用技术类科研结构市场化、企业化发展。支持高等学校、科研机构和科技企业设立技术转移部门。建立国家技术转移人才培养体系，提高技术转移专业服务能力。④促进技术要素与资本要素融合发展。积极探索通过天使投资、创业投资、知识产权证券化、科技保险等方式推动科技成果资本化。鼓励商业银行采用知识产权质押、预期收益质押等融资方式，为促进技术转移转化提供更多金融产品服务。⑤支持国际科技创新合作。深化基础研究国际合作，组织实施国际科技创新合作重点专项，探索国际科技创新合作新模式，扩大科技领域对外开放。加大抗病毒药物及疫苗研发国际合作力度。开展创新要素跨境便利流动试点，发展离岸创新创业，探索推动外籍科学家领衔承担政府支持科技项目。发展技术贸易，促进技术进口来源多元化，扩大技术出口。

5. 加快培育数据要素市场

具体表现在：①推进政府数据开放共享。优化经济治理基础数据库，制定出台新一批数据共享责任清单。研究建立促进企业登记、交通运输、气象等公共数据开放和数据资源有效流动的制度规范。②提升社会数据资源价值。支持构建农业、工业、交通、教育、安防、城市管理、公共资源交易等领域规范化数据开发利用的场景。发挥行业协会商会作用，推动人工智能、可穿戴设备、车联网、物联网等领域数据采集标准化。③加强数据资源整合和安全保护。探索建立统一规范的数据管理制度，丰富数据产品。研究根据数据性质完善产权性质。制定数据隐私保护制度和安全审查制度。推动完善适用于大数据环境下的数据分类分级安全保护制度。

6. 加快要素价格市场化改革

具体表现在：①完善主要由市场决定要素价格机制。完善城乡基准地价、标定地价的制定与发布制度。健全最低工资标准调整、工资集体协商和企业薪酬调查制度。完善事业单位岗位绩效工资制度。建立公务员和企业相当人员工资水平调查比较制度，落实并完善工资正常调整机制。稳妥推进存贷款基准利率与市场利率并轨，提高债券市场定价效率，健全反映市场供求关系的国债收益率曲线。增强人民币汇率弹性。②加强要素价格管理和监督。推动政府定价机制由制定具体价格水平向制定定价规则转变。构建要素价格公示和动态监测预警体系，逐步建立要素价格调查和信息发布制度。完善要素市场价格异常波动调节机制。加强要素领域价格反垄断工作。③健全生产要素由市场评价贡献、按贡献决定报酬的机制。着重保护劳动所得，增加劳动者特别是一线劳动者劳动报酬，提高劳动报酬在初次分配中的比重。全面贯彻落实以增加知识价值为导向的收入分配政策。

（三）京津冀协同发展战略延续与提升

2014年2月，习近平总书记在北京主持召开座谈会并发表重要讲话，强调实现京津冀协同发展是优化国家发展区域布局、优化社会生产力空间结构、打造新的经济增长极、形成经济发展新方式的需要，是一个重大国家战略，全面深刻阐述了京津冀协同发展的推进思路和重点任务，为京津冀协同发展指明了方向[①]。为加强对京津冀协同发展工作的统筹指导，2014年6月，中央批准成立京津冀协同发展领导小组（简称领导小组），领导小组办公室设在国家发展和改革委员会，主要职责是组织拟订并协调实施京津冀协同发

① 京津冀协同发展[EB/OL]. https://www.ndrc.gov.cn/gjzl/jjjxtfz/201911/t20191127_1213171.html?ivk_sa=1024320u[2021-06-09].

展战略规划、重大政策，承担雄安新区建设相关工作，承担领导小组日常工作。

2015年6月，中共中央、国务院印发实施《京津冀协同发展规划纲要》，从战略意义、总体要求、定位布局、有序疏解北京非首都功能、推动重点领域率先突破、促进创新驱动发展、统筹协同发展相关任务、深化体制机制改革、开展试点示范、加强组织实施等方面描绘了京津冀协同发展的宏伟蓝图，是推动这一重大国家战略实施的纲领性文件，是当前和今后一个时期指导京津冀协同发展的基本依据，是凝聚各方力量、推动形成强大工作合力的行动指南。2016年2月，《“十三五”时期京津冀国民经济和社会发展规划》印发实施，是全国第一个跨省市的区域“十三五”规划，明确了京津冀区域未来五年的发展目标，以《京津冀协同发展规划纲要》为基本遵循，把京津冀作为一个区域整体统筹规划，在城市群发展、产业转型升级、交通设施建设、社会民生改善等方面一体化布局，努力形成京津冀目标同向、措施一体、优势互补、互利共赢的发展新格局[①]。

2019年1月，习近平总书记在京津冀考察，主持召开京津冀协同发展座谈会并发表重要讲话，对推动京津冀协同发展提出了6个方面的要求：积极稳妥有序疏解北京非首都功能，高质量高标准推动雄安新区规划建设，高质量推动北京城市副中心规划建设，发挥引领高质量发展的重要动力源作用，强化生态环境联建联防联治，促进基本公共服务共建共享[②]。

京津冀协同发展上升为重大国家战略以来，在2020年我国“处于近代以来最好的发展时期，世界处于百年未有之大变局”的特殊背景下，京津冀协同发展战略得到了延续与提升。

2020年5月17日，《中共中央 国务院关于新时代推进西部大开发形成新格局的指导意见》指出，拓展区际互动合作。积极对接京津冀协同发展、长江经济带发展、粤港澳大湾区建设等重大战略。支持青海、甘肃等加快建设长江上游生态屏障，探索协同推进生态优先、绿色发展新路径[③]。

2020年5月18日，《中共中央 国务院关于新时代加快完善社会主义市场

① 京津冀协同发展新步伐［EB/OL］. http://theory.people.com.cn/n1/2017/0222/c410789-29099102.html［2021-06-10］.

② 习近平主持召开京津冀协同发展座谈会［EB/OL］. https://baijiahao.baidu.com/s?id=1623000706988984598&wfr=spider&for=pc［2021-06-08］.

③ 中共中央 国务院关于新时代推进西部大开发形成新格局的指导意见［EB/OL］. http://www.gov.cn/zhengce/2020-05/17/content_5512456.htm［2021-06-10］.

经济体制的意见》指出，构建区域协调发展新机制，完善京津冀协同发展、长江经济带发展、长江三角洲区域一体化发展、粤港澳大湾区建设、黄河流域生态保护和高质量发展等国家重大区域战略推进实施机制，形成主体功能明显、优势互补、高质量发展的区域经济布局。健全城乡融合发展体制机制①。

2020年6月11日，国务院发布的《国务院关于落实〈政府工作报告〉重点工作部门分工的意见》中指出，继续推动西部大开发、东北全面振兴、中部地区崛起、东部率先发展。深入推进京津冀协同发展、粤港澳大湾区建设、长三角一体化发展②。

2020年7月17日，国务院发布的《国务院关于促进国家高新技术产业开发区高质量发展的若干意见》中指出，推动区域协同发展，支持国家高新区发挥区域创新的重要节点作用，更好服务于京津冀协同发展、长江经济带发展、粤港澳大湾区建设、长三角一体化发展、黄河流域生态保护和高质量发展等国家重大区域发展战略实施③。

2020年7月28日，京津冀协同发展领导小组会议中，韩正表示，要进一步把思想认识和行动统一到党中央决策部署上来，始终抓住疏解北京非首都功能这个"牛鼻子"，坚持一张蓝图绘到底，扎实推进、久久为功，推动京津冀协同发展不断取得新进展。

韩正强调，推动京津冀协同发展，要在做好常态化疫情防控前提下，更加突出抓好重点任务、重大项目、重要政策。要加快推进重大项目建设，强化规划引领，加强项目前期工作，不断更新和充实项目储备库，确保高标准、高质量推进项目建设。要推动交通一体化取得新突破，完善体制机制，坚持"要素跟着项目走"，加快推进京津冀城际铁路建设，构建"轨道上的京津冀"。要研究北京非首都功能疏解政策体系，进一步明确疏解功能的大方向，疏解政策要有力度，统筹兼顾各方利益，真正形成引导和倒逼效应。要大力推动公共服务共建共享，促进京津优质教育、医疗资源向河北延伸，不断缩小公共服务落差，让人民群众享受协同发展成果。要推动改革创新取得

---

① 中共中央 国务院关于新时代加快完善社会主义市场经济体制的意见[EB/OL]. http://www.gov.cn/zhengce/2020-05/18/content_5512696.htm[2021-06-10].

② 国务院关于落实《政府工作报告》重点工作部门分工的意见[EB/OL]. http://www.gov.cn/zhengce/content/2020-06/11/content_5518699.htm[2021-06-10].

③ 国务院关于促进国家高新技术产业开发区高质量发展的若干意见[EB/OL]. http://www.gov.cn/zhengce/content/2020-07/17/content_5527765.htm[2021-06-10].

新突破，以创新驱动和改革开放为两个轮子，努力走出一条内涵集约发展的新路子。要强化责任担当，加强指导督导，把好规划落实关，深入开展调查研究，把每一项任务抓实抓好抓出成效①。

2020年7月30日，国务院办公厅发布的《国务院办公厅关于提升大众创业万众创新示范基地带动作用 进一步促改革稳就业强动能的实施意见》中指出，加强不同类型双创示范基地协同联动。搭建双创示范基地跨区域合作交流平台，推广跨区域孵化“飞地模式”，探索在孵项目跨区域梯次流动衔接的合作机制，在资源共享、产业协同、知识产权保护和运营等方面开展跨区域融通合作。推动建设孵化器、加速器、产业园区相互接续的创业服务体系（地方各级人民政府负责）。中央预算内资金优先支持区域一体化创新创业服务平台建设（国家发展和改革委员会牵头负责）。优化长三角、京津冀和西部示范基地联盟，支持建立中部、南部示范基地联盟（国家发展和改革委员会牵头负责）②。

（四）区域交通与基础设施不断完善升级

2015年12月8日，国家发展和改革委员会和交通运输部在京联合发布《京津冀协同发展交通一体化规划》，提出将在京津冀构建“一核、双城、三轴、四区、多节点”总体空间布局，提升交通智能化水平，打造以首都为核心的世界级交通体系。

1. 轨道交通建设稳健推进

2014年12月，京津冀三地政府、中国国家铁路集团有限公司成立京津冀城际铁路投资有限公司，投资公司初期注册资本100亿元，由京津冀三地政府及中国国家铁路集团有限公司按照3∶3∶3∶1的比例共同出资成立③。2016年11月，《京津冀地区城际铁路网规划》获批。2017年11月，《新建北京至雄安新区城际铁路环境影响报告书简本》发布。三省市高度重视各自的轨道交通发展规划。2016年7月，北京发布的《北京市“十三五”时期交通发

---

① 韩正主持召开京津冀协同发展领导小组会议[EB/OL]. http://www.gov.cn/guowuyuan/2020-07/28/content_5530763.htm[2021-06-09].

② 国务院办公厅关于提升大众创业万众创新示范基地带动作用 进一步促改革稳就业强动能的实施意见[EB/OL]. http://www.gov.cn/zhengce/content/2020-07/30/content_5531274.htm[2021-06-10].

③ 京津冀城际铁路投资公司成立[EB/OL]. http://www.gov.cn/xinwen/2014-12/30/content_2798634.htm[2021-06-09].

展建设规划》提出，构建与出行距离相匹配的交通发展模式，打造“1小时京津冀区域交通圈”。2017年1月，河北发布的《河北省轨道交通发展“十三五”规划》指出，2016～2020年，预计新建铁路项目投资规模2000亿元，轨道交通营业里程力争突破8500千米①。2017年6月，天津发布的《天津市综合交通运输“十三五”发展规划》指出，要提升天津的铁路枢纽地位，围绕京津冀“四纵四横一环”运输通道，重点建设高效密集的客运铁路网，完善货运铁路布局，到2020年形成“两轴+十字”的客运铁路布局和“内客外货、北进北出、南进南出”的货运铁路布局，区域内多条铁路线路建设有条不紊地进行。以北京为中心的50～70千米半径范围内的“1小时轨道交通圈”初步形成。2016年1月，京霸城际铁路获得国家发展和改革委员会批复。2016年4月，京张铁路全线开工，2019年12月正式开通运营。2015年9月，京津城际延伸线通车。2015年12月，津保铁路正式运营，成为连接天津、河北及中西部地区的便捷通道。2016年12月29日，京唐城际铁路北京段正式开工建设。2018年2月28日，京雄城际铁路正式开工建设。2019年9月26日，京雄城际铁路北京段开通运营。2017年9月，京滨城际天津段开工，设宝坻南、京津新城、北部新区、滨海机场和滨海5座车站。北京到廊坊城际铁路联络线一期工程全长39.7千米，已于2017年8月正式开工。2018年5月30日，京沈客专北京段完成了铁路部门提供用地红线范围内的全部拆迁工作，京沈客专北京段的控制性工程已全部如期展开施工。2019年6月，京沈客专星火枢纽东北环线拨线施工完成。2019年12月，梨花顶隧道贯通，标志着京沈高速铁路全线隧道贯通。2018年7月，津承城际已完成选址，其中宝坻南至蓟州段于2019年12月完成可研评审。

2. 公路建设稳步推进，高速公路断头路清零

积极推进京津冀区域公路交通一体化规划与管理。2016年6月，京津冀三省市区域交通一体化统筹协调小组第3次联席会议审议通过了《京津冀三省市区域交通一体化统筹协调小组工作规程（2016年修订版）》、《京津冀交通一体化京津冀交通基础设施（公路）项目库管理办法》和《京津冀交通一体化京津冀交通基础设施（公路）项目库管理办法实施细则（北京）》，联合建立京津冀跨行政区域间交通基础设施（公路）项目管理平台体系。2017年2

---

①《河北省轨道交通发展“十三五”规划》印发[EB/OL]. http://hbdrc.hebei.gov.cn/web/web/fzgh/4028818b5a02a3f8015a02aa7fb1018d.htm[2021-06-09].

月，《京津冀公路立法协同工作办法》和《京津冀交通运输行政执法合作办法》出台。三地公路交通收费初步实现互联互通。2015年7月，《电子不停车收费系统路侧单元应用技术规范》正式实施。京津冀交通一卡通互联互通有效推进，2015年形成《京津冀客运联程服务一体化实施方案》和《京津冀交通一卡通互联互通实施方案》，编制完成《京津冀交通一卡通互联互通业务导则（暂行）》。2017年12月30日起，北京公共交通实现与京津冀区域内接入省级平台城市的互联互通。2016年11月，京秦高速全线正式动工，北京段、京冀段已于2018年8月20日通车，2018年12月16日河北大安镇（津冀界）至平安城段通车。2016年12月，京台高速北京段建成通车。2016年12月，密涿高速公路建成通车，北京地区环线高速“大外环”全线贯通，打开京津冀高速公路新格局。2017年5月，京秦高速北京段全面开建，2018年7月26日正式通车。2017年7月，津围北二线公路正式通车，缓解了原津围公路的拥堵情况。2017年12月，京秦高速公路京冀、冀津接线段主体工程及房建工程全部完成。2018年8月，首都地区环线高速公路（通州—大兴段）、京秦高速北京段正式通车，将有效缓解京哈高速、京平高速、京通快速路和六环路的交通压力，带动通州区与廊坊北三县、天津武清区域发展。至此，《国家高速公路网规划》北京域内高速“断头路”全部打通。

3. 积极推进港口协同优化发展

2015年5月，《〈京津冀协同发展规划纲要〉交通一体化实施方案》出台，在港口建设方面，要求天津港打造北方国际航运核心区，与河北港口合作、错位发展。2016年，天津与河北联合制定《津冀港口群集疏运体系改善方案》，集装箱铁水联运信息系统建设工程开工建设，研究建立新的津冀沿海航区海事综合监管机制。2017年7月，交通运输部、天津市人民政府和河北省人民政府印发《加快推进津冀港口协同发展工作方案（2017—2020年）》，提出通过优化津冀港口布局和功能分工、加快港口资源整合、完善港口集疏运体系、促进现代航运服务业发展等重点任务。津冀港口建设合作不断加强。2014年8月，天津港（集团）有限公司与河北港口集团有限公司共同出资成立渤海津冀港口投资发展有限公司，各占50%的股权①，主要负责津冀地区港口项目的投资与开发。2015年12月30日，渤海津冀港口投资发展有限公

① 津冀两地港口从竞争转向竞合[EB/OL]. http://liaoning.chinaports.org/News_info.htm?id=195684&c=1 [2021-06-09].

司签署战略合作协议投资共建码头项目。2016年12月，天津港和唐山港开启合作，成立津唐国际集装箱码头有限公司，2017年集装箱吞吐量达到200.53万标箱。2017年5月，渤海津冀港口投资发展有限公司占股90%、秦皇岛港股份有限公司占股10%的津冀国际集装箱码头有限公司改组成立，并于9月正式挂牌，2017年吞吐量达65.3万标箱。2018年3月，天津港（集团）有限公司与曹妃甸港集团有限公司签署项目合作意向书，同时围绕《加快推进津冀港口协同发展工作方案（2017—2020年）》，推动建设以天津港为核心、以河北港口为两翼的世界级港口群，加快北方国际航运核心区建设，申报"京津冀自由贸易港"。

4. 民用航空间的合作趋于利好

2014年12月，《民航局关于推进京津冀民航协同发展的意见》出台。在中国民用航空局的推动下，京津冀三地机场协同发展战略合作框架协议在北京签署。2015年5月，河北省人民政府国有资产监督管理委员会和首都机场集团公司签订《河北机场管理集团有限公司委托首都机场集团公司管理协议书》。2016年10月，京津冀民航协同发展石家庄机场推进会召开，旨在完善石家庄机场航线网络，培育石家庄机场为区域枢纽机场，疏解首都国际机场支线航班，推进航空快件集散中心建设。2017年11月，《推进京津冀民航协同发展实施意见》发布，京津冀将打造分工合作、优势互补、空铁联运、协同发展的"世界级机场群"，北京大兴国际机场与北京首都国际机场将形成"双枢纽"格局。北京大兴国际机场建设持续推进。北京大兴国际机场及周边配套设施建设不断推进，带动北京和河北在民航领域及临空经济区方面的深度合作。2014年12月，国家发展和改革委员会正式批准北京建设新机场项目。2016年10月，《北京新机场临空经济区规划（2016—2020年）》获批。2017年，北京新机场"五纵两横"交通配套逐步开工建设。2018年9月北京新机场正式命名为北京大兴国际机场。2019年9月25日，北京大兴国际机场正式通航。2019年，北京大兴国际机场共完成旅客吞吐量313.5074万人次，排名全国第53位；货邮吞吐量7362.3吨，排名全国第70位；飞机起降21 048架次，排名全国第88位。此外，河北民航新机场建设与运营进展良好，2016年3月，秦皇岛第二座机场北戴河机场正式通航，秦皇岛山海关机场由军民合用机场转为军用，民航航班全部转移至北戴河机场。2017年5月31日，河北承德普宁机场正式通航。

5. 水网连通统筹京津冀水资源调配格局

2014年9月，水利部编制印发了《京津冀协同发展水利专项规划》，统筹研究明确了到2020年和2030年京津冀水利建设目标与控制性指标，提出了节约用水与水资源配置、水资源保护与水生态修复、防洪排涝减灾体系建设、水利管理体制改革与机制创新等方面的建设任务。2019年1月25日，水利部、财政部、国家发展和改革委员会、农业农村部联合推出《华北地区地下水超采综合治理行动方案》，将综合治理的重点确定为京津冀地区，方案明确提出：加快完善中线一期配套工程，逐步增加向华北供水量，为地下水超采治理创造条件，相机为京津冀河湖水系进行生态补水，回补地下水；抓紧实施南水北调东线一期北延应急供水工程，增加向京津冀地区供水能力。2014年12月12日，南水北调中线一期工程正式通水，从丹江口水库调来的南水一路北上，流入京津冀。通水五年，北京水资源总量从2014年的20.25亿立方米增长到2018年的35.46亿立方米，南水入京水量11.92亿立方米。天津水资源总量从2014年的11.37亿立方米增长到2018年的17.58亿立方米，南水入津水量11.04亿立方米。河北水资源总量从2014年的106.14亿立方米增长到2018年的164.04亿立方米，南水入冀水量23.89亿立方米。2019年9月4日，总库容达2000万立方米的天津南水北调中线配套工程王庆坨水库首次开闸蓄水，南水以2.5立方米每秒的入库水量流入水库。

6. 电力设施一体化稳步推进

2016年7月19日，国家能源局发布《国家能源局综合司关于做好京津冀电力市场建设有关工作的通知》，称将尽快制定京津冀电力市场建设方案，提出京津冀电力交易机构组建方案，研究市场规则和市场仿真。2016年8月12日，国家能源局华北监管局正式印发《京津唐电网电力用户与发电企业直接交易暂行规则》。2016年8月23日，京津冀电力市场建设联合工作组下发关于征求《京津冀电力市场建设方案（征求意见稿）》意见的函，向有关单位征求意见，指出京津冀电力市场建设工作细分为“三步走”方案：第一阶段为2016年底至2017年12月：将以京津唐电网为市场交易范围，进行配套技术平台建设，尽快释放电力体制改革红利；第二阶段为2018年1月至2019年12月：将以京津唐电网为市场范围，探索新的以市场的手段消纳可再生能源，全面提升电力系统运行效率，初步建立起完善的京津唐电力市场体系；第三阶段为2020年1月以后：扩大市场范围至京津冀电网，实现市场融合和自我发展。2017年11月，京津冀三地发改部门联合制定的《京津冀能源协同发展行动计划（2017—2020年）》提出：在电力设施一体化建设方面，三地建成锡林郭勒盟经北京至山东、蒙西至天津南等重点特高压输电通道，提高外调电比重；加强500千伏骨干输电网建设，优化三地电网结构和变电站布局，推动形成以北京、天津环网为中心，河北环网为基础的一体化坚强主网架结构；统筹电源与电网规划建设，通过等容量置换替代等方式，在河北东部沿海地区规划建设一定规模的清洁煤电支撑电源；加快涿州热电、蔚县热电等一批清洁煤电项目建设，推进电力、热力跨区域送出。

第四节　“十四五”重点任务

一、持续优化空间布局

京津冀城市群继续“一核、双城、三轴、四区、多节点”的空间布局思路，形成“体系分明、梯度合理、结构连绵、联动发展、高效融合”的城市群空间布局和分工与定位鲜明的城镇体系。在此基础上，不断提升京津周边地区的中小城市能级，加快京津冀区域的整体均衡发展。加大对中小城市和小城镇基础设施与公共服务供给的财政支持力度，推动基础设施和公共服务基本均等化。

1. 找准定位，发挥各自优势

北京应着眼于建设中国特色世界城市，立足促进京津产业升级和文化繁荣，着力推进文化创新，优化文化创意发展环境，推动文化创意产业发展水平和竞争力的进一步提升，把北京建设成为具有国际影响力的文化创新、运营、交易和体验中心。天津应推动文化产业成为支柱产业，加快建设国家动漫产业综合示范园、国家数字出版基地等重点文化项目，培育一批文化创意产业聚集区；促进文化与旅游、科技融合，发展新型文化业态；培育骨干文化企业和战略投资者，鼓励和引导民营经济进入，加大金融支持力度，发展文化产品和要素市场。河北应大力发展新闻出版、广播影视、演艺娱乐等重点产业，加快发展数字出版、移动多媒体、动漫游戏软件等新兴产业，建设一批国家级和省级文化产业园区，同时，要加强对文化产品生产的引导，推出一批文艺精品，打造一批燕赵文化知名品牌。

2. 加快卫星城建设推动形成京津冀空间一体化建设

建立若干个定位明确、规模适度、职住合一的卫星城，以此为基础促使京津冀区域由点轴结构发展向多核心、多圈域的结构演进。各个卫星城随着自身经济水平的提高，将进一步带动周边地区发展，并最终实现空间一体化。

3. 坚持推动基础设施和公共服务均等化建设

为京津冀基础设施与公共服务相对薄弱地区提供公共服务设施建设的资金支持；建立事权和支出责任相适应的制度，规范地方政府的支出责任，提高各层级财政支出效率水平；在区域内开展教育、医疗、就业、社会保障、文体设施等多领域公共服务合作，如加强养老保险待遇资格协助认证合作、异地就医结算合作等，搭建社会保障信息共享平台，实现基本公共服务的共享。推动公共服务共享过程中硬件和软件共建。

二、深入推进非首都功能疏解

1. 构建多主体协调机制

推动建立统一的生态环境规划、标准、监测、执法体系，积极探索共建产业园区税收、节能减排等方面的利益分配和责任分担机制。三地政府应当打破区域间的利益分割对资金、技术、信息等要素的限制，并鼓励企业参与该协调机制形成多元合力，逐步建立三地统一的企业产权、知识产权、林权矿权等市场化流转制度，推动制定跨区域的技术、人才等要素流动和优化配置的政策措施，促进金融、旅游等资源共享。

2. 加强基础设施和公共服务的配套

北京在进行产业疏解时应当与承接地加强沟通对接。将优质的教育、医疗等基础设施建设和公共服务配套一同向外扩散，增强对疏解企业和员工的吸引力。通过加强交通网络的建设，保证京津冀区域内部的互联互通。

3. 充分重视民生保障工作

政府应当给予在京企业和居民一定的缓冲期，其间对人口、就业、住房等问题进行安排协调，做好民生保障工作。对流动人口的疏解应该更加科学、灵活，保证保障性服务业的劳动力数量，不能以提高居民生活成本和降低居民生活便利度为代价疏解人口。要充分考虑群众的意见，建立纳入居民幸福感、居民满意度、居民宜居程度等隐形指标的城市管理体系，做到全面监测、综合治理，对社会稳定风险进行评估和预警。

三、加快交通一体化进程

1. 完善地方交通基础设施建设

统一规划建设都市圈交通基础设施，绘制京津冀智能交通“一张蓝图”，打造交通运输信息共享交换“一个平台”，推动城市常规公交、轨道、出租汽车等交通“一卡通”，实现交通运输监管应急“一张网”。加强中心城市与其他城市间城际铁路、道路交通、公交线路等的对接，清零高速“断头路”，加强地区城市与中心城市间的联系。实现京津冀对接公路项目管理的制度化、规范化、动态化。地方交通运输设施建设，在城镇密集地区实施普通国省干线提质工程，提高部分路段建设标准，推进繁忙路段扩建、改线或立交改造。

2. 以运输通道为基础，以轨道交通为骨干，建设交通网络

对于区域内联的客运需求，继续坚持“轨道上的京津冀”的目标，以“京津、京保石、京唐秦”三大通道为主轴，以京津石三大城市为核心，以“四纵四横一环”的交通运输网络为目标，以轨道交通为骨干，建设由干线铁路、城际铁路、市郊铁路、城市地铁为骨架的多层次、立体性轨道交通网络。一是要加快建设区域内主要城市间的城际铁路（京石城际、京承城际、津承城际、廊涿城际、石雄城际、环北京城际、津沧城际等），早日实现京津石中心城区与周边城镇0.5～1小时通勤圈，京津保0.5～1小时交通圈。二是轨道交通要连通区域内主要节点城市和沿海港口，增强京津冀对外辐射带动作用，有效支撑和引导区域空间布局调整及产业转型升级，连接所有地级及以上城市，在线路规划范围内10万人及以上人口的城镇设站。

3. 推动“两群”建设

一是落实《关于建设世界一流港口的指导意见》，打造世界级港口群。通过优化区域内港口分工，打造天津港作为北方国际航运中心，河北港口以大

宗货物运输为主的结构；完善货物运输系统，加强港口间的联动合作；推进港口、产业、城市的协调发展，强化港口与区域产业、物流园区、运输通道的对接。二是落实《推进京津冀民航协同发展实施意见》，打造世界级机场群。优化区域内空港的航线分工，增加支线机场通用航空设施，推进三地机场协同运行和联合管理，进一步加强安全、运行、服务等标准对接，实现目标一致化、定位差异化、运营协同化、管理一体化。

4. 优化一体化协同机制

在关注交通基础设施的硬件建设之外，更重要的是运输服务、体制机制、投融资等软实力的提升。建设“四个统一”机制：统一规划、统一政策、统一标准、统一管控。推进政务服务合作“三地如一地”，健全交通组织等协同机制。一是完善交通基础设施的投融资机制，以京津冀城际铁路投资有限公司的建设为蓝本，通过设立相关企业，以企业为主体、以资本为纽带、以项目为载体，建立跨行业、跨地区的交通发展模式。二是推动京津冀交通规划“一张图”的建设，加强三地交通规划的联动程度。建立市政道路部门与自然资源、交通运输等部门协同推进机制。三是加强三地交通保障措施。通过健全京津冀区域交通运输政策法规协同，统一交通运输的各项标准。

四、完善生态环境保护机制

1. 打破属地分割，构建多元共治体制

以“利益协同”为深层动力、“价值协同”为统合导向、“目标协同”为直接引领，强化不同地方和主体在利益协调上的主动性和内驱力，建立起职能有机统一、权责清晰分明的生态环境管理协同体制。在治理主体视角下，需建立中央政府、地方政府、市场、社会公众有效联动的综合网络体系。其中，中央政府应综合考虑各方利益，基于区域生态环境现状制定治理方案，统筹协调生态环境规划，协调组织各个层面的机构，推进生态环境保护措施落实；地方政府则发挥强力引导作用，推动地方落实生态环境有关政策，对生态环境破坏行为加强管理和监督；在市场方面，建立健全大气、水、森林等资源资产市场交易体系，促进不同层次的生态资产交易，构建市场化补偿长效机制；同时，提升公众参与度，推广绿色生活方式，践行可持续发

展战略，鼓励公众监督，建立公益诉讼机制。最终，形成中央、地方政府、市场和社会公众多元主体共治的联防联控体系，共创共享生态环境“协同红利”。

2. 进一步提升政府协同治理能力

完善政府协作小组的领导职能，建立一体化领导机制，如增设区域生态环境协同治理委员会等权威机构，独立于三地政府，明晰权责，有助于协调利益冲突。此外，要建立一体化共生协调机制，实现跨区域协同治理机构统一规划、统一决策和统一管理，纵向上促进上下级政府的沟通协调，横向上推动京津冀三地的合作。还需要建立信息共享机制，搭建信息共享平台。整合京津冀生态环境资料和数据，利用地理信息系统、遥感等技术监测各地排污情况，以监察生态破坏和环境污染事件，打破各地信息壁垒，同时联合执法，共建管理、监督的一体化合作机制。

3. 完善生态环境的市场化机制

在大气补偿机制方面，三地需联合共治，推动建立以排污权交易为核心的大气生态补偿制度，同时鼓励京津清洁技术和生态型产业向河北转移，通过投资、技术扶持等方式，促进河北产业升级。在流域补偿机制方面，应当对北京、天津与河北每年的水资源补偿量进行预估，基于市场导向的水资源成本核算和以流域水环境承载能力导向的纳污总量核算，统筹配置全流域资源，建立流域性水资源使用权转让制度。另外，按照“污染者付费、受益者补偿”的原则，促进流域生态公平。在森林补偿机制方面，北京、天津应与河北建立横向补偿机制，结合资金补偿、实物补偿、对口协作等多种方式，完善补偿制度。进一步拓宽资金渠道，保障林地修复项目的质量，提高人工林的生态系统功能和价值。此外，建立健全碳排放权、排污权、能源使用权的初始分配制度，建立排污收费、排污权交易、低效燃煤配额交易、碳排放交易等市场交易机制，通过土地、财政、税收、信贷等政策，提高企业在末端治污、技术升级、管理体制创新、探索循环经济上的积极性。

五、引导产业升级转移

1. 打破行政边界，加强区域产业间互动

加强区域产业互动的同时，积极引导京津冀三地产业梯度转移，从而达到以大带小、以强带弱，实现三地产业结构整体的优化升级。三地行政边界的弱化有利于河北利用廊坊、保定、石家庄、沧州等地现有商贸物流产业基础和交通优势，积极承接北京区域性批发市场转移，推动一批承接北京市场疏解转移项目有序落地。

2. 明确产业链条各部分分工，合理规划区域产业结构

努力摆脱行政区划对区域合作的影响，加快产业和地区分工，各展所长，错位发展，优化产业布局，提升区域整体竞争力。北京是我国的政治、文化中心，应该加强商务、金融、信息、科技创新功能；天津应发挥其天然港口优势，要进一步增强生产和制造基地功能，发挥通信产业的既有优势；河北要加强发展生态农业、特色农业、出口型创汇农业，发展有比较优势的医药和纺织等行业；同时，现阶段特别要加强港口间的合理分工和物流发展的合理配置，经过明确的产业分工，达到资源的最优配置，从而推动京津冀区域的均衡协调发展。

3. 注重产业创新成果转化

在构建层级结构过程中，一开始就应当考虑各个微中心的定位，避免产业承接地的同质化。建议尽快出台《京津冀都市圈区域规划》，明确各类产业疏解的方向和重点。同时，统筹三地各职能部门，搭建京津冀信息服务平台、产业专业平台，实时记录三地产业转移进展和趋势。北京作为科技创新中心，可以与周边地区合作，建立高科技产业园区。产业园区可以承接来自北京的高端制造业、电子信息研发成果并投入应用，实现“北京研发、河北转化”。

4. 引入创新机制，创造良好的产业创新环境

为了疏解北京非首都功能，河北承接了大量北京原有的工业，环境污染逐渐成为河北经济发展的一个重要矛盾点。随着科技进步和环境问题的不断突出，河北需要大力引入创新机制，研究建立科学的生态补偿机制以及稳定的生态补偿渠道以实现低碳减排和经济效益双丰收。此外，将京津的优质创新资源引入河北，有利于创造良好的产业创新环境，打造良好的区域生态产业链。

六、建设区域创新体系

1. 制定实施产业技术路线图，围绕产业链进行技术创新

产业链是创新链的载体，技术创新就必须紧紧围绕产业链。要从技术层面，找出要实现的技术目标，以及达到目标的路径，进而找到路径上的关键技术节点，即通过制定产业技术路线，使创新链与产业链互相融合、相互协同，使创新的方向、目标更加明确，进而有效解决“科技与经济两张皮”、成果转化率不高的问题。京津冀协同创新也要注重产业技术路线图的制定。在组织京津冀区域高等学校、科研机构、企业和行业协会的专家对京津冀产业进行深入调研的基础上，系统规划，绘制重点产业技术路线图，特别要注意满足新能源、新材料、装备和先进制造领域、传统产业节能减排、低碳技术等领域的技术需求，在此基础上凝练出重点攻关项目，使得科技创新更加有针对性和有效率，更能清晰地把握产业的主流产品、产业目标和核心技术研发方向。

2. 打造创新主体，创新优质资源

协同创新联盟是企业、高等学校、科研机构以及社会其他组织，以共同发展需求为基础，以提升产业技术创新能力为目标，建立的联合开发、优势互补、利益共享、风险共担的技术创新组织，是促进区域协同创新的有效组织模式。集聚人才、技术、资本、知识等优质资源，在此基础上围绕重点领域或重大科技专项，共同组建新型研发组织、技术创新联合体、产业创新联盟等区域创新共同体，并积极探索网络化平台建设模式。京津冀协同创新要把三地区，特别是河北地区的企业、产业技术创新的需求和京津高等学校、科研机构等丰富的创新资源有机结合起来，建立区域性的协同创新联盟。

3. 完善协同创新体制机制，优化创新制度环境

从优化产学研创新环境、完善知识产权保护体系、强化市场导向的成果转化激励政策等层面入手优化制度环境。对高等学校主动同科研机构和企业开展深度合作、协同创新予以重点引导、支持和调控；设立区域性的专项基金，对符合条件的协同创新联盟等机构给予资金支持，促进更多主体加入到区域协同创新的队伍中；制定各类科技资源的标准规范，建立促进科技资源共享的政策法规体系；建立一套完整健全的投资机制：寻求多元化的投资主

体，逐步形成以政府投入为引导、企业投入为主体、银行贷款为支撑、社会集资和引进外资为补充的多元参与的投资体系；建立有利于协同创新中各方发展的利益共享机制，建立完善的知识产权保护、规范合作的法规政策体系；建立规范的科技成果价格评估体系，保证各方的合理利益，调动各主体积极性。

2 第二章 非首都功能疏解

第一节　非首都功能疏解的必要性和研究进展

一、非首都功能疏解的必要性

新中国成立以来，北京的定位处于不断变化的过程。1953年最早的定位是政治、经济、文化中心，特别要建设成为强大的工业基地和科学技术中心，后期逐渐放弃工业发展甚至是作为经济中心的定位，2010年的定位已经成为国家首都、国际城市、文化名城、宜居城市①。

因为早期被赋予了多种职能，北京集聚了过多的产业和人口。首都属性使北京的城市扩张更容易，合并了河北的通州、大兴等行政区②。这些区域与北京原有城六区的发展差距难以在短期内缩小，整个城市的空间结构较为

① 苏峰. 北京城市定位的几次演变[J]. 北京党史，2014（4）：35-37.

② 国务院关于撤销通县、房山、良乡、大兴、顺义五个县和通州市的决定[J]. 中华人民共和国国务院公报，1958（19）：435.

畸形。到了2013年，城六区面积仅占市域面积的8.4%，却集中了全市59.3%的人口、73.4%的GDP以及71.8%的就业岗位[①]，且这种发展的差异趋势在不断扩大。城六区内部也出现了交通拥堵、资源不足、房价高涨等“大城市病”。

2014年2月，习近平总书记在北京考察工作时指出要调整和弱化不适宜首都的功能，把一些功能转移到河北、天津去[②]。2015年2月，具体提出要疏解北京中心城区及核心区的“一批制造业”、“一批城区批发市场”、“一批教育功能”、“一批医疗卫生功能”和“一批行政事业单位”[③]。2015年4月，《京津冀协同发展规划纲要》提出北京新定位为“全国政治中心、文化中心、国际交往中心、科技创新中心”，非首都功能将被疏解到天津、河北地区。

根据《京津冀协同发展规划纲要》及相关会议内容，非首都功能重点疏解产业主要有五类：一般性产业，指高能耗、非科技创新型和科技创新成果转化型企业；区域性专业市场、物流基地等部分服务行业；部分教育、医疗和一些社会服务功能；研究院所、出版社以及部分行政事业性服务机构；金融后台服务。

从以上疏解产业可以看出，非首都功能与不符合北京定位的功能并非完全等同，“四个定位”中的文化中心和科技创新中心不一定是首都功能。非首都功能包括部分不符合北京定位的功能，如产业链中高投入、高污染、高消耗、低效益的部分。但同时也包括部分符合北京定位的功能，如研究院所、出版社符合北京属于文化功能的定位但也被当作非首都功能。另外，非首都功能也不等于“低端产业”，低端服务业是北京作为城市有机体正常运行的必备功能，要疏解的只是超额部分；金融后台服务属于“高端产业”但也在疏解行列。

根据上述分析，非首都功能的含义应该是“现存的功能中与首都功能矛盾或妨碍首都功能发挥的功能”。

国家对于非首都功能的疏解非常重视。在《中国语言生活状况报告（2016）》中，“非首都功能”成为十大新词之一。习近平在2017年视察北京

① 就业岗位数据来自2013年北京市第三次全国经济普查数据。

② 中央党校经济学部教授：把雄安新区建成“中国创新之都”[EB/OL]. https://www.thepaper.cn/newsDetail_forward_1726693[2021-06-10].

③ 习近平：疏解北京非首都功能[EB/OL]. http://politics.people.com.cn/n/2015/0211/c70731-26543272.html[2021-06-09].

城市规划建设时提出：疏解非首都功能是北京城市规划建设的“牛鼻子”[①]。同年4月，为了集中疏解北京非首都功能、探索人口经济密集地区优化开发的新模式，国务院设立雄安新区，其重要性与上海浦东新区和深圳经济特区比肩。2019年，习近平再次强调疏解非首都功能是一体化发展的关键[②]。

二、相关研究进展

文献对非首都功能疏解的研究主要集中在三方面：非首都功能疏解的政策建议、疏解效果评价以及对国内外城市群的经验借鉴。

对于如何疏解非首都功能，研究者从不同角度提出了建议。吴建忠和詹圣泽[③]提出十二条非首都功能疏解的对策，较为全面地概括了疏解工作的要点。于化龙和臧学英[④]从区位条件、发展条件等分析了京津冀产业对接的可行性，强调重视产业对接过程中的利益分配问题，调整制度安排。刘艳和郑杨[⑤]从基础设施、产业协同度等方面梳理了河北、天津承接非首都功能的优势和不足，建议通过政府协调、财税支持等措施促进京津冀协同发展。冯红英和赵金涛[⑥]将河北分为核心区、扩展区和缓冲区，分区承接从北京疏解出来的功能。孙威等[⑦]利用北京2012年的竞争型投入产出表，构建敏感度模型来分析产业变动对就业的影响程度，提出建议疏解的19个产业部门。夏添和孙久文[⑧]基于新都市主义的视角，建议紧凑建设首都核心区，并在核心区外建立多个微中心，通过立体交通网络连接。

疏解效果评价主要分两方面，一部分是对居民和企业的影响，另一部分

---

① “紧紧抓住疏解非首都功能这个牛鼻子”［EB/OL］. https://www.sohu.com/a/198403768_148781［2021-08-11］.

② 疏解北京非首都功能是一体化发展关键［EB/OL］. https://www.sohu.com/a/290372763_148781?_f=index_pagerecom_5［2021-06-10］.

③ 吴建忠，詹圣泽. 大城市病及北京非首都功能疏解的路径与对策［J］. 经济体制改革，2018（1）：38-44.

④ 于化龙，臧学英. 非首都功能疏解与京津产业对接研究［J］. 理论学刊，2015（12）：67-73.

⑤ 刘艳，郑杨. 非首都功能疏解背景下京津冀产业协同发展问题研究［J］. 商业经济研究，2018（19）：177-180.

⑥ 冯红英，赵金涛. 北京非首都功能疏解与河北产业承接问题研究［J］. 中国商论，2016（3）：128-130.

⑦ 孙威，毛凌潇，唐志鹏. 基于敏感度模型的非首都功能疏解时序研究［J］. 地理研究，2016，35（10）：1819-1830.

⑧ 夏添，孙久文. 北京非首都功能疏解的思考与刍议——基于“新都市主义”的视角［J］. 北京社会科学，2017（7）：69-78.

是对承接能力的评价。安树伟等[①]进行了问卷调查，从出行、工作等方面衡量疏解政策对居民的影响，并构建模型，指出政策对不同条件的居民的影响具有异质性。刁琳琳[②]对北京的存量企业进行访谈调研，发现这些企业存在落地困难、升级缓慢、转型不便和腾退空间利用难的问题，并提出了北京产业疏解的规律认知风险和实践操作风险。张可云和沈洁[③]结合都市区功能算法、区位商指数定量分析近年来的转移疏解趋势，并综合应用主成分分析法和超效率数据包络分析（data envelopment analysis，DEA）法对天津、河北各市的功能疏解承接能力作综合评估。

另有研究者概括了世界其他城市群的协同发展经验，为北京提供借鉴。杜传忠等[④]对京津冀和长三角的制造业与生产性服务业耦合协调度进行了测算对比，建议京津冀重点发展高技术制造业和与其配套的生产性服务业。张可云和董静媚[⑤]详细梳理了首尔的城市疏解过程，从区域协同、以业控人和副中心建设等角度为北京的疏解提出建议。李国庆[⑥]详细梳理了东京城市圈从单核到多中心结构的发展过程，提出去首都化、完善法制和空间创新等建议。

第二节　疏解政策回顾

《京津冀协同发展规划纲要》中将疏解工作分为三个阶段：2014～2017年要实施第一批重大项目；2017～2020年以缓解“大城市病”为指导思想，提出将常住人口控制在2300万以内，城六区人口不超过1085万；2020～2030年要达到公共服务水平趋于均衡。

---

① 安树伟，李瑞鹏，李瑶. 北京非首都功能疏解对居民生活的影响——基于问卷调查的分析[J]. 河北经贸大学学报，2018，39（6）：70-78，101.

② 刁琳琳. 特大城市功能变迁中产业疏解的困境与对策分析——基于北京市城六区存量企业调整退出情况的调研[J]. 北京联合大学学报（人文社会科学版），2018，16（2）：24-35.

③ 张可云，沈洁. 生态约束下的京津冀地区非首都功能疏解承接能力评价[J]. 河北学刊，2017，37（3）：131-138.

④ 杜传忠，王鑫，刘忠京. 制造业与生产性服务业耦合协同能提高经济圈竞争力吗？——基于京津冀与长三角两大经济圈的比较[J]. 产业经济研究，2013（6）：19-28.

⑤ 张可云，董静媚. 首尔疏解策略及其对北京疏解非首都功能的启示[J]. 中国流通经济，2015，29（11）：64-71.

⑥ 李国庆. 东京圈多中心结构及其对京津冀发展的启示[J]. 东北亚学刊，2017（2）：52-59.

一、疏解政策工具

疏解非首都功能主要运用的政策工具是强制工具和混合性工具，前者包括管制和动员搬迁，后者包括补贴、征税和收费。将这两类工具更细致地区分，可分为规制型、市场化、供应型和政治型四类政策工具。

规制型政策工具是通过行政命令、规划调整、资格审定等手段对非首都功能进行直接限制和迁移，属于强制工具。非首都功能疏解中的“禁、关、控、转、调”方式就属于产业规制。

市场化政策工具是通过改变市场交易促使企业选择有利于自身发展的空间，属于混合性工具，北京主要采用税费减免、补贴和差异定价等方式。自2015年，北京逐渐形成了用水、用电等方面的分区域价格政策，郊区相比于城六区享受更低的价格①。对工业企业实施水电气热差别化价格，运用经济指施淘汰污染企业。2016年8月发布的《北京市积分落户管理办法（试行）》规定，将职住地从城六区转移到郊区的居民在积分落户中可享受额外加分。同年发布的《疏解非首都功能产业的税收支持政策（试行）》，对于化解过剩产能、市政府要求限期关停和企业主动退出三类企业有不同的支持方式，主要有税收转移分享、关停期间免税等优惠政策。

供应型政策工具和政治型政策工具常常同时使用，在非首都功能疏解中主要表现为政府对新城的建设和开发、地方政府间制定合作协议。教育和医疗等优质公共服务资源向郊区的转移、通州城市副中心和雄安新区的建设属于供应型政策工具。北京、河北两地为了平稳转移产业签订的《河北省承接地批发市场建设工作方案》属于政治型政策工具，但京津冀三地尚未有统一的都市圈区域规划。

自2014年，国家发布了一系列关于非首都功能疏解的政策文件。从行政层面来说，包括国家级要求、北京要求、天津和河北指导意见、各区县指导意见。从文件类型来看，包括规划及规划纲要、社会经济发展计划、政策文件、工作方案等。对主要文件进行分类统计如表2-1所示。

表2-1　疏解政策主要文件分类

文件类型	级别	名称	发布年份
政策文件	国家级	《国务院办公厅关于推进城区老工业区搬迁改造的指导意见》	2014

① 《关于调整北京市非居民用水价格的通知》。

续表

文件类型	级别	名称	发布年份
政策文件	省、市级	《北京市新增产业的限制和禁止目录（2014年版）》	2014
		《疏解非首都功能产业的税收支持政策（试行）》	2016
		《关于财政支持疏解非首都功能构建高精尖经济结构的意见》	2017
		《关于天津市促进承接北京非首都功能项目发展的政策措施（试行）》	2019
		《关于天津市支持重点平台服务京津冀协同发展的政策措施（试行）》	2020
规划及规划纲要	区域级	《京津冀协同发展规划纲要》	2015
	省、市级	《天津未来科技城总体规划（2013—2030年）》	2014
		《北京市国民经济和社会发展第十三个五年规划纲要》	2016
		《天津市国民经济和社会发展第十三个五年规划纲要》	2016
		《河北省国民经济和社会发展第十三个五年规划纲要》	2016
		《北京城市总体规划（2016年—2035年）》	2017
		《张家口首都水源涵养功能区和生态环境支撑区建设规划（2019—2035年）》	2019
		《首都功能核心区控制性详细规划（街区层面）（2018年—2035年）》	2020
		《主动服务非首都功能疏解引领河北区高质量发展三年行动计划》	2020
	区、县级	《北京市东城区国民经济和社会发展第十三个五年规划纲要》	2016
	区、县级	《河北雄安新区规划纲要》	2018
		《河北雄安新区总体规划（2018—2035年）》	2019
社会经济发展计划	区域级	《“十三五”时期京津冀国民经济和社会发展规划》	2016
工作方案	区域级	北京、唐山《卫生事业协同发展合作框架协议》	2015
		《京津冀三地企业登记注册工作协作备忘录》	2017
	省、市级	《关于加快推进劣势及不符合首都功能定位的国有企业退出工作的指导意见》	2016
		《河北省承接地批发市场建设工作方案》	2017
		《北京市人民政府关于组织开展“疏解整治促提升”专项行动（2017—2020年）的实施意见》	2017
		《关于非首都功能疏解腾退空间管理和使用实施意见》	2017

续表

文件类型	级别	名称	发布年份
工作方案	省、市级	《天津市深入推进京津冀协同发展2018年工作要点》	2018
		《推进京津冀协同发展2018—2020年行动计划》	2018
		张家口《推进京津冀协同发展对接北京工作方案》	2018
		《北京市"十三五"时期区域性市场转移疏解工作方案（草案）》	2019
		《关于加快推动首都"两区"建设重点突破的意见》	2020
		《津南区关于建立能动机制推动承接北京非首都功能取得新突破的工作意见》	2020
		《济南市精准承接北京非首都功能疏解的政策措施（试行）》	2020
	区、县级	《东城区疏解非首都功能工作方案》	2015
		海淀区《关于落实北京市委市政府贯彻京津冀协同发展规划纲要意见的若干措施》	2015

二、疏解过程回顾

疏解非首都功能主要通过"禁、关、控、转、调"五种方式完成，其中第一个是控制增量，后四个是疏解存量。"禁"是指禁止新建、扩建首都不宜发展的产业；"关"是指关停高耗能、高污染企业和"小散乱"企业；"控"是指对保障城市运行和民生的产业进行总量控制；"转"是指对不符合首都功能定位的一般制造业进行整体转移；"调"是指对高端产业中不具备比较优势的环节进行调整，将全产业链布局从北京扩大到京津冀区域。

（一）控制增量

北京通过制定《北京市新增产业的限制和禁止目录（2014年版）》（简称《目录》）对明显不符合首都功能定位的产业进行限制（表2-2）。被列入《目录》的行业不能办理工商登记业务，从源头遏制了非首都功能的增长。2015年，《目录》再次修订，增加了对行政事业性服务机构、中央企业总部和教育医疗服务的限制（表2-3）。

表2-2　2014年《目录》主要内容

门类	适用范围	管理措施
农、林、牧、渔业	全市	禁止新建、扩建畜牧业、水产养殖（科研和休闲观光除外）
	城六区	禁止新建和扩建（环境绿化除外）

续表

门类	适用范围	管理措施
采矿业	全市	禁止新建和扩建
制造业	全市	禁止新建和扩建农副产品加工、金属冶炼、汽车制造业等（研发、设计、采购等非生产制造环节除外）
	城六区	禁止新建和扩建
电力、热力、燃气及水生产和供应业	全市	禁止新建和扩建燃煤火力发电、核力发电
	城六区	禁止新建和扩建电力、热力生产供应、火力发电、燃气生产供应
批发和零售业	全市	禁止新建和扩建建材、五金、电子产品、再生物资批发市场（区域性）
	城六区	禁止新建和扩建批发市场、营业面积大于1万平方米的零售商业设施
教育	全市	不再新设立中等职业学校、高中；不再扩大教学规模
	城六区	高等教育不再校内扩建
租赁和商务服务业	城六区	禁止新建商务服务业
卫生和社会工作	城六区	不再批准建立政府办综合性医疗机构、增加床位总量
建筑业	城六区	禁止新投资设立
交通运输、仓储和邮政业	全市	禁止新建和扩建未列入规划的区域性物流中心、面积大于1万平方米的物流仓储设施
	城六区	禁止新建客运枢纽站、省际公路、仓储业（除规划的物流配送节点）、邮政业（除便民服务网点）
房地产业	全市	禁止新建容积率小于1的住宅（除了保护区）
	城六区	禁止新建住宅类项目（城市改造除外）、酒店等大型公建项目（高端产业功能区除外）
住宿和餐饮业	全市	禁止在居民住宅楼、未设置专用烟道的商住综合楼中新建、扩建产生油烟、异味的饮食服务项目
文化、体育和娱乐业	全市	禁止新建高尔夫球场

表2-3　2015年《目录》新增事项

门类	适用范围	管理措施变动
制造业	全市	对大类下属的各个小项进行了更严格的限制
批发和零售业	全市	全面禁止新建和扩建商品交易市场设施（除符合规定的农产品批发市场）
	城六区	东城区、西城区全面禁止新建和扩建
房地产业	全市	禁止新设立自有房地产经营活动中的集中办公区
租赁和商务服务业	全市	禁止京外中央企业总部迁入
	城六区	禁止京外中央企业总部迁入，禁止新建会展服务的展览类设施
教育	全市	禁止设立面向全国招生的一般性培训机构、中高等教育不扩建
文化娱乐业	全市	禁止新增和扩建图书出版中采用丝网印刷技术的出版物印刷

续表

门类	适用范围	管理措施变动
公共管理和社会组织	城六区	禁止设立或迁入国家机构、人民政协、民主党派市属单位、研究院所、培训机构、出版社、行业协会
住宿和餐饮业	城六区	禁止使用地下空间、居民电力、居民用水从事经营，限制使用面积低于60平方米的餐饮企业（除北京统一配建的）
交通运输、仓储和邮政业	城六区	禁止新建和扩建水上运输业（除娱乐）、航空运输业、仓储邮政业（除便民服务）

经过修订，北京全市禁限行业占国民经济行业的比重达到55%，城六区达到79%。仅2014～2016年，北京全市不予办理的工商登记业务达1.7万件。2016年，制造业，农、林、牧、渔业，批发和零售业的新增市场主体数分别下降72.75%、26.42%、18.36%；同时，金融业、文化娱乐业、科技服务业同比增长12.77%、26.76%、22.53%①，禁限的效果显著。

2018年修订的重点增加对人防工程内经营的控制，与2017年开始的“整治市容市貌”行动配合（表2-4）。

表2-4　2018年《目录》新增事项

门类	适用范围	管理措施变动
农、林、牧、渔业	全市	禁止新建和扩建园艺作物种植中的草皮
建筑业	城六区	注册地在中心城区且不具备建筑业资质的企业禁止吸收建筑业资质（国家许可的除外）
住宿和餐饮业	全市	禁止在人防工程内从事住宿业
科学研究和技术服务业	全市	禁止新设立创业空间服务中的集中办公区（除国家认定的）
卫生和社会工作	全市	禁止在人防工程内设立残疾人活动场所
	城六区	东城区和西城区禁止新设置医疗机构、五环内禁止新设三级医院
教育	全市	禁止在人防工程内设置托儿所、幼儿园
	城六区	普通高等学校严控增加建筑面积
文化娱乐业	全市	禁止在人防工程内设立游戏厅、儿童娱乐场所、网吧

（二）疏解存量

疏解存量除了“关、控、转、调”四类针对产业的疏解外，还包括提升

① “北京市疏解非首都功能成果”新闻发布会[EB/OL]. https://www.sohu.com/a/147368841_203914 [2021-06-10].

生活成本以疏解人口、疏解集中在城六区的公共服务等方式。

1. 产业疏解

对于一般制造业和污染企业，北京市人民政府采取直接关停、淘汰的政策。2014年北京发布《北京工业污染行业、生产工艺调整退出及设备淘汰目录（2014年版）》，要求部分高污染、高耗能的生产工艺和设备退出，涵盖了十一大类行业。到2016年底，累计退出的制造业和污染企业共1341家[①]。除了强制措施外，还利用经济措施淘汰污染企业，对工业企业实施水电气热差别化价格，提高高能耗企业的经营成本[②]。

除了高污染、高耗能企业，竞争力差的国有企业也是疏解的重点对象。2016年北京提出《关于加快推进劣势及不符合首都功能定位的国有企业退出工作的指导意见》，将六类企业纳入退出名录。除了不符合首都功能定位的企业外，还包括长期亏损、主要靠政府补贴的企业，管理失控的企业，参股比例小、实际控制能力弱的企业。政府对这些企业的职工安置费用、干部管理费用和资产移交费用等给予一定的支持。

北京的批发市场发端于 20世纪 80年代中后期，现在已经成为华北地区重要的批发商圈。截至2015年初，城六区共有小商品批发市场22家，另有综合型菜市场、建材市场等。北京对这些市场根据其规模和经营内容采取关停、转移、升级三种方式。以东城区为例，疏解期间共对25家综合型菜市场、世纪天鼎商品交易市场等4家商品交易市场进行升级改造。永外城文化用品市场、百荣世贸商城等疏解外迁到河北地区；红桥天乐玩具市场等5家市场直接撤并清退。丰台区除了疏解市场外，还对区内10万平方米的仓储物流设施进行疏解，并腾退了丽泽、木樨园两个长途客运站。截至2017年4月，全市疏解商品交易市场392家[③]，按照“拆一补一”的原则，建立替代的便民商业网点以满足居民需求。

批发市场疏解后，一部分商户选择留在北京经营，也有部分商户跟随市场到京外经营。根据《河北省承接地批发市场建设工作方案》，8个市的20多个项目都是由北京批发市场转移而来的，有原商户入驻；天津的动批服装

---

① 本市清洁空气行动计划一般制造和污染企业关停任务超额完成 四年退出1341家工业企业[EB/OL]. https://www.sohu.com/a/126483488_203914[2021-06-10].

② 北京：工业企业水电气热将差别化定价[EB/OL]. http://energy.people.com.cn/n/2015/0720/c71661-27328674.html[2021-06-10].

③ 本市推进非首都功能疏解工作成果[EB/OL]. https://www.sohu.com/a/148486552_203914[2021-06-10].

新城中50%以上的商户来自北京老动批市场[①]。腾退批发市场后的空间多转型为科技创新或生活服务类。例如，西城区的天皓成服装批发市场已经转型为金融创新中心；丰台大红门地区未来的转型方向是为市民提供高端居家生活服务。

除了以上“低端产业”，一些先进制造企业分部、研发机构也在向外转移。2015年起，《目录》限制部分行政事业性服务机构进入北京，要求全市禁止京外中央企业总部迁入。现存的企业也将部分业务转移出北京，2015年，中国铁路工程集团有限公司、中国铝业集团有限公司等京企均在天津滨海新区设立公司，中国国电集团有限公司、中国华电集团有限公司等四家电力集团也在滨海新区设立了融资租赁总部。同时京津冀三地达成协议，将打造“4+N”产业格局，即四个战略功能区和若干合作共享平台。四个战略功能区分别为曹妃甸协同发展示范区、北京新机场临空经济区、天津滨海新区、张承生态功能区。

2. 人口疏解

2017年北京提出“疏解整治促提升”专项行动，通过整治无证无照经营、非法群租等行为对人口进行疏解（表2-5）。其中，作用较大的是无证无照经营、“开墙打洞”整治以及地下空间、群租房整治。

表2-5　“疏解整治促提升”专项行动任务

<table>
<tr><th>序号</th><th colspan="2">名称</th></tr>
<tr><td>1</td><td colspan="2">拆除违法建设</td></tr>
<tr><td rowspan="3">2</td><td rowspan="3">占道经营、无证无照经营和“开墙打洞”整治</td><td>占道经营整治</td></tr>
<tr><td>无证无照经营整治</td></tr>
<tr><td>“开墙打洞”整治</td></tr>
<tr><td rowspan="2">3</td><td rowspan="2">城乡接合部整治改造</td><td>城乡接合部整治</td></tr>
<tr><td>城乡接合部改造</td></tr>
<tr><td>4</td><td colspan="2">中心城区老旧小区综合整治</td></tr>
<tr><td>5</td><td colspan="2">中心城区重点区域整治提升</td></tr>
<tr><td rowspan="2">6</td><td rowspan="2">疏解一般制造业和“散乱污”企业</td><td>一般制造业</td></tr>
<tr><td>“散乱污”企业</td></tr>
</table>

① 天津动批服装新城开业 逾半商户来自北京老市场[EB/OL]. https://www.sohu.com/a/72815580_124760［2021-06-10］.

续表

<table>
<tr><th>序号</th><th colspan="2">名称</th></tr>
<tr><td>7</td><td colspan="2">疏解区域性专业市场</td></tr>
<tr><td rowspan="2">8</td><td rowspan="2">疏解部分公共服务功能</td><td>教育资源、培训机构</td></tr>
<tr><td>医疗卫生资源</td></tr>
<tr><td rowspan="2">9</td><td rowspan="2">地下空间和群租房整治</td><td>地下空间清理整治</td></tr>
<tr><td>群租房治理</td></tr>
<tr><td rowspan="3">10</td><td rowspan="3">棚户区改造、直管公房清理及“商改住”清理整治</td><td>棚户区改造</td></tr>
<tr><td>直管公房清理整治</td></tr>
<tr><td>“商改住”清理整治</td></tr>
</table>

全市性的整治无证无照经营和“开墙打洞”活动从2017年3月持续到11月，对涉及开墙打洞的经营主体在关停的同时实行工商登记限制。到6月底全市共取缔无证无照经营3.6万户，超额完成115%；整治“开墙打洞”2.1万处，超额完成34%。但相关违规行为并未完全清除，至今各区仍在进行相关整治活动，如丰台区2018年以来治理无证无照经营3585处，“开墙打洞”1753处[①]。

地下空间和群租房的主要住户是外来务工人员，这里不仅生活环境艰苦，也存在安全隐患，是北京疏解人口的重要领域。群租房的重灾区是各大写字楼、地铁站周边小区，由于高昂的房租出现了打隔断、按床位出租等现象。仅2017年前四个月，全市就整治违法群租房3709户，截至2020年，城六区群租房已经基本整治完成。2019年开始，核查重心转移到回龙观、天通苑等区域，截至6月底北京共清理整治违法群租房4789处[②]。相比于群租房，对地下空间的整治进度更快一些，2017年散租住人的整治已经完成。2018～2020年进行了更严格的限制措施，要求人均居住面积不低于5平方米，每个房间居住不得超过2人[③]，重点整治地下旅馆和经营性宿舍。

---

① 丰台治理无证无照和“开墙打洞”显成效[EB/OL]. https://www.cqn.com.cn/cj/content/2019-12/25/content_7953519.htm[2021-08-11].

② 今年上半年，北京清理整治违法群租房4789处[EB/OL]. https://baijiahao.baidu.com/s?id=1639374894599601406&wfr=spider&for=pc[2021-06-10].

③ 关于印发《地下空间整治期间自用性宿舍消防技术措施》的通知[EB/OL]. http://zjw.beijing.gov.cn/bjjs/fwgl/wyglxx/wyglxx/514769/index.shtml[2021-06-10].

2020年5月，“两会”提出释放“地摊经济”的最大活力[①]，天津、郑州等城市纷纷放松对地摊的限制。但北京认为“地摊经济”不符合首都战略定位，加之中心城区人口稠密、治理难度大，一旦放开很可能导致之前的治理成果付诸东流。虽然没有放松对地摊的限制，北京也根据自身定位，通过发放消费券开展消费季活动，并发展夜间经济、特色商圈以促进就业和提升城市活力。

3. 服务疏解

由于优质的医疗、教育资源大部分集中在城六区，人口向外疏解的动力不足。针对这种情况，北京对现存的公共服务资源进行控制及转移。

在教育领域，一方面压缩职业学校等培训机构的办学规模，仅2016年就压缩了市属高校招生计划的10%；另一方面将相关高校外迁或建立新校区，北京电影学院、北京工商大学就是其中的代表。

在医疗方面，限制城六区内部医疗机构床位发展，从2014年后禁止设立新床位并控制存量，如海淀区限制床位在2.95万张以内[②]。部分医院外迁，如北京天坛医院、北京同仁医院都在郊区建立了分院区。另外，北京也选择了一批市属医院支持通州、河北重点地区的医院建设，在4个重点地区（唐山、承德、保定、张家口）开展多种形式的医疗合作。将河北转诊率高的前10个病种作为重点，在每个地区选择2～3家医院，帮助其成为该地区的医疗中心或特色专科医院[③]。

政府机构、先进制造企业分部和行政辅助服务也在向外转移。从2015年起，《目录》要求城六区禁止新设立或迁入非紧密型行政辅助服务功能，包括出版社、研究院所等。2019年1月，北京市委、市人大、市政府、市政协率先搬到通州，标志着市级行政中心正式迁入北京城市副中心。市纪委、市监察委等单位也将随后搬迁，预计会带动40万人从城六区疏解。

① 释放“地摊经济”活力，让城市更有烟火气［EB/OL］. https://baijiahao.baidu.com/s?id=1667560767248894881&wfr=spider&for=pc［2021-06-10］.

② 北京市2017年疏解目标任务不低于2016年［EB/OL］. https://m.huanqiu.com/article/9CaKrnJZc3b［2021-06-10］.

③ 北京医院重点扶持河北四个地区［EB/OL］. https://www.cn-healthcare.com/article/20150112/content-468389.html［2021-08-11］.

第三节　人口疏解现状及评价

一、人口疏解现状

1. 人口数量变化及其规律

人口数量是人口疏解过程中最重要、最易于观察的一个指标。北京的城市疏解政策自2014年开始执行，为了直观反映北京各个核心城区人口疏解的现状和效果，本研究统计了自2014～2018年北京东城区、西城区、朝阳区、海淀区、丰台区、石景山区、大兴区、通州区各个城区内部户籍人口和外来人口的变动情况。

从总体上看，2014～2018年，北京八大城区人口从1566.4万人减少到1503.3万人，共减少了63.1万人，其中户籍人口只占14.6万人，可以看出人口变动的主要群体是外来人口，疏解对象主要是外来人口。

具体到各个城区来看，北京中心城区的常住人口都呈减少趋势，其原因为外来人口大量减少。户籍人口没有受人口疏解政策的影响而减少，反而呈上升趋势（图2-1～图2-3）。海淀区、朝阳区人口基数较大，因此人口变动情

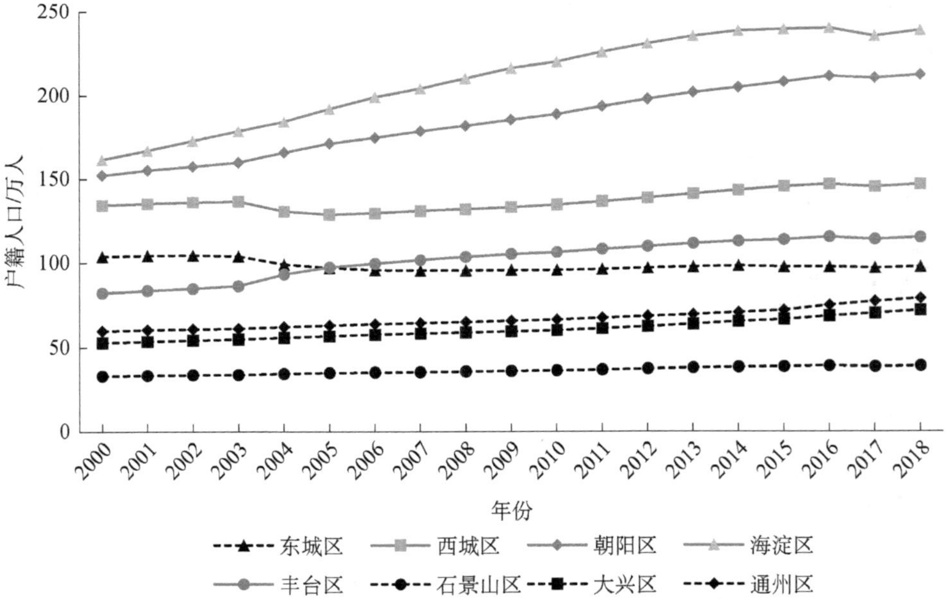

图2-1　2000～2018年北京各大城区户籍人口的变动情况

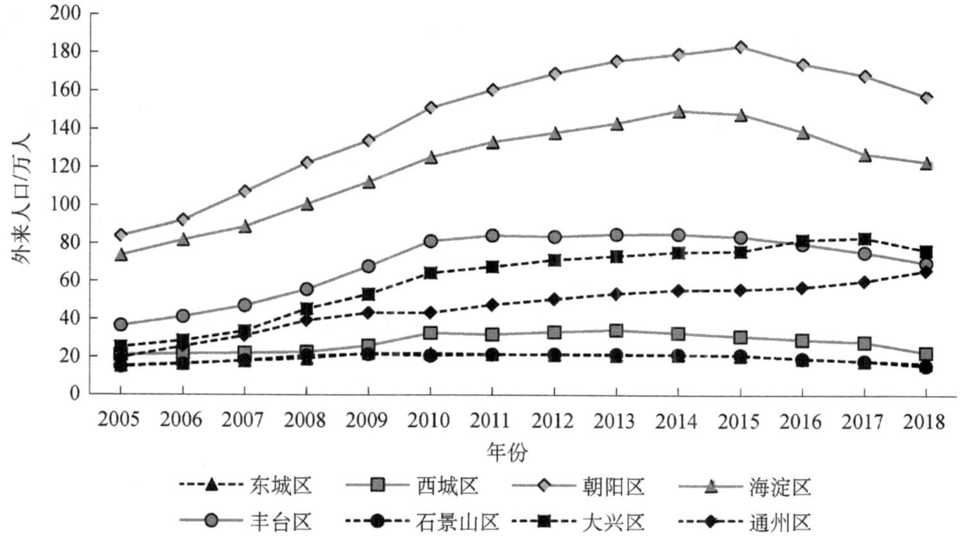

图2-2　2005～2018年北京各大城区外来人口的变动情况

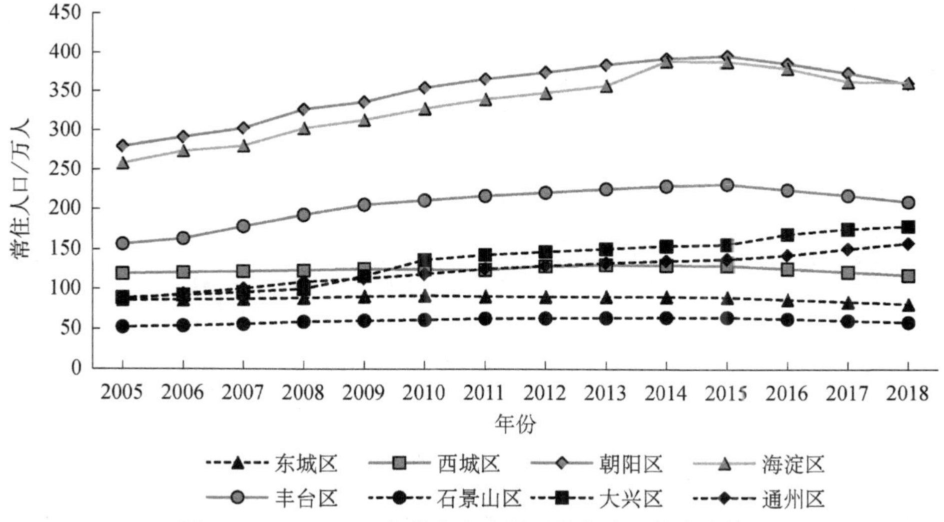

图2-3　2005～2018年北京各大城区常住人口的变动情况

况较为突出，并且主要体现在外来人口的变化上。东城区和西城区外来人口数量呈现较为稳定的下降趋势，而户籍人口数量变化则较小。丰台区和石景山区自2015年开始，常住人口数量开始下降，其中户籍人口数量仍保持稳定，变化主要体现在外来人口。

大兴区和通州区是新城区的典型代表，户籍人口和外来人口都呈上升趋势，可以看出这些地区还处于吸纳外来劳动力的阶段。从表2-6可以看出，除了城六区以外的其他城区，都保持人口数量的净增长，其中大兴区、通州区的人口增长较为明显。不管是从人口密度还是从人口变化趋势上来看，这些地区都与城六区有较大的差异，而城六区也是北京人口疏解的主要对象。因此，在后续的数据分析过程中将城六区和其他城区分开分析。

表2-6　2014～2018年北京各大城区户籍人口、外来人口和常住人口的变动情况

（单位：万人）

地区	人口类型	2014年	2015年	2016年	2017年	2018年	2014年与2018年差值
东城区	户籍人口	98.0	97.4	97.4	96.7	97.4	−0.6
	外来人口	21.2	20.7	19.2	17.8	16.5	−4.7
	常住人口	91.1	90.5	87.8	85.1	82.2	−8.9
西城区	户籍人口	142.9	145.2	146.5	145	146.5	3.6
	外来人口	32.8	31.0	29.2	27.9	22.3	−10.5
	常住人口	130.2	129.8	125.9	122.0	117.9	−12.3
朝阳区	户籍人口	204.2	207.4	210.9	209.8	211.7	7.5
	外来人口	179.8	184.0	174.8	168.8	157.9	−21.9
	常住人口	392.2	395.5	385.6	373.9	360.5	−31.7
海淀区	户籍人口	238.5	239.5	240.2	235.4	238.8	0.3
	外来人口	150.3	148.6	139.3	127.6	123.4	−26.9
	常住人口	388.8	388.1	379.5	363.0	362.2	−26.6
丰台区	户籍人口	112.8	113.7	115.3	113.9	115.0	2.2
	外来人口	85.1	83.8	79.9	75.4	69.8	−15.3
	常住人口	230.0	232.4	225.5	218.6	210.5	−19.5
石景山区	户籍人口	38.0	38.3	38.7	38.2	38.6	0.6
	外来人口	21.2	21.0	19.0	17.8	15.2	−6.0
	常住人口	65.0	65.2	63.4	61.2	59.0	−6.0
大兴区	户籍人口	65.1	66.3	68.4	69.9	71.6	6.5
	外来人口	75.6	76.1	82.1	83.2	76.5	0.9
	常住人口	154.5	156.2	169.4	176.1	179.6	25.1
通州区	户籍人口	70.5	71.8	74.7	76.9	78.7	8.2
	外来人口	55.5	55.9	57.0	60.3	65.7	10.2
	常住人口	135.6	137.8	142.8	150.8	157.8	22.2

因为各个区的人口基数差异较大，本研究将各个城区2014～2018年人口密度做了一个对比。从图2-4和图2-5可以看出，城六区的人口密度下降趋势

比较明显，以东城区和西城区较为突出。同时城六区内部人口分布也显现出不均衡的趋势，东城区和西城区的人口密度远远超出其他四区。而其他区的人口密度基本保持上升或者稳定趋势，其中通州、顺义、昌平、大兴四区人口密度上升趋势尤为明显。这些边缘城区也承接了一些中心城区疏解的人口。

将图2-4与图2-5进行对比也可以明显看出，城六区和其他区人口密度基本不在一个水平上，变化趋势的差异也很明显。

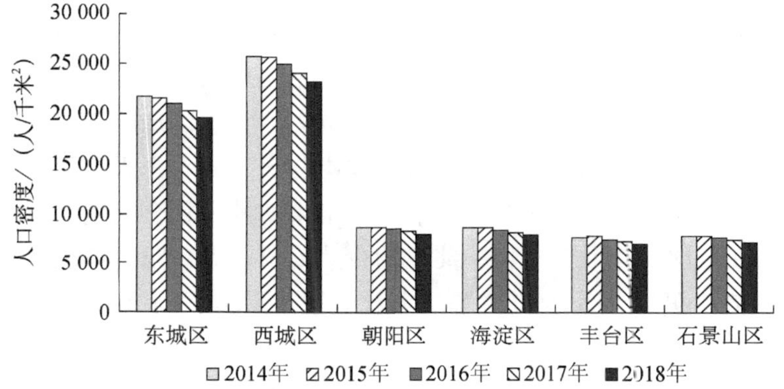

图2-4　北京城六区人口密度变化情况

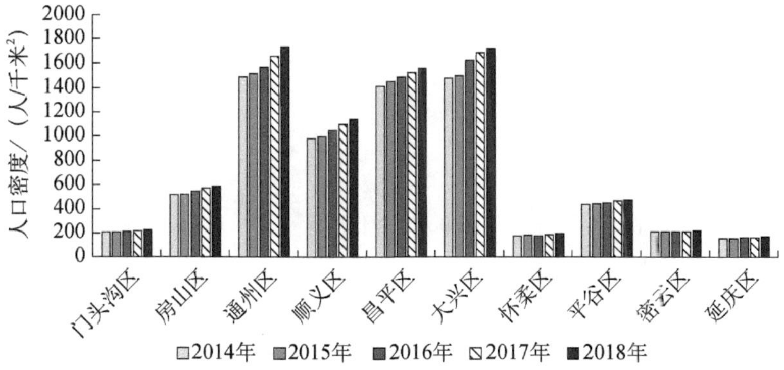

图2-5　北京其他区人口密度变化情况

2. 人口结构变化及其规律

除了人口规模、人口密度这类显性指标，也要考虑人口结构的变化。与全国对比，北京人口结构未发现有较大的问题，但是人口疏解是否会对北京人口结构变化产生影响，是本研究想探讨的问题。

首先是年龄结构指标。采用了人口研究中常见的指标——抚养比，计算方式如下。

老年人口抚养比=老年人口（65岁以上）/劳动适龄人口（15～64岁）

少儿人口抚养比=少儿人口（14岁以下）/劳动适龄人口（15～64岁）

计算2012～2018年北京和全国老年、少儿人口抚养比（图2-6和图2-7）。从老年人口抚养比的数据对比中，可以看出北京的人口老龄化状况在全国范围内程度较轻。从北京全市来说，自2014年以后，老年人口抚养比的增速与全国相比基本保持稳定，而且有一定的降低趋势，说明北京对于外来劳动适龄人口仍然具有较大的吸引力。城六区的变化情况则较为明显。自2014年疏解政策实施之后，老年人口抚养比增速有加快的趋势，2016年以后，城六区的老年人口抚养比已接近全国平均值。在北京人口疏解过程中，对劳动适龄人口的疏解力度大于对老年人口的疏解力度，所以加剧人口老龄化状况几乎是不可避免的，因此在人口疏解过程中应该充分考虑人口年龄结构的变化和变化趋势，尽量规避人口结构的变化带来的种种社会问题，提前做好应对措施。和全国平均数据对比，北京的少儿人口抚养比没有体现出较为明显的变化趋势，可以认为人口疏解政策没有对少儿人口抚养比产生较大的影响。据此推测可能的原因是，在人口疏解过程中，儿童往往会随劳动适龄人口一起疏解，因此少儿人口抚养比的增速没有较大变化。

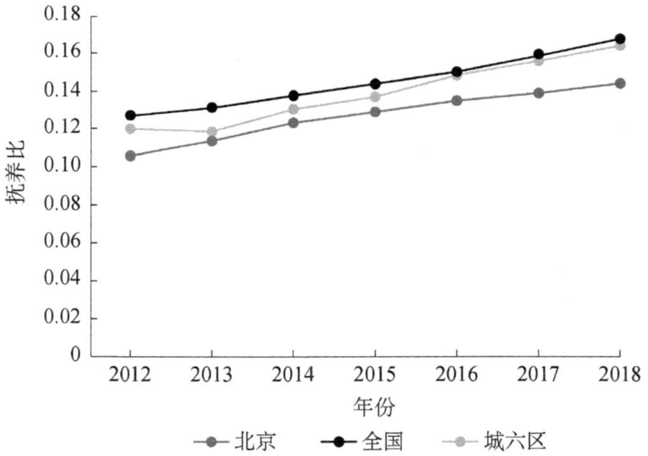

图2-6　2012～2018年北京和全国老年人口抚养比

其次是人口受教育程度变化情况。本研究统计了2011～2018年北京6岁以上人口中高中及以上、大专及以上、研究生及以上所占比例（2015年是人口普查数据，其余均为抽样调查数据，样本容量为总人口的1%），如图2-8和图2-9所示。

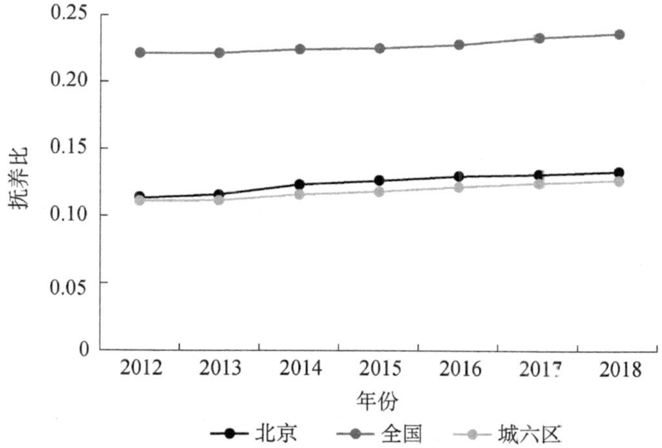

图2-7　2012～2018年北京和全国少儿人口抚养比

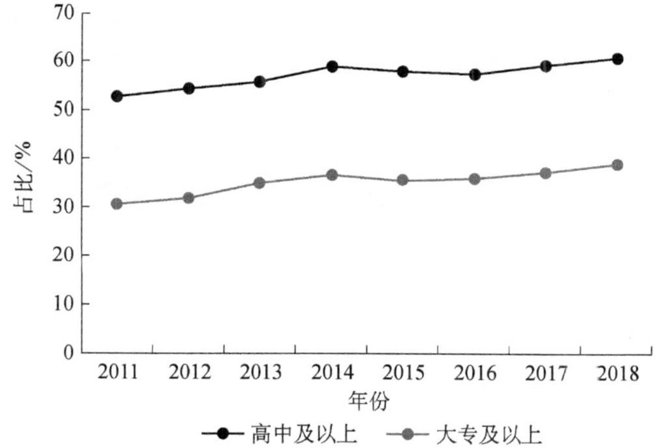

图2-8　2011～2018年北京高中及以上、大专及以上人口占比变化情况

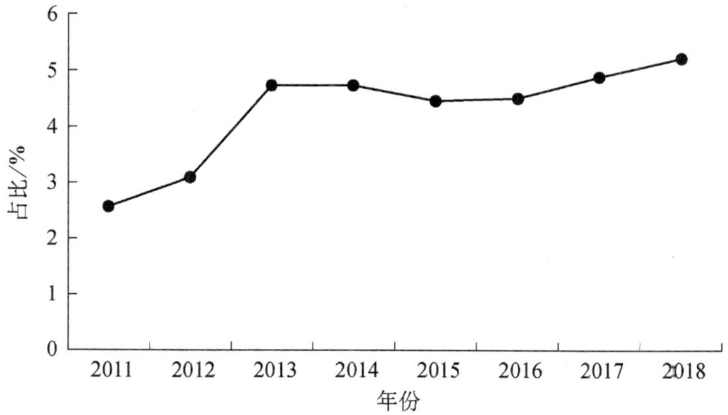

图2-9　2011～2018年北京研究生及以上人口占比变化情况

研究生及以上人口占比增速在2014年以后出现明显放缓的趋势，考虑到2013年和2014年两年的数据与相邻年份偏差较大，可能存在数据误差，将这两年的数据剔除以后仍然可以看出，2015年及以后相比之前年份，研究生及以上人口占比增速也有较为明显的放缓趋势。

北京与上海均为我国典型超大城市，两者数据对比情况有一定的参考性。因为上海部分数据缺失，只对比了大专及以上人口占比。考虑到上海2018年的数据可能存在一定的误差（与其他样本点偏离较大），重点考虑2017年以前的情况。从图2-10可以明显地看出，2014年以后，北京大专及以上人口占比增速与上海相比有放缓趋势。这里做出合理推测，北京的人口疏解政策对高学历外来劳动力产生了一定的推力，除此以外，北京的高房价对高学历外来劳动力的进入也是一个很大的限制。在人口疏解的过程中，阻碍高学历外来劳动力的进入也是无法避免的一环，其中的原因一方面在于对人口限制的直接政策，如落户限制等，另一方面在于相关产业的疏解和限制。

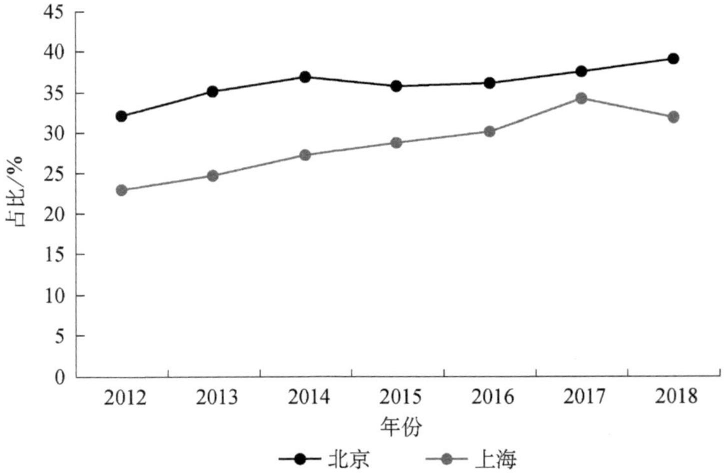

图2-10 2012～2018年北京、上海大专及以上人口占比变化情况

二、人口疏解效果评价

1. 评价指标体系的确立与赋权

在数据分析的基础上，对北京的人口疏解效果做整体评价，尤其是城六区中分区的评价。目前学界针对效果评价这方面的研究并不多，尤其是对北京各区的疏解成果进行综合评价的研究很少，评价指标体系也很不完善。本

研究认为，建立一个综合、完善的评价指标体系对于人口疏解工作的考核、以后的指导方向都有参考意义。

本研究想用更加多元的指标来评价北京人口疏解效果，因此纳入人口结构、经济指标、环境指标，希望综合考察人口疏解过程给城市带来的全方位影响。

首先，引入人口数量指标、人口质量指标、经济指标和环境指标这四个二级指标，将人口数量指标与人口质量指标拆分是因为目前北京人口结构没有出现太大的问题，因此将两类指标分开考虑。

其次，在二级指标之下又细分了三级指标。人口数量指标用人口密度、常住人口增速与外来人口增速来描述，单独增加外来人口增速指标是由于北京人口疏解的重点对象即是外来人口。人口质量指标分为老年人口抚养比和人均可支配收入增速，老年人口抚养比用来描述老龄化程度，人均可支配收入增速用来描述人口素质（人口素质本来想用高学历人口占比来描述，但是分区的数据无法获得，因此用人均可支配收入替代）。经济指标用GDP增速和一般公共预算收入增速来描述。环境指标用能源消耗总量增速和万元GDP能耗下降率来描述，这几个指标都没有选取区域内人均指标，因为研究更关注人口疏解政策对整个区域的影响。

在确立指标的基础上，采用层次分析法（analytic hierarchy process，AHP），用几何平均法求解矩阵的特征值与特征向量，并进行一致性检验，使一致性比例临界比值（critical ration，CR）控制在0.1以下。具体的计算过程省略，这里列出二级指标权重计算方法，三级指标同理。

计算权重向量 W_i：

$$W_i = \frac{\left(\prod_{j=1}^{n} a_{ij}\right)^{\frac{1}{n}}}{\sum_{i=1}^{n}\left(\prod_{j=1}^{n} a_{ij}\right)^{\frac{1}{n}}} \quad i，j=1，2，\cdots，n$$

一致性指标：

$$\mathrm{CI} = \frac{\lambda_{\max} - n}{n-1}$$

一致性比例：

$$\mathrm{CR}=\frac{\mathrm{CI}}{\mathrm{RI}}$$

式中，a_{ij} 为要素 i 与要素 j 重要性比较结果；n 为判断矩阵的阶，也是同层次内的 n 个指标；λ_{max} 为判断矩阵的最大特征根；CI 为最大特征根值；CR 为临界比值；RI 为随机一致性指标，可通过查表获得。

最终得到指标及其权重如表2-7所示。

表2-7　人口疏解效果评价指标体系及其权重

二级指标	权重	三级指标	权重	总权重
人口数量指标	0.34	人口密度	0.16	0.05
		常住人口增速	0.30	0.10
		外来人口增速	0.54	0.18
人口质量指标	0.13	老年人口抚养比	0.33	0.04
		人均可支配收入增速	0.67	0.09
经济指标	0.28	GDP增速	0.17	0.05
		一般公共预算收入增速	0.83	0.23
环境指标	0.25	能源消耗总量增速	0.33	0.08
		万元GDP能耗下降率	0.67	0.17

注：总权重=二级指标权重×三级指标权重

2. 数据处理与结果分析

根据上述评价指标体系所整理的原始数据如表2-8所示。

表2-8　人口疏解效果评价指标体系原始数据

地区	人口密度/（人/千米²）	常住人口增速/%	外来人口增速/%	老年人口抚养比	人均可支配收入增速/%	GDP增速/%	一般公共预算收入增速/%	能源消耗总量增速/%	万元GDP能耗下降率/%
东城区	19 637	−3.466 83	−7.580 17	0.229 617	7.480 545	7.943 218	2.003 833	2.81	3.24
西城区	23 333	−3.418 09	−22.310 80	0.234 803	6.753 277	8.243 426	2.068 132	1.62	4.54
朝阳区	7 922	−3.649 24	−6.672 79	0.150 704	9.106 892	8.127 052	5.019 974	1.83	4.34
海淀区	7 796	−3.568 29	−3.346 61	0.154 698	8.601 673	9.031 096	6.977 358	1.21	6.04
丰台区	6 884	−3.775 34	−7.713 50	0.146 899	7.647 975	8.658 494	7.505 968	2.33	3.80
石景山区	6 997	−3.660 57	−15.757 60	0.140 426	7.762 585	9.189 391	10.099 220	1.99	4.66

先对数据进行基本处理，选取2018年底北京全市的数据为基准1，根据正向指标（人均可支配收入增速、GDP增速、一般公共预算收入增速、万元GDP能耗下降率）与负向指标（常住人口增速、外来人口增速、人口密度、老年人口抚养比、能源消耗总量增速）进行处理。处理方法如下：y_t为某指标

的测算值，y_0为某指标北京全市的测算值，p_t为标准化处理后的指标值。

正向指标处理：

$$p_t = \frac{y_t}{y_0}$$

负向指标处理：

$$p_t = \frac{y_0}{y_t}$$

再用z-score方法对数据进行标准化处理，得到的数据如表2-9所示。

表2-9　人口疏解效果评价指标体系分区数据（标准化处理后）

地区	人口密度（人/千米^2）	常住人口增速/%	外来人口增速/%	老年人口抚养比	人均可支配收入增速/%	GDP增速/%	一般公共预算收入增速/%	能源消耗总量增速/%	万元GDP能耗下降率/%
东城区	−1.185 06	−0.926 21	−0.422 57	−1.234 59	−0.490 44	−1.158 85	−1.124 23	−1.157 07	−1.264 50
西城区	−1.358 38	−1.293 49	1.663 90	−1.309 49	−1.356 99	−0.568 09	−1.104 20	0.431 38	0.109 19
朝阳区	0.433 02	0.448 49	−0.551 10	0.541 35	1.447 37	−0.797 10	−0.184 57	0.000 95	−0.102 15
海淀区	0.476 86	−0.161 51	−1.022 23	0.407 94	0.845 39	0.981 92	0.425 24	1.702 34	1.694 22
丰台区	0.841 99	1.398 86	−0.403 69	0.675 19	−0.290 95	0.248 70	0.589 92	−0.711 59	−0.672 76
石景山区	0.791 58	0.533 86	0.735 69	0.919 60	−0.154 39	1.293 42	1.397 84	−0.266 02	0.235 99

根据以上数据和求得的权重进行计算，最终得到的结果如表2-10所示。

表2-10　根据人口疏解效果评价指标体系计算得出的各区评分

地区	评分	排序
东城区	−0.956 730	6
西城区	−0.297 570	5
朝阳区	0.015 012	3
海淀区	0.482 651	2
丰台区	0.094 132	4
石景山区	0.662 497	1

从表2-10可以看出，综合评分最高的是石景山区，原因在于其人口规模本身基数不大，在人口密度指标上表现较好，而且其老龄化程度是六大城区中最轻的，同时其在经济增长方面表现出较好的水平，GDP增速和一般公共预算收入增速在六城区中排在前列。评分排序第2、第3的是海淀区和朝阳

区，这两个区的情况比较相似，作为北京人口基数最大的两个区，在人口数量调控方面不明显，在人口密度以及人口疏解力度（增速）方面表现一般，老龄化程度处于中间水平，而人均可支配收入增速表现较好，对总评分有较大的正面影响。两个区的主要差异表现在环境指标，由于产业结构与产业布局，海淀区能源消耗总量增速和万元GDP能耗下降率方面表现很好，而朝阳区的表现则一般，因此总评分拉开差距。评分排序第4的是丰台区，该区在人口数量指标、人口质量指标以及经济指标上都与石景山区有一定的相似性，但是经济指标比石景山区表现稍差，而由于产业结构的原因，在环境指标方面表现较差，因此在总评分上被拉开了较大差距。评分排序第5、第6的是西城区和东城区，两者共同的特点在于，人口密度大，老龄化程度远远超过其他各区，经济基础较好所以与经济有关的指标增速不明显。两者的差异在于，在常住人口和外来人口减少速度方面，西城区表现较好，人口调控力度大，而东城区的表现一般。

对北京城六区的人口疏解效果进行综合排序，一方面是为了检验各个区内人口疏解政策的执行效果，评估人口疏解政策对区域内经济、环境可能的影响，为后续的政策制定提供参考；另一方面分区分指标评分可以让各个区相互参照，尤其是对于基本情况比较类似的区域，可以提供参照组的作用。

三、人口疏解面临的困难

通过数据分析和文献梳理，认为北京人口疏解过程中的困难主要可以分为两个方面，一是在人口疏解政策执行过程中遇到的问题，二是人口疏解工作完成后对城市发展带来的消极影响。前者主要包括公众满意度、政策制定方向、人口重新在京聚集等问题，后者主要包括人口老龄化、劳动力素质结构的变化等问题。总体来看，北京人口疏解在数量上取得了一定的成效，在2015年以后北京常住人口出现了减少趋势，但是这种趋势是否可持续、如何在调节数量的基础上优化人口结构以及如何减弱人口疏解为城市带来的各种负面影响是北京未来人口疏解工作需要关注的重点和难点。

从上面对疏解效果进行分区评价的结果来看，由于社会经济基础条件、产业结构、发展目标的差异，北京各大城区在人口疏解工作中既有共性，也存在各自的难点。下面将从各个方面详细阐述北京人口疏解过程中的问题以及可能存在的风险。

1. 外迁人口返京聚集

目前北京实行的“以业控人”是人口疏解工作中的关键调控手段。但是从现实状况来看，由于承接地的承接能力不足，可能会出现人口在城内重新聚集的情况，即“业走人留”。

“以业控人”的疏解对象主要是劳动密集型、低附加值的产业，主要承接地是河北，但是在实际操作过程中，河北的教育、医疗、文化、交通等基础设施和公共服务等配套环境与北京相比还存在较大差距，产业发展的条件落后于北京，居民生活水平和配套的公共服务也远落后于北京，同时河北与北京之间的交通联系也不够便捷。因此，虽然北京中心城区向外疏解了一些交易市场和产业，但是很多时候相应的人员会选择继续留在北京，涌入其他行业，如低端服务业。除此之外，一些居民为了继续享受北京优质的教育资源，可能会选择在京外工作而将孩子继续留在北京，节假日居住在北京。这也在一定程度上加剧了北京“职住分离”的现象，造成了交通压力。

除了河北以外，北京的新城区也承接了一部分中心城区疏解的人口，如通州、大兴、顺义、昌平。这些新城区的人口呈稳定增长趋势，但是相对来说，人口增长的速度并不快，说明这些区域对人口的吸引力不足。一方面，新城区相关的产业发展较慢，无法为疏解人口提供大量的工作岗位；另一方面，这些城区的交通设施不发达，基础设施建设落后于中心城区，居民生活不够便利。另外，一些城区对人口的迁入有限制，如在通州买商品住房需要本区工作证明等限制，也不利于人口的流入。

综合来看，提升承接地基础设施和公共服务水平，加强京津冀区域间的联系，从而提高承接地对人口的吸引力，是解决“业走人留”困境的根本之策。应注重河北基础设施建设，如水、电、气、热，为制造业的发展提供基础。在公共服务方面，应配套引进相应的教育、医疗、养老、文化等公共服务机构。另外，还应加强区域之间的联系，实现疏解工作的精准对接。

2. 存在社会稳定风险

人口疏解工作的开展势必涉及多方利益，包括政府、企业、居民等，在此过程中如有处理不当很可能滋生矛盾，引起社会稳定风险。虽然从长期来看，加强周边地区的基础设施建设、提升周边地区的公共服务水平是根本之策，但是从短期来看，如何加强群众参与感、调节群众矛盾、增强群众满意度是值得考虑的问题。居民满意度很难通过标准量化来进行考核和监督，各个社区的基础情况也不尽相同。在人口疏解工作中，要充分考虑到各个社区的实际情况，避免制定死板的统一标准。例如，在市场拆迁和棚户区拆除工作中，居民关注的重点大不相同。在制定疏解方案时，应加强群众的参与度，充分考虑居民的合理利益诉求，尽量争取居民的支持；在人口疏解政策执行过程中，应注意工作人员与居民沟通的方式，增加居民反馈渠道，对居民的舆情建立监测机制，以便及时做出应对。

3. 影响城市可持续发展

人口疏解的最终目标是解决城市问题、促进城市的健康可持续发展，但是人口疏解工作势必会为城市带来新的问题，如城市经济增速放缓、城市创新活力下降等，所以更要关注人口疏解工作为区域经济带来的潜在影响，并及时做出应对。但是在目前的人口疏解工作过程中，制定的政策和指标都较为单一，往往聚焦在人口数量上。从短期来看，这是最易于考核也最有效的一个指标，但是从长期来看，如果因为追求人口数量的快速下降而加剧了其他城市问题则是本末倒置。

因此，本章在第三节第二小节中为北京各区制定综合评价指标也是希望能够从社会各方面来综合评价人口疏解的效果。虽然本研究建立的评价指标体系不尽完善，但从结果中也可以看出一些问题。常住人口减少最快的城区并非经济、环境、人口配合最协调的城区。

在北京六大城区中，西城区的人口调控力度最大，但是与此同时其人口老龄化问题也最为严重，GDP增速和一般公共预算收入增速呈现放缓趋势，经济增长情况并不理想，东城区的调控力度不如西城区，但是其他方面的情况与之类似。因为人口红利的减少，人口疏解在短期内会给经济增长带来一定的负面影响，在这种背景下，应为老城区寻找新的经济增长点，如果只是追求人口数量绝对值的下降，则可能会出现经济结构滞后于人口结构变化的情况。除此以外，东城、西城两个老城区人口调控主要依靠棚户区的拆除，然而这种调控方式是不可持续的，由于要保护老城区，平房棚户区的拆除受限，而“房留人走”的疏解方法也不太现实，因此如何保持人口疏解的可持续性也是需要解决的一个问题。

因此可以认为，在日后人口疏解工作的开展过程中，应该尽可能完善评价指标体系，便于及时发现城市问题从而灵活调整人口疏解政策，促进城市的可持续发展。

4. 人口结构问题

人口结构问题主要可以分为两大方面，一是年龄结构的变化，即老龄化程度加剧、老龄化速度加快；二是劳动力行业和素质的变化，即特定的行业被疏解出去以及高学历人口占比增速出现放缓的趋势。

北京人口疏解的对象主要是劳动适龄人口，因此可以看到，从2016年开始，北京劳动适龄人口数量绝对值下降，而老年人数量绝对值一直保持上升趋势，从而不可避免地导致老龄化问题加剧，老年人口抚养比逐年上升。其中城六区尤为严重，其老年人口抚养比增速呈现上升趋势，老龄化的速度越来越快。

改革开放以来，北京人口快速膨胀，虽然目前北京仍然处于“人口红利”时期，但是老龄化的增速不断加快，人口老龄化会为社会带来各种问题，主要可以分为两个方面。一方面，会使整个城市面临经济发展失去活力的风险，不利于城市的可持续发展；另一方面，快速人口老龄化对城市的养老问题提出了挑战。值得注意的是，除了老年人口增多，人口疏解可能会导致与养老有关的行业出现劳动力紧缺（如养老护理、家政清洁等），未来北京的养老问题可能会逐渐凸显。

人口疏解对劳动力结构的影响主要分为两个方面，第一，对于高学历人才进入的门槛升高，可能会导致高学历人口占比增速出现放缓趋势；第二，保障性服务行业如餐饮、零售、护理、安保等可能会出现结构性用工荒。这些行业都是劳动密集型产业，也往往是外来人口集聚的产业，这些人口是被重点疏解的对象。伴随而来的城市问题主要包括城市创新能力降低、活力不足以及服务性行业劳动力短缺导致居民生活成本升高等。

第四节 产业疏解现状及评价

一、疏解现状

1. 疏解原则

根据《京津冀协同发展规划纲要》中提出的非首都功能疏解原则，具体阐述如下。

首先，要坚持政府引导与市场机制相结合，既要充分发挥政府规划的引导作用，又要发挥市场主体的作用。

在疏解的初期阶段，虽然从环境影响和产业自身发展规律来看，这一产业并不适合在北京长远发展。但是，目前首都的资源优势和产业发展的路径依赖使得各类要素向北京集聚的趋势尚未发生改变，现有的产业链仍具有一定程度的竞争力和盈利空间，因此非首都功能在这一阶段仍需用行政手段来进行疏解，单纯依靠市场很难行得通。虽然用行政手段解决问题立竿见影，但是要想实现后续发展还是要依靠长效机制，进一步发挥市场和法律的作用，研究相应的配套政策。

其次，要坚持集中疏解与分散疏解相结合的方式，考虑疏解对象的不同性质与特点，灵活采取集中疏解和分散疏解的方式。

产业发展有其自身的规律，需要结合行业生产特点合理规划，如银行和企业总部等知识密集型部门倾向于聚集来实现信息的流动，并且能够进一步吸引相关的生产者服务业和其他经济部门，而一些工业上下游企业也有明显的聚集趋势。从实例来看，天津积极引入北京中关村科技创新成果，产业集聚效应初显。滨海–中关村科技园自成立以来新增注册企业1241家，来自北京的有280余家；河北雄安新区也实施了创新驱动发展战略，集聚北京创新要素资源，积极布局高端高新产业。截至2019年8月19日，登记进驻雄安新区的企业达3069家，大多来自北京。首批入驻市民服务中心的26家高端高新企业有90%来自北京[①]。非首都功能的疏解伴随的不是简单的产业位置转移，而是新一轮的产业集群建设。

再次，坚持严控增量与疏解存量相结合，既要把住增量关，明确总量控制目标，也要积极推进存量调整，引导不符合首都功能定位的企业向周边地区疏解。只有通过两方面的控制，才能尽可能让不符合北京发展定位的问题产业尽快完成疏解。

最后，坚持统筹谋划与分类施策相结合，结合北京城六区不同发展重点要求和资源环境承载能力统筹谋划，建立健全倒逼机制和激励机制，有序推出改革举措和配套政策，因企施策、因单位施策。北京现已建立城南梯度转移机制，将产业从城六区向外围区扩展，再向天津和河北扩展；以环境为限，树立目标意识，通过强制和引导两种举措，普遍性政策与特殊性政策相

① 雄安新区新成立3069家企业，大多来自北京［EB/OL］. https://baijiahao.baidu.com/s?id=1642290095204314897&wfr=spider&for=pc［2021-06-10］.

结合，积极推动产业区域重新布局。

2. 产业转移与承接状况

（1）京津冀产业产值与就业变动

人均GDP是衡量地区经济发展状况的重要指标，从图2-11可以看出：北京、天津、河北人均GDP依次递减，且北京和天津人均GDP规模基本处于同一水平，发展程度较高；而河北人均GDP与前两者差异较大，仅为其1/3左右，京津冀存在区域发展不平衡的问题。

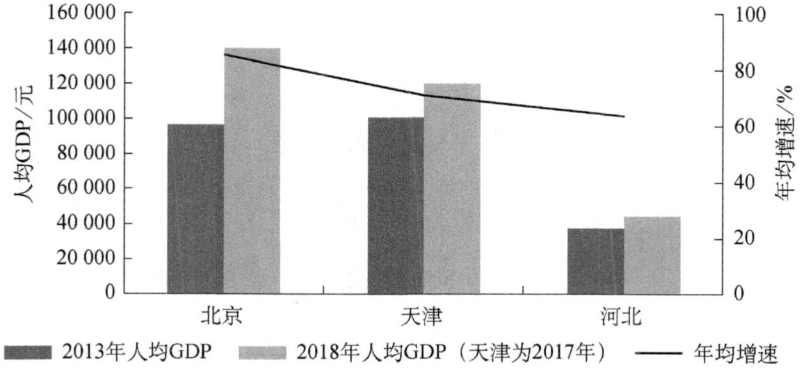

图2-11　京津冀人均GDP及增速

另外，从人均GDP年均增速来看，京津冀区域呈现依次递减的状况，北京为84.9%，天津为71.5%，河北为64%，可见北京是区域经济发展的重要引擎。区域内部发展不均衡和北京各种要素过度聚集的现状是疏解非首都功能政策制定的有力依据，以非首都功能疏解为“牛鼻子”可以有效发挥区域增长极的溢出效应，刺激区域经济协同发展。

经济结构状况是衡量国家和地区经济发展水平的重要尺度，合理的结构才能充分发挥经济优势，有利于国民经济各部门的协调发展。从产值结构中可以发现：三地的产业结构不同，北京以第三产业为主导，天津以第二、第三产业为主导，河北三次产业的分布较为均匀。2013年天津人均GDP高于北京，但是2018年已被反超，部分是由于在非首都功能疏解下，一些人均GDP相对较低的行业和相当数量的人口进入了天津。2013～2018年（河北由于统计发布的问题时间为2017年，下同），北京第一产业和第二产业产值占比分别下降了0.39%和2.98%，第三产业产值占比增加3.37%；天津和河北规律大致相同，但是天津变动较大，其三次产业产值占比变动分别为−0.13%、

−10.43%、10.56%，河北变动也比较大，其三次产业产值占比变动分别为−1.86%、−6.03%、7.89%，从产值结构上来看，天津和河北都在经历第一、第二产业向第三产业转移的结构调整阶段（图2-12，表2-11）。

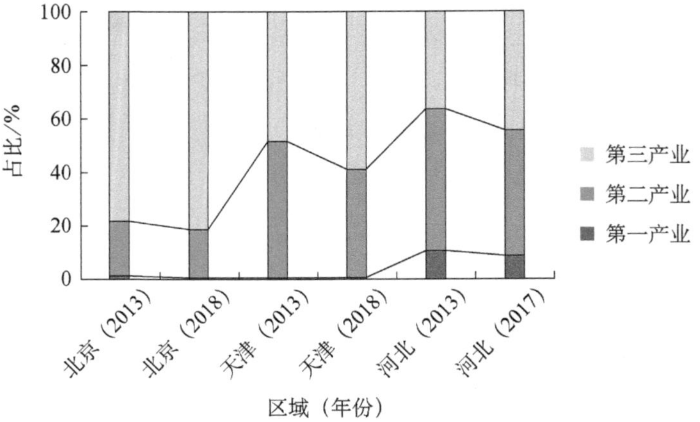

图2-12　京津冀三次产业产值占比及其变动

表2-11　2013～2018年京津冀三次产业产值占比变动　（单位：%）

地区	第一产业	第二产业	第三产业
北京	−0.39	−2.98	3.37
天津	−0.13	−10.43	10.56
河北	−1.86	−6.03	7.89

2013～2018年，北京第一产业和第二产业从业人员占比分别下降1.19%和3.76%，第三产业从业人员占比增加4.95%；天津和河北规律大致相同，但是天津变动较大，三次产业从业人员占比变动分别为−1.44%、−9.96%、11.40%，河北变动较小，三次产业从业人员占比变动分别为−1.07%、−1.17%、2.24%，从就业结构来看，天津正在面临急速的转型。从综合产值和从业人员占比变动的情况来看，北京变动幅度比较小，天津产业结构和就业结构同步变动，而河北产业结构的变动并未传导到就业结构上来（图2-13，表2-12）。

（2）京津冀各行业产值变化

从变动比例来看，天津和河北均存在增长幅度超过200%的高峰，天津的信息传输、计算机服务和软件业增长219.9%，河北的水利、环境和公共设施管理业增加幅度为239%，这两个产业可以视作两地主要发展的产业。

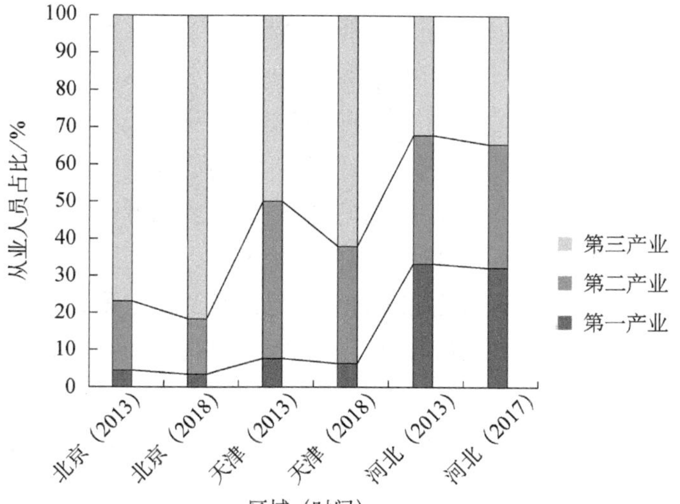

图2-13 京津冀三次产业从业人员占比及其变动

表2-12 2013～2018年京津冀三次产业从业人员占比变动（单位：%）

地区	第一产业	第二产业	第三产业
北京	−1.19	−3.76	4.95
天津	−1.44	−9.96	11.40
河北	−1.07	−1.17	2.24

从产业内行业结构变动可以看出，北京第二产业中工业体量大，但是建筑业增长幅度更大（建筑业为51.9%，工业为21.9%）；其高增速行业都集中在第三产业，信息传输、计算机服务和软件业增长102.9%，水利、环境和公共设施管理业增长94.2%，卫生和社会工作增长82.4%，科学研究和技术服务业增长80.7%，而劳动力较为密集的批发和零售业（增速为8%）、住宿和餐饮业（增速为17.6%）、租赁和商务服务业（增速为28.4%）等增速较慢。值得注意的是，与公共服务质量有关的行业增速处于中等及偏上水平：卫生和社会工作为82.4%，教育为72.2%，公共管理、社会保障和社会组织为63.4%，居民服务和其他服务业为31%。天津第二产业增长幅度较小，建筑业（增速为6%）稍快于工业（增速为4%），高增速行业也全部属于第三产业。此外，天津增长幅度高的行业在区域内最多，如文化、体育和娱乐业增长150%，水利、环境和公共设施管理业增长119.9%，卫生和社会工作增长109.1%，科学研究和技术服务业增长96.8%，租赁和商务服务业增长92.3%；河北也呈现出了与北京和天津相同的规律，增长速度在区域内居于第二，其居民服务和其

他服务业增长116%，租赁和商务服务业增长119%，信息传输、软件和信息技术服务业增长94.4%，文化、体育和娱乐业增长82.2%。

通过图2-14可以观察到京津冀整体上的行业变动趋势：首先，三者第一峰值均在信息传输、计算机服务和软件业，水利、环境和公共设施管理业两个行业出现，说明三地都比较重视信息技术和环境领域的发展，而信息技术领域峰值在天津出现，环境领域峰值在河北出现，这与天津全国先进制造研发基地和河北京津冀生态环境支撑的发展定位有密切关系；其次，天津和河北在文化、体育和娱乐业，租赁和商务服务业出现了次高峰，而这一次高峰在北京并不明显，说明河北和天津的发展方向更为一致，这一现象在批发和零售业，农、林、牧、渔业等行业也有体现，而教育、科学研究和技术服务业天津和北京则更为相似，河北相对来说更为缓慢；最后，北京各行业增加的幅度相对于天津和河北来说整体较小，且增长在行业间分布较为均匀。

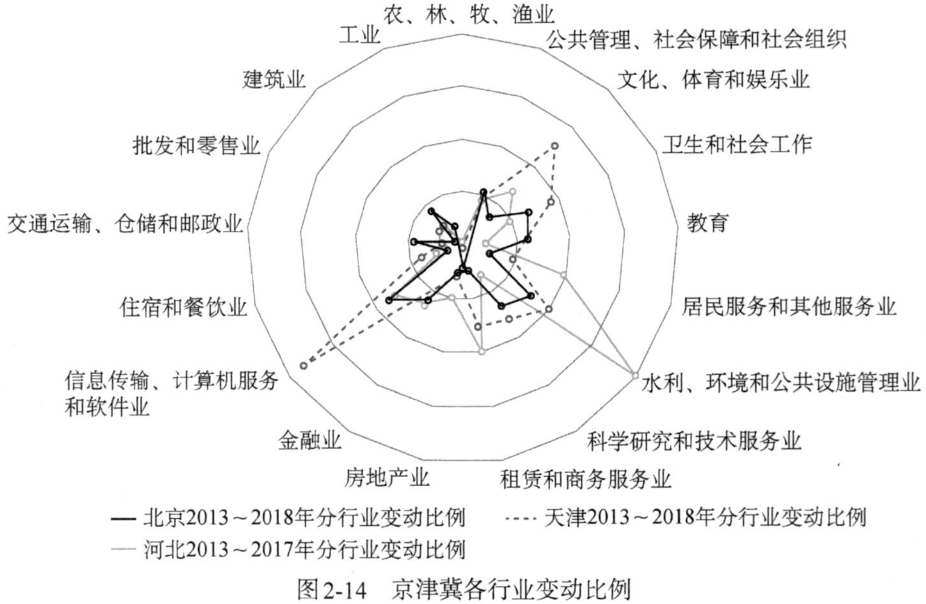

图2-14　京津冀各行业变动比例

（3）北京各行业区位熵变动

京津冀协同发展以疏解非首都功能为“牛鼻子”，通过比较2013年与2017年北京各行业在京津冀区域的产值区位熵，可以看出北京在区域层面上的优势部门和发展方向变化。北京在京津冀区域有12个处于优势地位的行业，可见北京在区域发展中的核心作用。其中，2013年信息传输、计算机服务和软件业，文化、体育和娱乐业，科学研究和技术服务业、租赁和商务服务业区位熵大于2；而2017年时，北京只有信息传输、计算机服务和软件业的区位熵超过2，且整体上区位熵降低，这反映了以疏解北京非首都功能为“牛鼻子”的京津冀协同发展有据可依，并已取得了初步的成果，在一定程度上改变了京津冀发展中北京一家独大的局面。

具体来看，2013～2017年，北京文化、体育和娱乐业，卫生和社会工作，教育，公共管理、社会保障和社会组织等行业区位熵下降更快（图2-15），而这些行业恰好是疏解非首都功能的政策实施重点，在一定程度上反映了疏解政策的有效性。

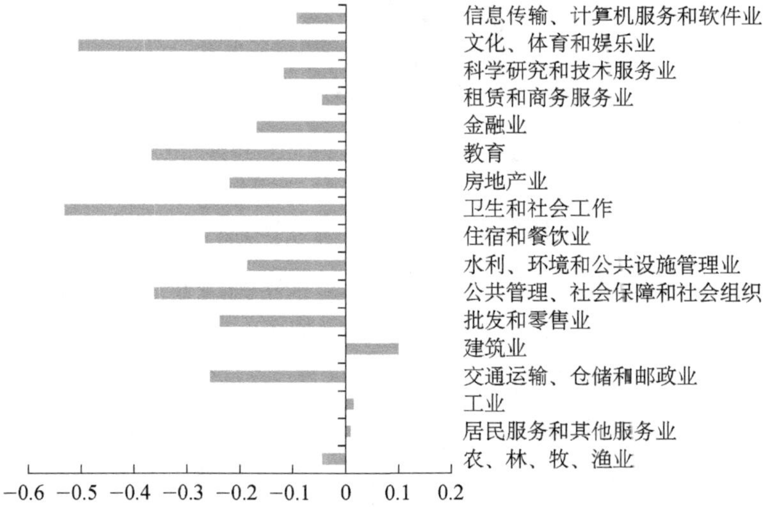

图2-15　北京各行业区位熵变动

（4）行业转移与承接

首先，从迁移区域来看，2018年北京迁出市外的760家企业主要迁往河北、浙江、广东、山东、湖北、江苏、天津，上述合计占到北京迁往市外企业总量的72.2%，且27.3%的企业迁至河北、天津，非首都功能向外疏解初见成效，且有效地促进了京津冀区域协同发展。

其次，受北京疏解非首都功能相关政策的影响，2018年迁往市外企业中约三成属于批发和零售业；同时，其他目的和类型的地方政策也会对迁出企业产生一定程度的影响。为提升金融业的风险防控能力，北京加强了对投资类企业的监管，受此影响2018年迁往市外的企业中投资与资产管理占比8.2%。

最后，同行业竞争也促使企业外迁。北京全市实有科学研究和技术服务业企业中科技推广和应用服务业占比91.4%[①]，庞大的同行业企业基数造成了业务同质化，也带来了激烈的行业内部竞争，2018年迁往市外企业中科学研究和技术服务业企业占比为35.53%（图2-16）。可见，企业向外转移是行业发展的拉力和政策引导的推力共同作用的结果。

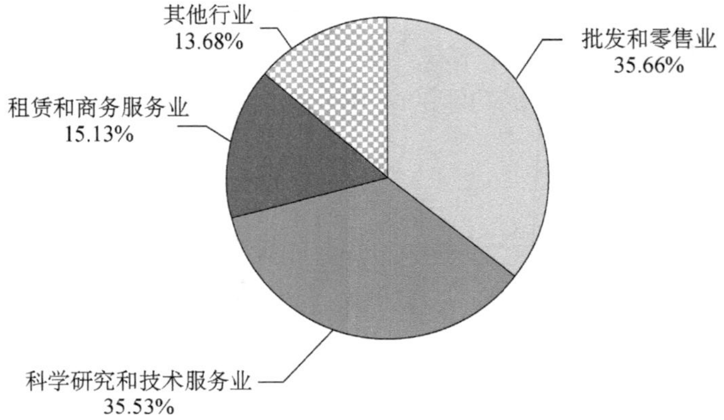

图2-16 北京迁出企业类型分布

由于各地披露的统计指标不同（河北各地级市行业产值数据缺失、北京法人单位数据部分区缺失），研究选取了京津冀三地2014年和2017年信息行业及文体行业法人单位数据来进行研究。从京津冀三地在信息行业发展上的整体表现来看，唐山和张家口处于增长的第一梯度，法人单位增长幅度较为显著，秦皇岛和衡水增长幅度较小，同时北京和天津在区域中行业增长幅度最小；从文体行业表现上来看，其增长幅度整体上较信息行业来说更为缓慢，其中天津和廊坊表现较好（图2-17）。

从空间的角度考虑各地区行业法人单位的增长幅度，可以发现：信息行业增长幅度较大的几个地市均环绕京津，处于地理梯度扩散的第一队列；文体行业虽不明显，但也基本上呈现出这一规律，说明“临近北京”可能会对产业转移决策具有一定的正向吸引力，区域内产业转移存在一定的空间加权效应。这可能是由信息行业和文体行业需要与北京的相关部门进行信息交换所引起的；也有可能是临近服务对象，便于开拓北京市场的需求所带来的；而从就业者的角度说，临近北京也意味着便于获取相应的优质公共资源。因

① 北京企业大迁移：780家企业外迁去哪儿了？［EB/OL］. https://ishare.ifeng.com/c/s/v0023lIX8uL2M5ccq4n8SV1XradDvgln6bFcydIkv14-_SuE_［2021-09-20］.

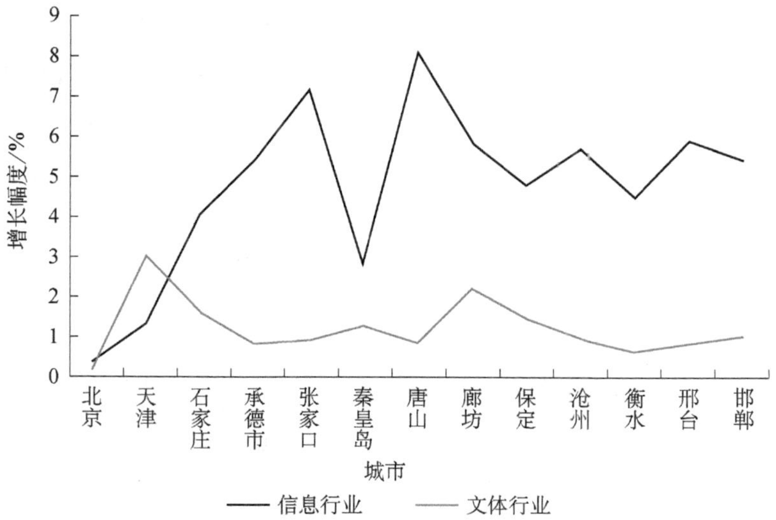

图2-17　京津冀信息行业及文体行业法人单位增长幅度

此，北京由于各种要素聚集所带来的较大的区域内吸引力在一定程度上并未发生改变。

3. 产业与人口

在北京地区近十年的外来人口中，2/3集中在批发和零售业、制造业、住宿和餐饮业、建筑业4个行业，而非首都功能目标之一的人口疏解正是通过“以业赶人”的逻辑运行。为了研究产业疏解与人口疏解之间的互动关系，本研究构建了行业人口滞留指数，具体计算方式如下：

$$\text{行业人口滞留指数}=\frac{\text{政策后从业人员数}-\text{平均法人单位从业人员数}\times\text{政策后法人单位数}}{\text{政策后从业人员数}}$$

假定在该行业平均法人单位从业人员数不会在短期内发生重大改变的情况下，这一指数能够较好地反映这一地区产业与人口的互动关系，进而对“以业赶人”政策效果进行评估。如果行业人口滞留指数为正，说明在平均法人单位从业人员数不变的情况下，北京该行业法人单位数的减少没有带来从业人员数的同比例下降，该行业人员仍可通过改变就业等方式留在北京（也包括使平均法人单位从业人员数增加的行业内部转移现象，即劳动力被其他没搬走的法人单位接纳的情况）；如果行业人口滞留指数为负，说明该行业搬迁存在一定的乘数效应，不仅使自身从业人员数同步减少，也可能带来其他上下游行业的搬迁，对这些行业实施“以业迁人”政策可以取得较好的效果。

通过选取2013年和2018年北京分行业从业人员与限额以上法人单位的数据，构造行业人口滞留指数来分析北京通过产业疏解人口的实际效果。从图2-18可以看出：一般来讲，第一产业与第二产业的行业人口滞留指数为负，说明在第一、第二产业内部一个企业的搬迁可能会带来其他上下游企业的搬迁，产业链的连锁效应较为明显，同时也可能是由该行业平均法人单位从业人员数减少所导致的，一些企业在政策压力下选择京外设厂，将生产线工人调配过去，而在北京仍然保留了相当比例的总部经济导致从业人员数减少。

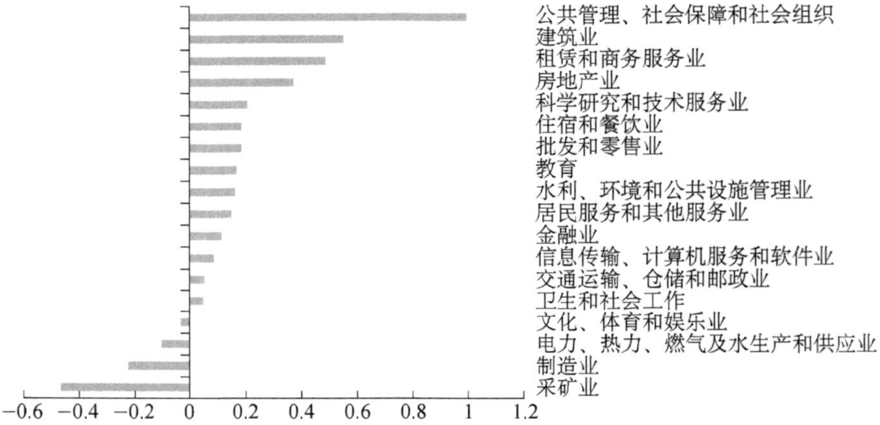

图2-18 北京行业人口滞留指数

服务业的行业人口滞留指数普遍为正，如果在现实中没有观察到该行业内机构规模的整体扩大或其他规模结构的变化，那么这很可能是由行业中企业迁走，而该企业的员工或外来员工进入到同行业其他未迁法人单位所导致的，也可能是由小企业数增加所致，这部分小企业或者自由从业人员未纳入限额以上统计单位。其中，公共管理、社会保障和社会组织行业人口滞留指数接近于1，这是因为2013～2018年北京的该行业法人单位由1759家减少到只剩3家，而从业人员数却仍有上升，这与北京属行政事业单位2017年底陆续搬迁有关，而这部分群体在调查时仍属于北京从业人员，同时也仍享受北京的公共服务资源。

二、产业疏解规律

1. 区域协同发展与产业集聚理论

区域内产业布局与结构协调是区域经济理论的重要关注点和研究方向。

法国经济学家佩鲁于20 世纪50年代提出“增长极理论”，该理论作为一种非均衡增长理论，认为区域经济增长是一种区域内核心城市（区位）极化和增长扩散的过程。欧洲主要中心城市在发展过程中都表现出这一发展规律。该现象与1957年瑞典经济学家缪尔达尔提出的“地理上的二元经济”理论颇为符合。后者认为区域间要素累积的不平衡将通过“循环积累因果关系”导致区域间的发展差异进一步扩大，发达地区由于存在较高的要素收益率，相关生产要素进一步从落后地区流出。例如，发达城市具有较高的工资和资本收益率，导致劳动力和投资进一步向发达地区输入，因而推动地区间发展鸿沟的进一步扩大，这一过程也被缪尔达尔称为“回波效应”。

1958年赫希曼提出的区域非均衡增长的“核心区与边缘区”理论也表达了类似的观点，他认为经济积聚区将导致更多的资源要素从落后地区流出，他将这种效应进一步归纳为“极化效应”。此外，还有学者从规模经济角度解释企业的过度集聚和区域内经济发展失衡的问题。韦伯于1909年发表首部工业区位著作《工业区位论》，从积聚因素角度出发，认为积聚是企业为追求自身收益最大化而自发形成的。马歇尔提出产业区理论，认为相关产业在地区内的集中可以形成外部规模经济，单个产业的规模扩大可以形成产业内部的规模经济。弗里德曼和威廉姆逊都曾提出类似的观点。

长期以来，区域内产业同质化加剧城市之间不能根据自身的比较优势形成各自的产业体系。产业结构高度类同带来的恶性竞争将不利于区域可持续发展，区域内部过度竞争也不利于产业集聚效应的形成。

2. 产业集群的非自发形成机制

（1）强制培育型

在不具备区域因素和集聚效应的地区，产业集群的形成在很大程度上要依赖政府的作用。政府可以针对某一特定产业采取扶持政策，给予更多的税费优惠，为企业提供资金、技术、市场开发的支持，以增加区域因素，吸引企业进入；还可以设立政府出资的机构或企业，从而导入某一特定产业。这样，就增强了区域因素和集聚效应，促使产业集群形成。这方面最经典的例子就是中国台湾地区集成电路（integrated circuit，IC）产业集群的形成。20世纪70年代中期，政府派人到美国无线电公司（Radio Corporation of America，RCA）学习IC技术，借助从RCA转移回来的技术，工业技术研究院电子所（ERSO）建立了实验工厂，制造了本土的首批IC产品，政府出资建立了台湾地区第一个IC企业。同时，政府建立了新竹科学工业园区对IC产业提供优惠政策和资金、技术等方面的扶持。工业技术研究院电子所在转移RCA的技术后，逐步将实验工厂衍生成联华电子股份有限公司，促成了台湾地区第一家民营IC公司的成立。在优惠政策和成功企业示范效应的推动下，工业技术研究院电子所又在新竹科学工业园区衍生出一批新公司。至此，通过政府的努力，在新竹培育出了一个IC产业集群的雏形。此时，新竹的区域因素和集聚效应已足以使产业集群进入内部自强化的良性循环阶段，最后形成了举世闻名的新竹IC产业集群，使台湾地区成为全球第三大IC生产基地。

（2）引导培育型

在具有一定的区域因素和集聚效应，但两者的共同作用又不足以形成产业集群的地区，如果政府能采取一定措施加强区域因素和集聚效应，就能促使产业集群形成。北京中关村电子信息产业集群就是典型的政府引导培育形成的产业集群。北京中关村20世纪80年代以前是按苏联模式规划建设的文化教育区域，当时大学和研究机构的科研成果与经济脱节，经济发展缓慢。80年代初期，在市场经济条件下，中关村出现了一批民营科技企业。由于当时国家对计算机产品的贸易保护，从事计算机产品生产和贸易获利空间大，许多这方面的科技人员凭借自己的科研成果成立了相关科技公司，如北大方正集团有限公司、紫光集团有限公司等企业。此时该地已具有一定的区域因素和集聚效应，但还不足以自发形成产业集群。到了1988年，中关村的“电子一条街”已初具规模，引起了政府的重视。在政府的支持下，成立了以北京大学、清华大学、中国科学院和“电子一条街”为核心的北京新技术产业开发试验区。政府为试验区提供了各方面的优惠政策和资金、技术、服务等方面的支持，为企业创造生存和发展环境。政府的政策和支持既加强了区域因素，又增强了集聚效应。萌芽状态的电子信息产业集群就在政府的引导培育下迅速发展起来，形成了中关村电子信息产业集群。

政府通过制定相应的优惠与支持政策，来实现产业园区从无到有的转变，推动其逐步走向正轨。同时，要想推动产业集聚区向产业集群的转变，不只是为产业发展划定区域，更重要的一是要充分发挥现有企业集聚形成的产业基础优势，通过建链、补链、强链实现产业链上下游企业的纵向合作和相关产业链之间企业的横向互动，形成纵横交错的企业协同网络；二是大力建设公共服务体系，促进劳动力、资金、创新要素的自由流动和互动共享，加速大中小企业、科研机构、高等院校、政府协会等不同主体之间从物理相邻向化学相融转变；三是推动产业集群与区域经济协同发展，壮大生产性服务业和生活性服务业，打造开放包容、合作共享的区域生态，提高产业竞争力。

三、博弈视角下的京津冀产业协同发展

1. 合作博弈框架

合作博弈强调团体理性，其目的是实现集体理性与个人理性的统一，即平衡效率与公平，存在的两个基本条件是：对联盟而言，整体收益大于其每个成员单独经营时的收益之和；对联盟内部而言，应存在具有帕累托改进性质的分配规则，即每个成员都能获得不少于未加入联盟时所获的收益。

为了满足这两个基本条件，合作博弈保证了联盟内部成员之间的信息是可以互相交换的，并且达成的协议必须强制执行。这些与非合作的策略型博弈中的每个局中人独立决策、没有义务去执行共同协议等特点形成了鲜明对比。

同时，合作博弈的另一个关键因素是可转移支付机制，即按某种分配原则，在联盟内部成员之间重新配置资源和收益，包含了内部成员之间的利益调整和转移支付。

2. 非合作博弈下的现实难题

京津冀协同发展并不是一个全新的概念，早在1976年，国家计划委员会就组织了京津唐国土规划课题研究。随后，国家有关部门又提出了“大北京”“首都经济圈”“环渤海经济圈”“京津冀都市圈”“环首都绿色经济圈”等概念。

但是京津冀协同发展效果一直不是很明显，推进过程举步维艰，实质性进展较少。其背后的根本原因在于“行政区经济”，这是行政区划对区域经济的刚性约束而产生的一种特殊区域经济现象。在“财政分权”和“官员晋升锦标赛”的激励下，行政区划成为一堵看不见的墙，各地方政府致力于自身利益最大化，发展辖区内经济，产生了对区域经济横向联系的刚性约束。

同时，京津冀区域经济发展带有强烈的行政干预特点，首都北京和直辖市天津的行政效力带来了行政部门的集聚，导致当地国有企业比重较高，行政调动资源的能力较强。京津冀三地行政级别的不对等，更加剧了京津从河北“吸血”的状况，地方政府之间很难达成合作、协同发展很难落实。

因此，现实中出现了“文件中一体化，实际上三分家”的局面。近年

来，地缘环境保护、北京“大城市病”、区域发展不协调等问题开始受到关注。具体体现在污染治理的责任与成本分摊机制争执不下、三地“断头路”和“一公里壁垒”数见不鲜、产业转移过程的税收协调机制尚未敲定等方面。这种非合作博弈下的个体独立决策，错失了集体效益的最大化。

3. 顶层设计

上升到国家层面的顶层设计构建了合作博弈的基础，确保了京津冀三方能够互换信息，并且达成切实可行的决策。因此，与一体化时期相比，从根本上来看，推动京津冀协同发展，最为关键的是加强顶层设计，淡化行政区划，从促进区域整体经济发展的角度制定合理的规划目标。

顶层设计的实现必然推动现实合作的产生，使得定位不清、产业雷同的区域产业发展问题得到解决，以疏解非首都功能为“牛鼻子”的京津冀协同发展战略将会成为推动产业升级转型、实现产业链分工合作、促进区域均衡发展的战略契机，而不只是简单的企业物理位置转移。如何设置机制鼓励从北京疏解出来的企业实现区域内迁移成为另一重点。产业迁移的目的不仅是产业位置的移动，更是想要借此机会实现产业的重新布局，既解决了北京的“大城市病”问题，又通过产业集聚培养一批有核心竞争力的、发展势头良好的热点区域，通过产业的力量不断吸引其他要素，最后推动地方发展，最终推动完善京津冀城镇体系格局。

国家战略层面上的京津冀协同发展战略弥补了过去地方政府只顾发展本地利益，忽视区域间产业协作的问题，将三方拉回了谈判桌。在保证区域发展优先、协作发展为要的前提下，仍需要精心设计内部的利益博弈和利益分享机制。只有制定了多方共赢的博弈规则，才能让协同发展真正落地，才能让交通一体化、产业调整、生态保护等方面的现实问题得到切实解决。

从现实效果举例来看，京津冀协同发展的顶层设计，已对“断头路”“瓶颈路”进行梳理，列出完工时间表。截至2021年3月，京津冀基本形成了以“四纵四横一环”运输通道为主骨架、多节点、网格状的区域交通新格局，初步构建了现代化的高质量综合立体交通网。铁路方面，“轨道上的京津冀”初步形成。公路方面，环京津地区的高等级公路基本实现了全覆盖。水运方面，有序推进港航资源共享。民航方面，机场群功能分工持续优化①。与此同

① 交通一体化让京津冀协同发展“跑”起来[EB/OL]. https://baijiahao.baidu.com/s?id=1695549219590895448&wfr=spider&for=pc[2021-09-20].

时，行政机制上的设计也有力地推动了这一进程。2015年，北京市人民政府有超过20个市级部门以及16个区（县）承担落实京津冀协同发展的任务。根据分工方案，总共216项任务被分解给各个主责部门，每项任务均由市长或副市长牵头。北京方面的积极性空前高涨，力度前所未有，在“牛鼻子”工程的推动下，配合转移机制的合理设置，必然能带动周边区域发展。

4. 定位与互补

京津冀三地作为一个整体区域，需要统筹兼顾各自发展定位，然后在此基础上优化产业结构实行错位发展和优势互补，解决北京和天津的金融业之争，天津和河北的港口工业之争，加强区域发展合力。

《京津冀协同发展规划纲要》明确了北京“四个中心”的功能定位：全国政治中心、文化中心、国际交往中心、科技创新中心；天津“三区”“一基地”的功能定位：北方国际航运核心区、金融创新运营示范区、改革开放先行区和全国先进制造研发基地；河北“三区”“一基地”的功能定位：产业转型升级试验区、新型城镇化与城乡统筹示范区、京津冀生态环境支撑区和全国现代商贸物流重要基地。

从疏解产业的角度来看，北京不再强调和扩大经济中心、教育中心、医疗卫生中心等功能，需要逐步推进北京的高等教育、文化卫生等事业机构向河北和天津分流。同时，随着体制改革深化和简政放权，地方政府“跑部钱进”的现象必将随之减少，企业总部也不必聚集于北京。北京优化产业结构必然要有得有失，做到“真疏解，敢疏解”，推动自身产业结构升级，敢于将不符合首都功能的“好产业”（如金融、教育、医疗等）迁出。

5. 机制设计

体制和机制不顺是制约协同发展的根本障碍，打破要素壁垒，建立区域统一市场，减少商品和服务要素的流动障碍是区域协同的必要条件。通过良好的机制设计加强规划引导，完善和强化政策扶持，在财政、税收、金融、土地等政策上倾斜，鼓励区域内的产业疏解和优先承接。

在产业实际转移的过程中，产业合作项目的税收在迁出方政府和迁入方政府之间如何分配的问题成为关注焦点，甚至关系到该产业是否能够转移。制度设计中只有承认跨区域的利益分配的合法合规性，明确地方政府间的利益分享方式、比例和时限，进行相应制度安排与规范才能够推动产业转移。同样，生态保护的责任问题也该实现分摊，建立生态红线，推动区域内经济发展与环境保护的协调统一。只有利益和责任分配得好，才能让好的但是不满足首都功能的企业迁出来，才能让污染类企业被接收。

6. 案例研究

（1）动物园批发市场

动物园批发市场毗邻北京北站与地铁二号线，适逢改革开放初期商业流通领域的开放，动物园批发市场的“马路经济”得到了飞速的成长，最终发展成为我国北方地区最大的服装批发集散地。大红门地区的服装纺织品批发市场曾达到40多家，建筑面积达到169万平方米，商户达3.3万家，直接从业人员约9.7万人，日均货物吞吐量超过2000吨①。

动物园批发市场不仅内部存在严重的无序和混乱问题，而且庞大的人流量也给周围的交通带来了巨大压力。随着动物园批发市场人流、物流、车流的不断集聚，交通、治安、环境等社会问题日渐突出，以批发为主的业态已不适合北京中心城区的发展。

动物园批发市场年均给西城区带来经济效益约6000万元，但政府支付的管理费用年均超1亿元②。在非首都功能疏解的大背景下，2017年11月30日，动物园批发市场正式闭市，疏解腾退工作完成。市场腾退出的空间将采取“科技金融+环境服务”的发展理念，引入更多符合首都功能的高精尖行业，还有一部分将作为周边居民活动的场所，以提升居民生活质量。

为了给商户找到新的落脚地，西城区先后与保定白沟、廊坊永清县、沧州、天津、石家庄等地接洽，并与廊坊新动批红门批发城、天津卓尔电商城、白沟和道国际、石家庄乐城国际贸易城、西城·永清现代物流园等签署了合作协议，推荐“动批”这一品牌，给动物园批发市场商户提供区位优越的落脚点和一系列扶持政策。动物园批发市场的官方网站总部设在北京，还要在北京建设体验展示中心和研发中心，而物流园区则设置在河北，这种模式能够提升原有的商业效率。搬迁部分市场和产业符合区域合作的发展趋势，以及产业分工和产业梯度转移的基本规律，对河北和北京来说有双赢的社会效益。

从相关访谈中笔者了解到，许多商户更倾向于搬到位于燕郊的东贸国际

① 离开“动批”“大红门”，商户们怎么样了？[EB/OL]. https://baijiahao.baidu.com/s?id=1631502590927276414&wfr=spider&for=pc[2021-09-20].

② “动批”：多赢的谢幕[EB/OL]. https://baijiahao.baidu.com/s?id=1589348787617528781&wfr=spider&for=pc[2021-09-20].

服装城。因为商户在动物园批发市场几十年，都不太想离开北京，并且还拥有相当的人口居住量，这成为东贸国际服装城吸引商户外迁的重要原因。商户普遍担心迁到产业园后，孩子入学的问题恐怕难以解决。北京优质的公共服务仍然对迁出行业者有较大的吸引力。也有商户决定搬到南方的市场，他们认为服装批发这个行业是需要“养”的，如果没有三五年，商场聚不起人气，商户如果没有一定数量的稳定批发顾客，那么生意很难维持。

东贸国际服装城也意识到了这个问题，为此他们组织商户包机到广州十三行和江苏常熟洽谈生意，积极对接上游厂家，保证货源的数量、质量和价格，还派人邀请北方的零售商户到东贸国际服装城拿货，每天有专车从动物园批发市场、大红门和地铁潞城站接送前来拿货的商户，发放代金券，刺激和开拓商户的下游。通过积极构建引导上下游关系实现产业顺利落地和健康发展，推动新的服装批发集散地的发育。

（2）化工企业

作为第一个从北京整体搬迁的中央企业项目，新兴凌云医药化工有限公司选择落户河北武安。主要是因为河北当地生产钢铁时产生的废气可以作为他们产品生产时的原料，因而能够节约成本，这种循环经济的工业模式对企业有较强的吸引力。

但这样与当地资源结合，形成上下游产业链关系的企业仍是少数。北京首钢建设集团有限公司唐山分公司中留有一块8平方千米的土地，打算规划建设成为总部经济基地，承接北京所有外迁企业的总部。而从唐山曹妃甸区副区长的访谈中了解到，之所以能够与北京达成这样一个协议，最关键的是实行了分税制的办法，在博弈中实现了双方的共赢。

7. 顶层与底层双向互动

企业作为博弈实施的底层主体方，其区域内的迁移选择才是规划设计的主要目标。在京津冀产业转移与承接中，不同类型的产业遵循各自的布局规律、寻找最佳的投资区位，而要素成本较低的地区（如劳动力、人才或土地比较富裕的地方）或进入市场比较方便的地区（如具有交通优势、本地市场容量大、产业易于配套的地方）都有可能成为产业再集聚的地方。

除了市场力量之外，中央和地方政府规划建设的新区或重点产业园区也是承接产业转移的优势区域。同时，当产业初始集聚出现以后，这种空间组织形式往往通过产业链关联、公共平台共享、专业劳动力市场形成等途径实现产业集聚规模扩大，从而呈现集群化发展趋势。在产业转移与对接的过程中，政府行政力量的干预只会产生短期的产业集聚效果，而产业集聚的长期效果主要是由市场力量推动产生的。与长三角、珠三角相比，京津冀市场化程度较低，区域创新创业活力不均。如果地方政府能积极改善营商环境，帮助企业创造更公平、有序、开放的市场环境，那么企业就更容易“生根发芽”；同时，如果地方政府能遵循产业集聚规律，不失时机地为产业集聚创造好软硬条件，那么更多企业将会从中受益。

如何让企业落地不死，且最终发展成为具有区域竞争力的核心产业，一方面要尊重产业自身发展规律，实现相应的规模经济与产业链上下游的配套；另一方面要结合产业集群建立之初的特点与模式，制定相应的激励政策，通过发挥龙头企业和品牌效应的带动作用，积极培育出具有区域影响力的集群。

第五节　基于区域协同的非首都功能疏解策略

根据本章第三节和第四节中对人口、产业方面的研究，可以看出北京在非首都功能疏解过程中面临着“业走人留”、与河北、天津未能顺利进行疏解产业对接等问题。本研究根据京津冀的发展现状以及国内外成功城市群的发展经验，建立了非首都功能疏解策略框架（图2-19）。该框架以整体规划空间一体化为中心，由灵活的疏解方式、多主体协调机制、基础设施和公共服务配套、产业转移环境、产业协同发展五部分组成。

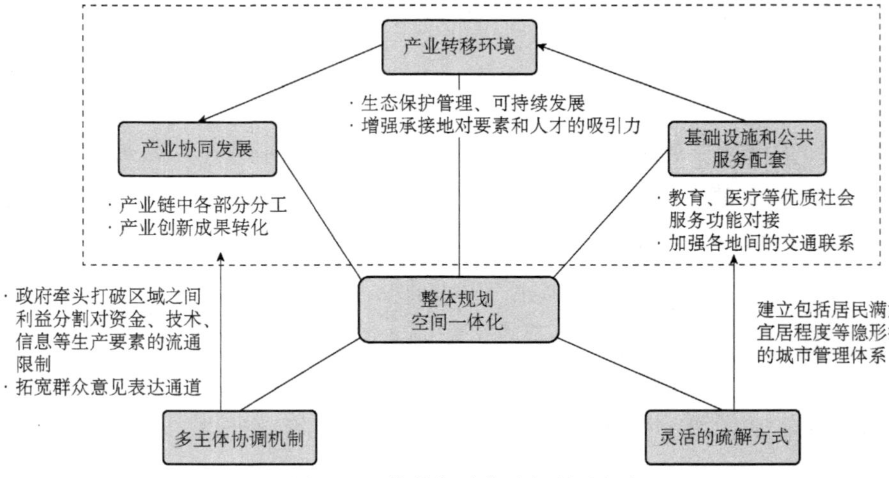

图2-19　非首都功能疏解策略框架

第一，整体规划是非首都功能疏解的核心。由于中央和地方事权划分不清晰、体制束缚等原因，北京自身的产业政策较为零散，各区之间的政策没有协同。同时，北京与河北、天津的政策也缺乏协同，尚未形成促进产业疏解的政策合力，承接平台缺乏整体规划，同质化趋势较为明显。针对以上问题，在规划中应当将京津冀作为一个整体看待，实行空间一体化。

京津冀空间一体化是个长期过程，因此疏解工作需要循序渐进。目前河北与北京、天津落差较大，还没有形成梯度层级，难以承接北京疏解出来的产业。因此，应建立若干个定位明确、规模适度、职住合一的微中心，以此为基础使京津冀区域由点轴结构发展为多核心、多圈域结构。各个微中心随着自身经济水平的提高，将进一步带动周边地区发展，并最终实现空间一体化。

第二，在疏解过程中应当加强基础设施和公共服务配套。人口疏解困难的一大原因是北京集中了各类优质的医疗、教育等资源，对人口有很强的吸引力。另外，疏解企业人员的安置缺乏统一的政策，京津冀的社保、公积金异地互认等问题也影响迁出人员的稳定。

针对这种情况，北京在进行产业疏解时应与承接地加强沟通对接。将优质的教育、医疗等基础设施和公共服务配套共同向外扩散，增强对疏解企业和员工的吸引力。通过加强交通网络建设，保证京津冀区域内部的互联互通。

第三，疏解中要注重培育产业承接环境，增强承接地对要素和人才的吸引力。非首都功能疏解不等于让河北、天津全部承担高污染和低效率的产业。对于承接这些产业的地区，政府应给予税收、财政等方面的支持，并明确跨区域间的利益分享方式、比例。

虽然污染类企业迁移到了河北地区，但北京应承担部分生态保护的投入和污染责任。只有责任分配得当，才能实现这些企业的顺利落地，河北地区也能达到经济发展与环境保护的协调。对河北地区的生态保护管理不能因污染企业的迁移而放松，要防止环境污染问题阻碍河北留住人才。

第四，产业协同发展过程中要注意明确产业链条各部分分工，并实现产业创新成果的及时转化。在构建层级结构过程中，一开始就应当考虑各个微中心的定位，避免产业承接地的同质化。建议尽快出台《京津冀都市圈区域规划》，明确各类产业疏解的方向和重点。同时统筹三地各职能部门，搭建京津冀信息服务平台、产业专业平台，实时记录三地产业转移进展和趋势。

北京作为科技创新中心，可以与周边地区合作，建立高科技产业园区。产业园区可以承接来自北京的高端制造业、电子信息研发成果并将其投入应用，实现“北京研发、河北转化”。

第五，在疏解非首都功能过程中要讲究灵活的疏解方式。北京在疏解过程中出现了一些问题，如人口疏解过程中出现了老年人口抚养比增速上升的趋势，导致与养老有关的行业劳动力紧缺。另外，部分地区的疏解手段过于强硬，甚至出现“一刀切”的政策，导致居民不满。

非首都功能疏解是个长期过程，需要循序渐进、平稳发展。政府应给予在京企业和居民一定的缓冲期，在此期间对人口、就业、住房等问题进行安排协调，做好民生保障工作。对流动人口的疏解应该更加科学、灵活，保证保障性服务业的劳动力数量，不能以提高居民生活成本和降低居民生活便利度的方式用简单的行政手段疏解人口。要充分考虑群众的意见，建立纳入居民幸福感、居民满意度、居民宜居程度等隐形指标的城市管理体系，做到全面监测、综合治理，对社会稳定风险进行评估和预警。

第六，应当建立多主体协调机制作为保障。体制和机制不顺是制约京津冀协同发展的根本障碍。应当把京津冀作为一个整体规划，而不是简单地让天津和河北围绕首都服务。良好的机制设计可以加强规划引导，在财政、税收、金融、土地等政策上倾斜，鼓励区域内的产业疏解和优先承接。推动建立统一的生态环境规划、标准、监测、执法体系，积极探索共建产业园区税收、节能减排等方面的利益分配和责任分担机制。

三地政府间应当牵头打破区域间的利益分割对资金、技术、信息等要素的限制，并鼓励企业参与多主体协调机制形成多元合力，逐步建立三地统一的企业产权、知识产权、林权矿权等市场化流转制度，推动制定跨区域的技术、人才等要素流动和优化配置的政策措施，促进金融、旅游等资源共享。

3 第三章 京津冀产业协同发展规划[①]

第一节　产业协同发展概念与重要性

一、产业协同发展概念

产业协同发展是宏观经济学领域常见的概念，是区域产业发展追求的健康可持续状态。产业协同的概念最早可以追溯至德国物理学家郝尔曼·哈肯（Hermann Haken），他认为任何一个系统内的成分之间的相互作用决定了该系统的整体行为，混沌反映耦合不够紧密，有序说明发挥了协同作用，这一理论被称为协同学。后来魏丽华[②]等学者将其重新定义为，产业协同发展是系统内各个子系统之间相互配合、相互协作，在关联性和差异性的对立统一中寻求更高协同效益，进而形成协同竞争新优势的过程。根据通常理解，产业协

① 如无特别说明，本章江苏、浙江、上海、广东数据源自各省市历年统计年鉴。

② 魏丽华.培育京津冀新型战略性城市群的机制探析——基于产业协同视角[J].中国流通经济，2015，29（12）：18-23.

同就是指在受到社会经济各方面因素的共同作用下，区域产业之间相互协调、彼此合作形成一种结构有序的过程，是多个地区的多个产业在越来越复杂的网络分工中协调产业发展的过程。

产业协同发展也是国家经济社会发展规划中的重要概念，经常出现在各级政策文件中。2012年，党的十八大报告提出“构建现代产业发展新体系”。2017年，党的十九大报告提出“加快建设实体经济、科技创新、现代金融、人力资源协同发展的产业体系”。中央一直很重视各区域产业协同发展，尤其是京津冀产业协同发展一直是一个重大区域发展诉求。2014年，习近平总书记在京听取京津冀协同发展专题汇报时强调，实现京津冀协同发展是一个重大国家战略。随后《京津冀协同发展规划纲要》等一系列一体化发展规划文件连续颁布，京津冀协同发展上升为国家战略，标志着京津冀区域进入了协同发展的一体化建设时代。

尽管京津冀产业发展有了来自中央的顶层设计，一体化建设也取得了一定进展，但是协同效果与早已常态化、规范化的长三角和珠三角相比黯然失色。京津冀城市群是我国北方重要的经济增长极，是带动全国经济转型发展的重要区域，京津冀一体化的问题与对策也不乏关注，吸引了很多学者从各自领域进行大量研究。通过归纳总结部分学者的研究观点和其他国家的发展实践可以发现，协同发展的产业体系至少有以下几个要求。

（1）产业结构合理

产业结构是各个产业部门比例关系的反映，各个地区、各个产业之间的结构联系应该与资源禀赋特点和比较优势差异相符合。充分立足各地区资源禀赋条件、发挥各产业比较优势，才能构建结构合理、梯度适宜的产业结构，这是产业协同发展的基本要求。

（2）产业分工专业

产业分工是各地区在产业链不同位置、生产服务流程不同阶段工作衔接的反映，是产业合作的基础。好的产业分工相互协调、共同完成产业链价值的生产，不好的产业分工相互冲突、造成社会资源浪费与效率低下。协同发展的产业体系需要明晰产业定位，合理进行产业分工，推动产业分工的专业化与科学化发展。

（3）产业布局科学

产业布局是产业在一定地域范围内的空间组合，是产业结构合理化与产业分工专业化在实际区域环境的空间落实。协同发展的产业体系，要求分工结构优化与空间布局优化相适应，形成上下游关联产业或同类竞争产业相互作用、合理分布的空间格局。

（4）产业政策统筹

产业政策是国家政府为实现产业发展目标而出台的一系列政策的总和，有足以改变区域产业发展方向的强大能量。产业政策的本质是要为产业协同发展保驾护航，协同发展的产业体系需要灵活高效的协同机制，能够及时调整优化要素资源配置，从而实现预期政策收益最大化。

二、产业协同测量指标

目前，关于产业协同度的测算没有统一的办法，部分学者通过一些细化的指标来综合反映产业协同的分布态势，如产业同构、集聚等方法；也有学者从系统协同学理论的角度构建统一的指标体系对区域内的产业协同度进行测算，其中运用较为普遍的有复合系统协同度测量、层次分析法、灰色关联系数等。

目前，用于测量产业协同度的细化的指标有区位熵、产业相似度系数、空间基尼系数、赫芬达尔–赫希曼指数、地理集中指数。其中，区位熵是衡量国民经济中各产业相对集中分布程度的重要指标，是某一地区某一产业的就业份额与该地区所在区域的这一产业就业份额的比值；产业相似度系数反映了区域间产业结构的相似度，用于判断区域间各经济单元之间产业结构是否趋同；空间基尼系数是衡量产业空间集聚程度指标的一种，其值与产业集聚度呈正相关；赫芬达尔–赫希曼指数用于衡量行业集中度；地理集中指数用于衡量产业的地理集中程度。

相较于以上较为细化的指标，构建统一的指标体系可以从区域整体来反映这一区域产业协同的程度，反映了区域产业协同的整体进程，但由于指标层选取的主观性与多元性，这一类方法也面临较多的争议。

复合系统协同度模型已被广泛应用于衡量协同问题。该模型主要以系统理论中的序参量原理和使役原理为出发点，构建了复合系统的整体协同度模型，从协同学角度，对系统内部各要素的有序度和系统间的协同度进行测量。该模型认为协同对象是一个复合系统，由若干个子系统组成，各子系统之间通过相互作用，产生协同现象和协同效应，最终带来部分之和大于整体的作用。

也有学者运用层次分析法对产业协同度进行测量。层次分析法是将决策问题按总目标、各层子目标、评价准则直至具体的备择方案的顺序分解为不同的层次结构，然后用求解判断矩阵特征向量的办法，求得每一层次的各元素对上一层次某元素的优先权重，最后再利用加权和的方法递阶归并各备择方案对总目标的最终权重。

灰色关联系数是根据灰色系统理论提出的一种测量方法，目的是寻求系统中各子系统（或因素）之间的数值关系。该方法认为在系统发展过程中，若两个因素变化的趋势具有一致性，即同步变化程度较高，可谓二者关联程度较高；反之，则较低。因此，灰色关联分析方法是根据因素之间发展趋势的相似或相异程度，即灰色关联度衡量因素之间的关联程度。

三、京津冀协同发展的重要意义

面对全球经济转型和中国经济高质量发展的现实需要，以城市群为核心的区域创新系统已经成为国家参与国际分工和国际竞争的关键载体与战略平台。聚焦京津冀，打造全国创新驱动经济增长新引擎既是京津冀转型发展的现实需要，也是落实京津冀协同发展战略的有效途径，更是带动中国经济高质量发展的重要引擎。

京津冀城市群由首都经济圈的概念发展而来，包括北京、天津以及河北的保定、廊坊、唐山、石家庄、沧州、秦皇岛、承德、张家口、衡水、邢台、邯郸。在地理位置上京津冀同属京畿重地，濒临渤海，背靠太岳，携揽华北、东北和西北，战略地位十分重要。北京作为首都，政治地位突出，文化底蕴深厚，科技创新领先，人才资源密集，国际交往密切。天津拥有北方最大的综合性港口，制造业基础雄厚，研发转化能力较强，发展势头良好。河北自然资源丰富，劳动力相对充裕，产业基础较好，经济体量较大，具有广阔的发展空间。京津冀地缘相接、人缘相亲，地域一体、文化一脉，历史渊源深厚、交往半径相宜，为实现优势互补、协同发展提供了良好条件。

自2014年京津冀协同发展提出以来，京津冀区域发展经历了初步探索、规划实施、战略提速阶段，已经从三地政府推动发展上升为国家战略协同发展。《北京城市总体规划（2016年—2035年）》指出，京津冀区域整体功能定位为以首都为核心的世界级城市群、区域整体协同发展改革引领区、全国创新驱动经济增长新引擎、生态修复环境改善示范区。2018年11月，中共中央、国务院明确要求以疏解北京非首都功能为“牛鼻子”推动京津冀协同发展，调整区域经济结构和空间结构，推动河北雄安新区和北京城市副中心建设，探索超大城市、特大城市等人口经济密集地区有序疏解功能、有效治理“大城市病”的优化开发模式。

推动京津冀协同发展是一个重大国家战略，要求将京津冀三地作为一个整体协同发展，以疏解非首都核心功能、解决北京“大城市病”为基本出发点，调整优化城市布局和空间结构，构建现代化交通网络系统，扩大环境容量生态空间，推进产业升级转移，推动公共服务共建共享，加快市场一体化进程，打造现代化新型首都圈，努力形成京津冀目标同向、措施一体、优势互补、互利共赢的协同发展新格局。

京津冀产业协同发展将对优化京津冀制造产业区域布局，创新产业链空间结构，形成有国际竞争力的地方产业集群具有重要意义；有利于打破原有经济增长模式，加快工业化、信息化进程中重塑制造业发展优势，增强对环渤海地区和北方腹地的辐射带动能力，成为参与国际竞争合作的先导区域，赋予我国经济增长的新动能。通过京津冀产业协同发展可以充分发挥三地比较优势，引导产业有序转移和承接，形成空间布局合理、产业链有机衔接、各类生产要素优化配置的发展格局，为区域一体化发展提供基础。

第二节　京津冀产业发展现状分析

一、京津冀经济状况与产业结构分析

2017年，北京、天津、河北年实现GDP分别为28 015.0亿元、18 549.2亿元、34 016.3亿元。其中，北京第一、第二、第三产业增加值分别为120.4亿元、5326.8亿元、22 567.8亿元，三次产业结构为0.4∶19.0∶80.6，属于“三二一”结构；天津三次产业增加值分别为169.0亿元、7593.6亿元、10 786.6亿元，三次产业结构为0.9∶40.9∶58.2，也属于“三二一”结构；河北三次产业增加值分别为3130.0亿元、15 846.2亿元、15 040.1亿元，三次产业结构为9.2∶46.6∶44.2，属于“二三一”结构（表3-1）。

表3-1 2017年京津冀整体经济状况

地区	GDP/亿元	第一产业		第二产业		第三产业		人均GDP/万元
		增加值/亿元	占比/%	增加值/亿元	占比/%	增加值/亿元	占比/%	
北京	28 015.0	120.4	0.4	5 326.8	19.0	22 567.8	80.6	12.9
天津	18 549.2	169.0	0.9	7 593.6	40.9	10 786.6	58.2	11.9
河北	34 016.3	3 130.0	9.2	15 846.2	46.6	15 040.1	44.2	4.5

尽管河北GDP高于北京和天津（图3-1），但是河北第一产业比重较大、产业水平较低。从人均GDP来看，河北也落后于北京和天津。2017年北京人均GDP为12.9万元，天津人均GDP为11.9万元，河北人均GDP为4.5万元，仅为北京、天津的约40%（图3-2）。

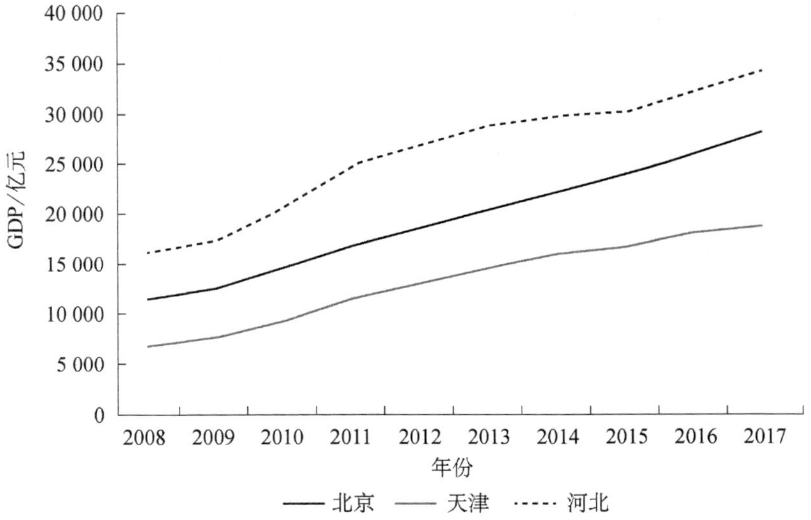

图3-1 2008～2017年京津冀GDP

2008～2017年，京津冀GDP与人均GDP均快速增长，三次产业结构变化的总体趋势是第一、第二产业比重下降，第三产业比重上升（图3-3）。分别来看，北京长期处于“三二一”状态，产业结构变化不明显（图3-4）；天津经历了产业升级，由2008年的“二三一”结构转变为2017年的“三二一”结构（图3-5）；河北第一、第二产业比重明显下降，第三产业比重明显上升，显示出由“二三一”向“三二一”转变的趋势（图3-6），但是目前第三产业比重相比北京、天津仍有上升空间。

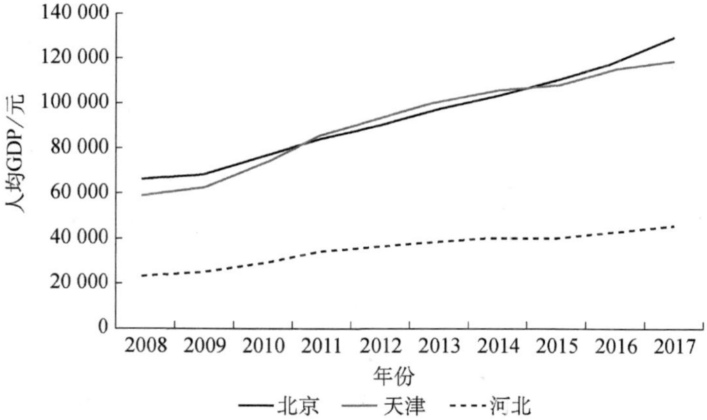

图3-2　2008～2017年京津冀人均GDP

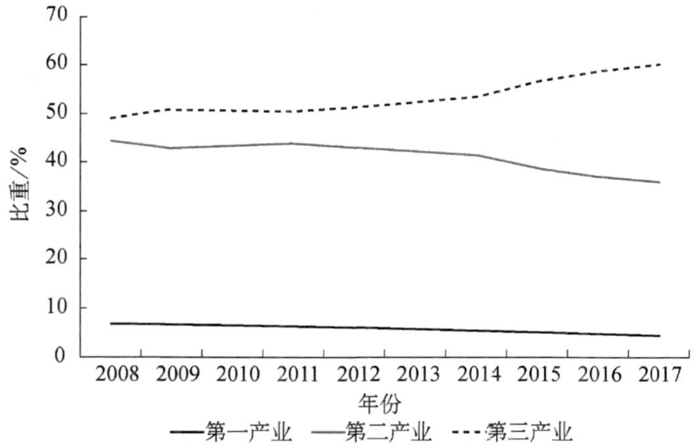

图3-3　2008～2017年京津冀三次产业结构变化

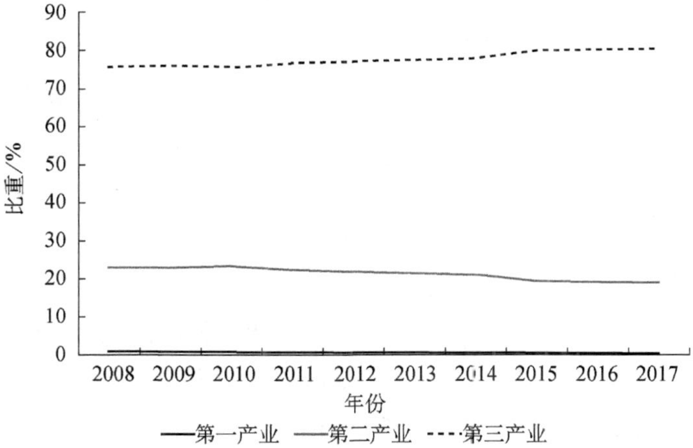

图3-4　2008～2017年北京三次产业结构变化

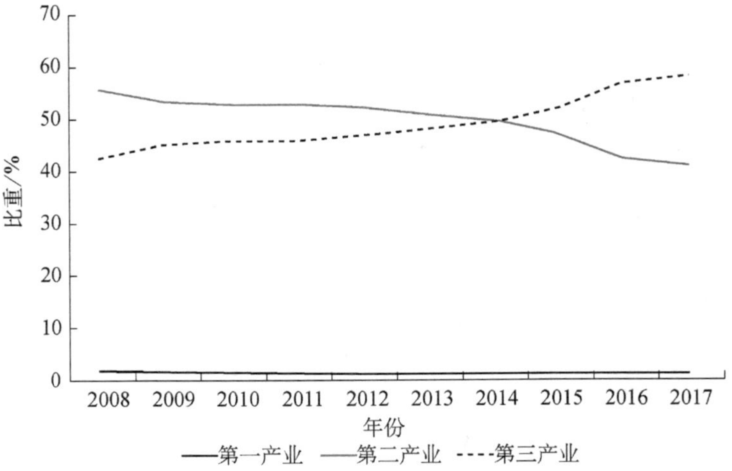

图3-5 2008～2017年天津三次产业结构变化

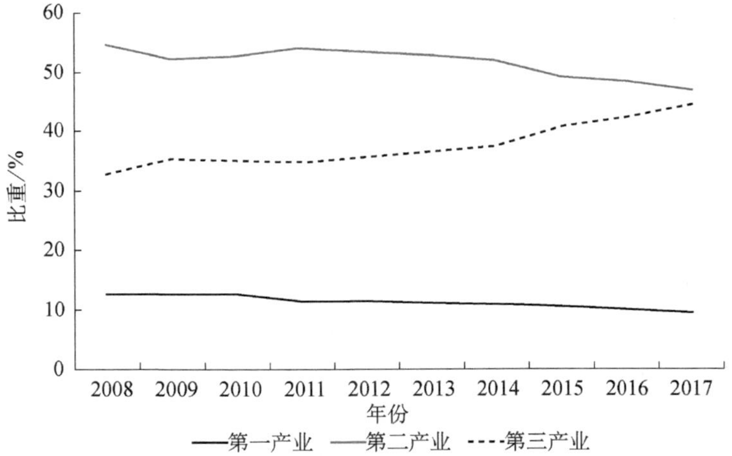

图3-6 2008～2017年河北三次产业结构变化

目前，北京、天津、河北的整体经济实力与产业水平存在差距。根据库兹涅茨的工业化阶段判定理论与指标（表3-2），京津两地已迈入“后工业化”阶段，而河北仍处于“工业化后期”阶段。当前，北京呈现服务主导、科技主导的高端化趋势，已成为先进服务业为主的现代城市；天津第三产业增长迅速并超过第二产业，总体呈现工业化和高新化特征；河北以第二产业为主导，但第一产业仍具有重要地位，第三产业相对滞后且以传统服务业为主。京津冀三地发展阶段不同步、产业发展方向不同，既是京津冀产业协同发展的障碍，也是区域产业转移升级的有利条件。

表3-2　工业化各阶段的产业结构变化

工业化阶段	三次产业的产值结构变化
工业化前期	第一产业产值比重>第二产业产值比重
工业化初期	第一产业产值比重<第二产业产值比重，且第一产业产值比重>30%
工业化中期	第一产业产值比重<20%，第二产业产值比重>第三产业产值比重
工业化后期	第一产业产值比重<10%，第二产业产值比重>第三产业产值比重
后工业化阶段	第一产业产值比重<10%，第二产业产值比重<第三产业产值比重

资料来源：祝尔娟，周伟. 京津冀区域一体化发展报告（2012）[M]. 2012，北京：社会科学文献出版社

二、京津冀细分行业结构分析

从京津冀内部细分行业产值来看，三地产业结构差异较大，细分行业产值占比显著不同。

2013年，北京分行业产值占比较大的行业是信息传输、计算机服务和软件业，文化、体育和娱乐业，科学研究、技术服务与地质勘查业，租赁和商务服务业等，均接近甚至超过70%。天津GDP低于北京、河北，分行业产值占比也较低，占比相对较大的是居民服务和其他服务业，水利、环境和公共设施管理业，批发和零售业，工业等行业，在30%左右。河北分行业产值占比最大的是农、林、牧、渔业，超过90%，其次是交通运输、仓储和邮政业，占比约60%（图3-7）。

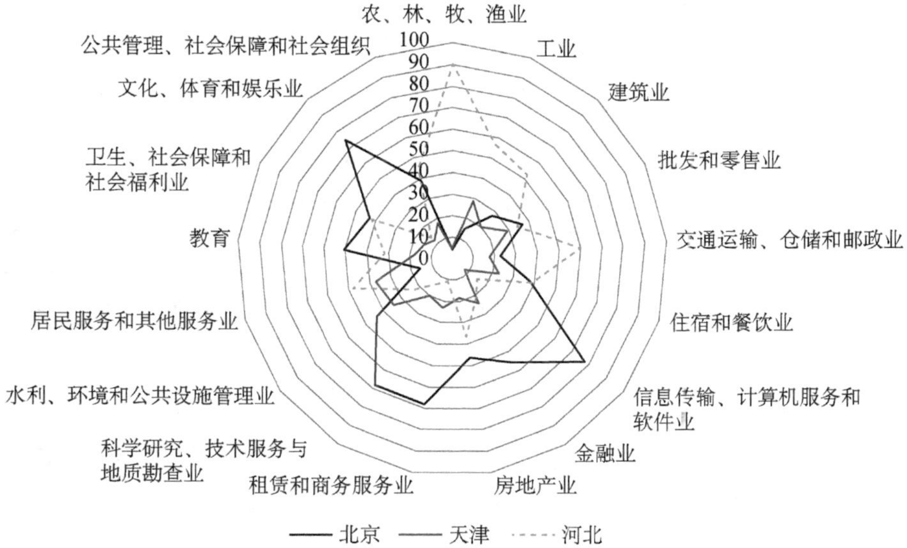

图3-7　2013年京津冀分行业产值占比

图中数字表示占比，单位为%

2013～2017年，京津冀三地的分行业产值结构变化不大。2017年，信息传输、计算机服务和软件业，科学研究、技术服务与地质勘查业，文化、体育和娱乐业，租赁和商务服务业等仍是北京分行业产值占比较高的几个行业，但是占比均有所下降；天津的居民服务和其他服务业，水利、环境和公共设施管理业，批发和零售业占比较高，但也大都存在不同程度的下降；河北分行业产值占比较高的为农、林、牧、渔业，交通运输、仓储和邮政业等行业，但也出现了下降，而居民服务和其他服务业占比显著上升（图3-8和表3-3）。

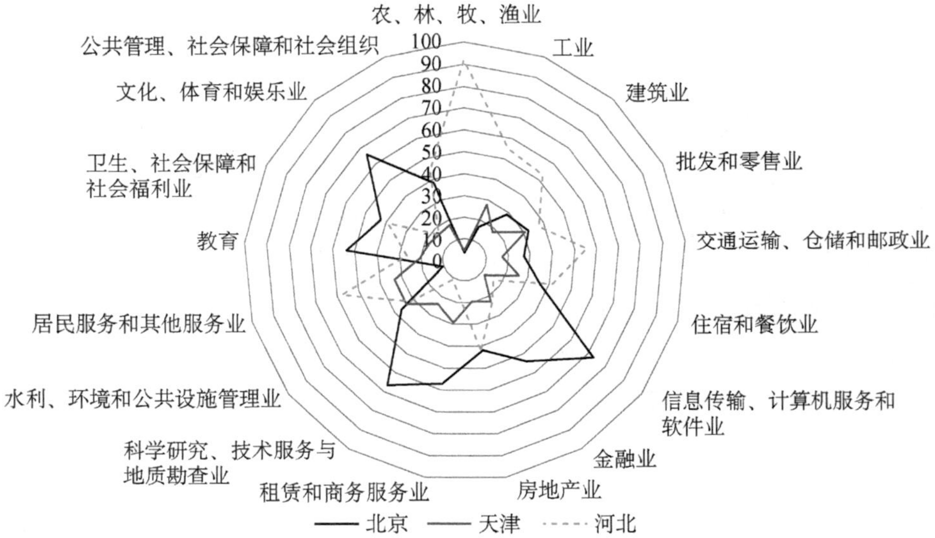

图3-8 2017年京津冀分行业产值占比

图中数字表示占比，单位为%

表3-3 2013～2017年京津冀分行业产值占比变化 （单位：%）

北京	占比变化	天津	占比变化	河北	占比变化
交通运输、仓储和邮政业	4.5	租赁和商务服务业	6.6	居民服务和其他服务业	8.9
教育	3.4	文化、体育和娱乐业	5.3	水利、环境和公共设施管理业	8.6
工业	1.7	科学研究、技术服务与地质勘查业	3.7	租赁和商务服务业	4.7
建筑业	1.2	信息传输、计算机服务和软件业	3.3	房地产业	3.7
公共管理、社会保障和社会组织	0.2	卫生、社会保障和社会福利业	3.0	批发和零售业	3.1

续表

北京	占比变化	天津	占比变化	河北	占比变化
批发和零售业	−4.5	工业	−0.6	工业	−1.1
居民服务和其他服务业	−4.9	金融业	−0.7	科学研究、技术服务与地质勘查业	−2.1
水利、环境和公共设施管理业	−7.4	水利、环境和公共设施管理业	−1.2	卫生、社会保障和社会福利业	−2.5
文化、体育和娱乐业	−8.2	建筑业	−1.6	交通运输、仓储和邮政业	−4.6
租赁和商务服务业	−11.3	居民服务和其他服务业	−4.0	教育	−5.2

进一步考察工业内部的细分行业结构，京津冀三地在优势工业行业分布上也呈现不同特点。从2017年工业内部细分行业的利润总额来看（图3-9），京津冀地区利润最大的工业行业是黑色金属冶炼和压延加工业，汽车制造业，电力、热力生产和供应业，化学原料和化学制品制造业，石油和天然气开采业等行业，除汽车制造业外，大多为较低端的原材料密集型工业，以河北和天津的份额为主。与之相比，北京利润较大的工业行业为汽车制造业，计算机、通信和其他电子设备制造业，医药制造业等高端制造业。京津冀三地的工业优势呈现差异：天津、河北的优势工业主要是各种原材料密集型工业，而北京的优势工业主要集中在高端制造业方面。

三地优势工业行业分布差异在各个行业的利润变化上也得到了体现。从三地2013～2017年的工业行业利润变化来看，北京利润增加最多的是较为高端的计算机、通信和其他电子设备制造业，其次为化学原料和化学制品制造业，石油加工、炼焦和核燃料加工业等行业，同时铁路、船舶、航空航天和其他运输设备制造业也取得了较为可观的利润增长，是三地中铁路、船舶、航空航天和其他运输设备制造业利润增长最大的地区。北京大部分行业在2013～2017年的利润变化不大，盈亏基本平衡。与北京不同，天津大部分工业行业遭受了较大的利润负增长，取得利润增长且比较明显的只有化学原料和化学制品制造业，石油加工、炼焦和核燃料加工业，纺织业等少数几个行业，与天津原本的优势行业基本重合。河北在工业行业利润变化上表现出了两极分化：除了大部分行业利润变化不大外，黑色金属冶炼和压延加工业利润增长极大而黑色金属矿采选业利润负增长极大，变化幅度与其他城市、其他行业相比都大得多（图3-10～图3-12）。

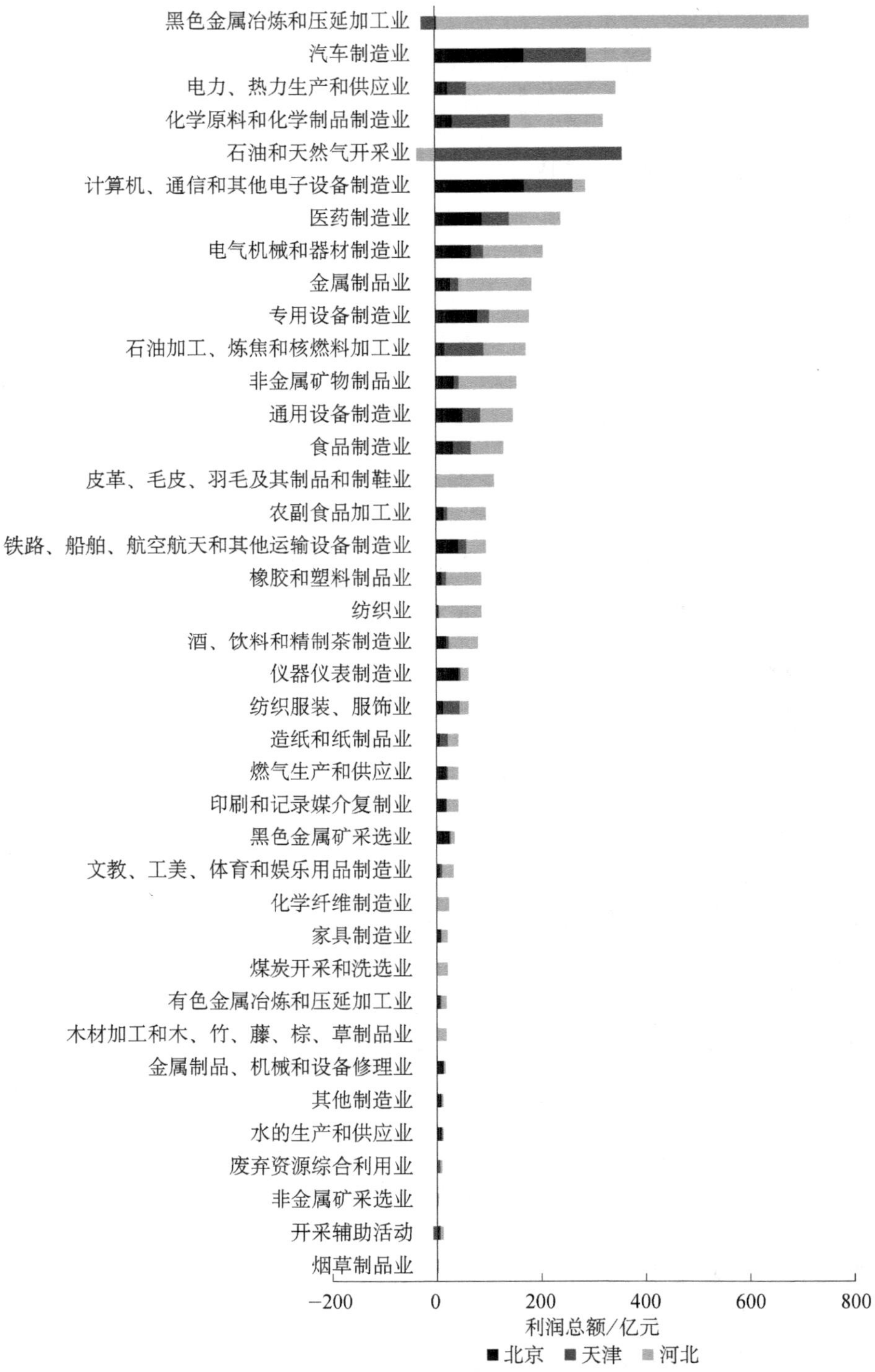

图3-9 2017年京津冀工业内部分行业利润总额

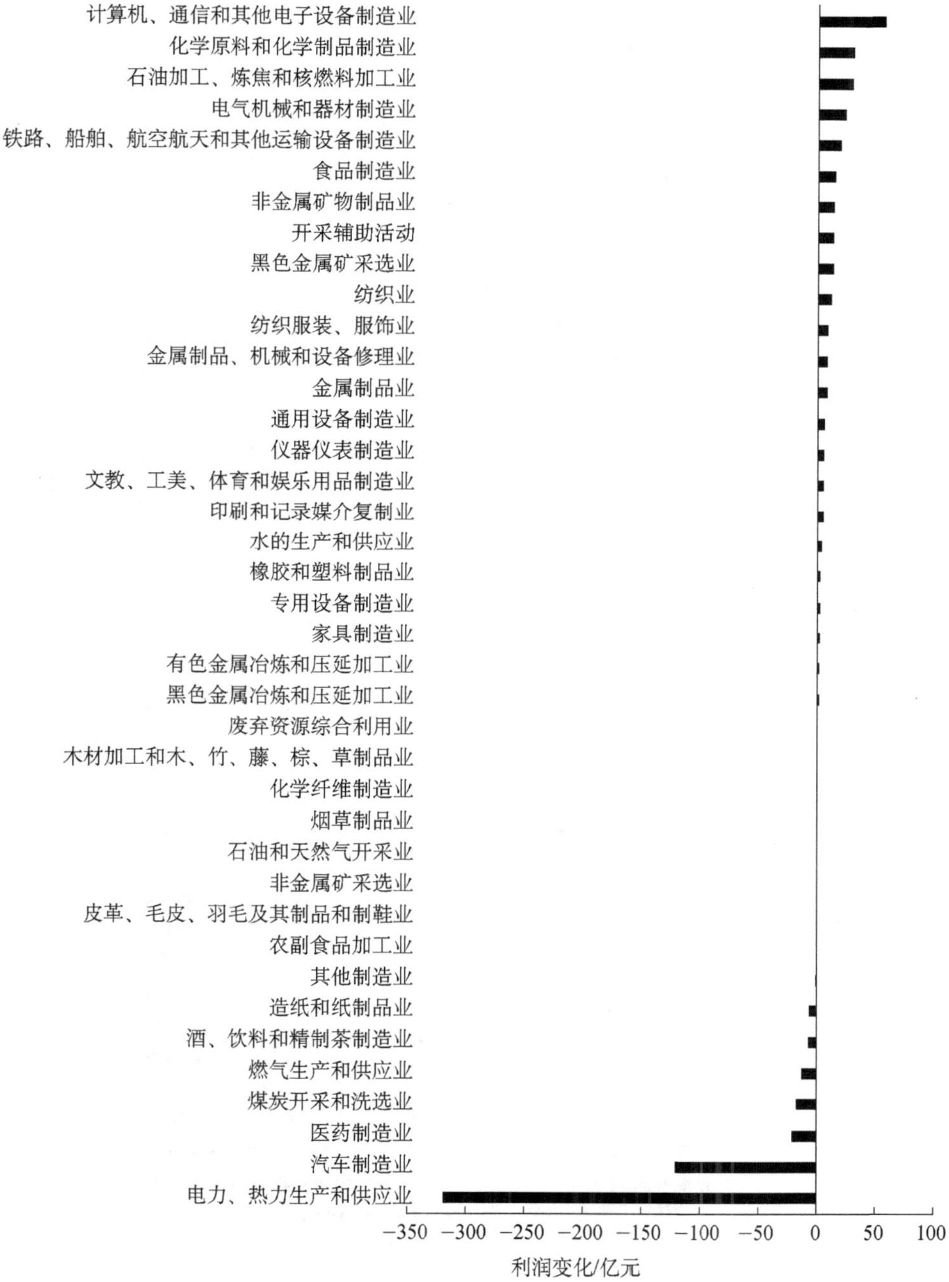

图3-10　2013～2017年北京工业行业利润变化

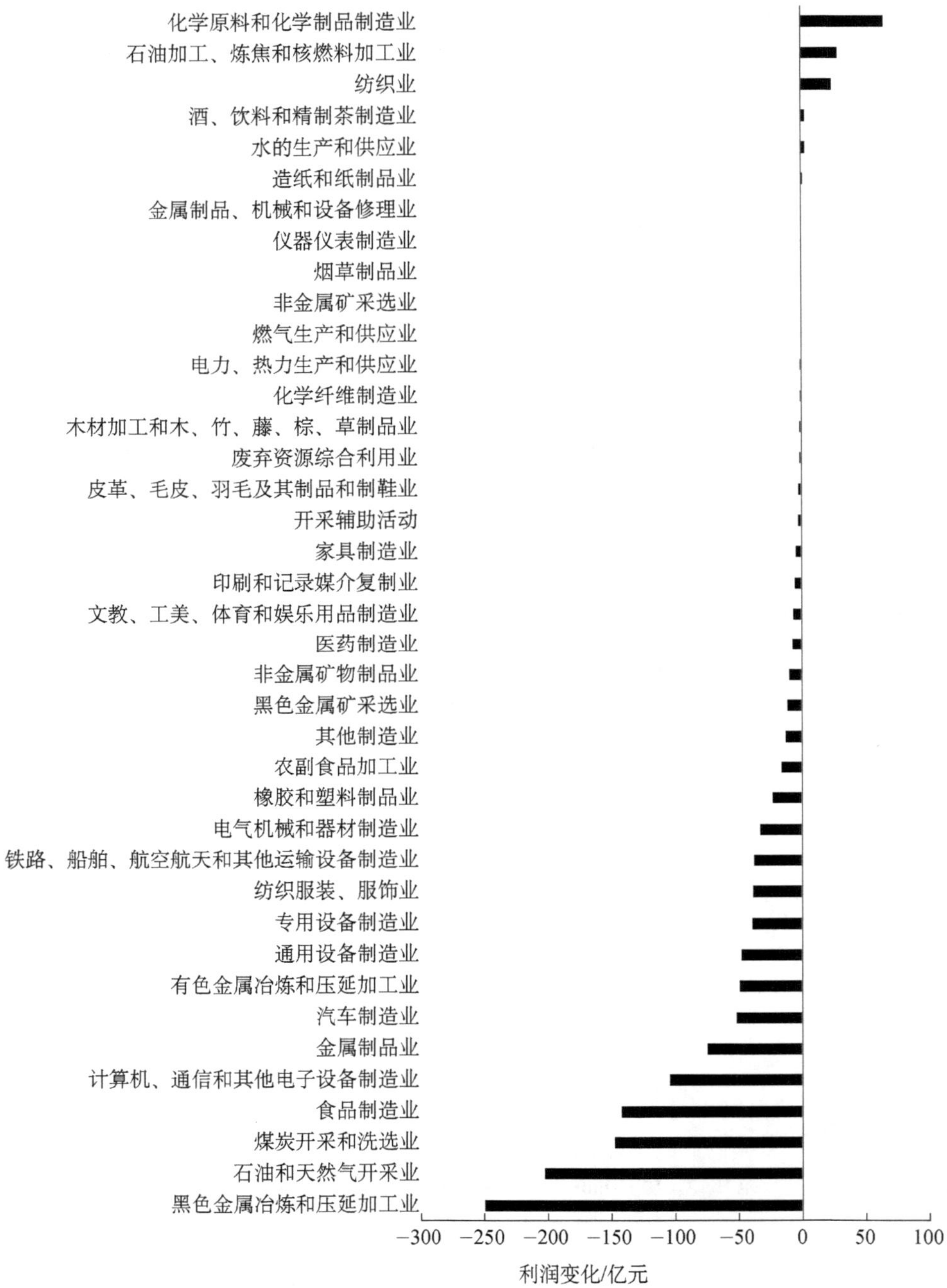

图3-11　2013～2017年天津工业行业利润变化

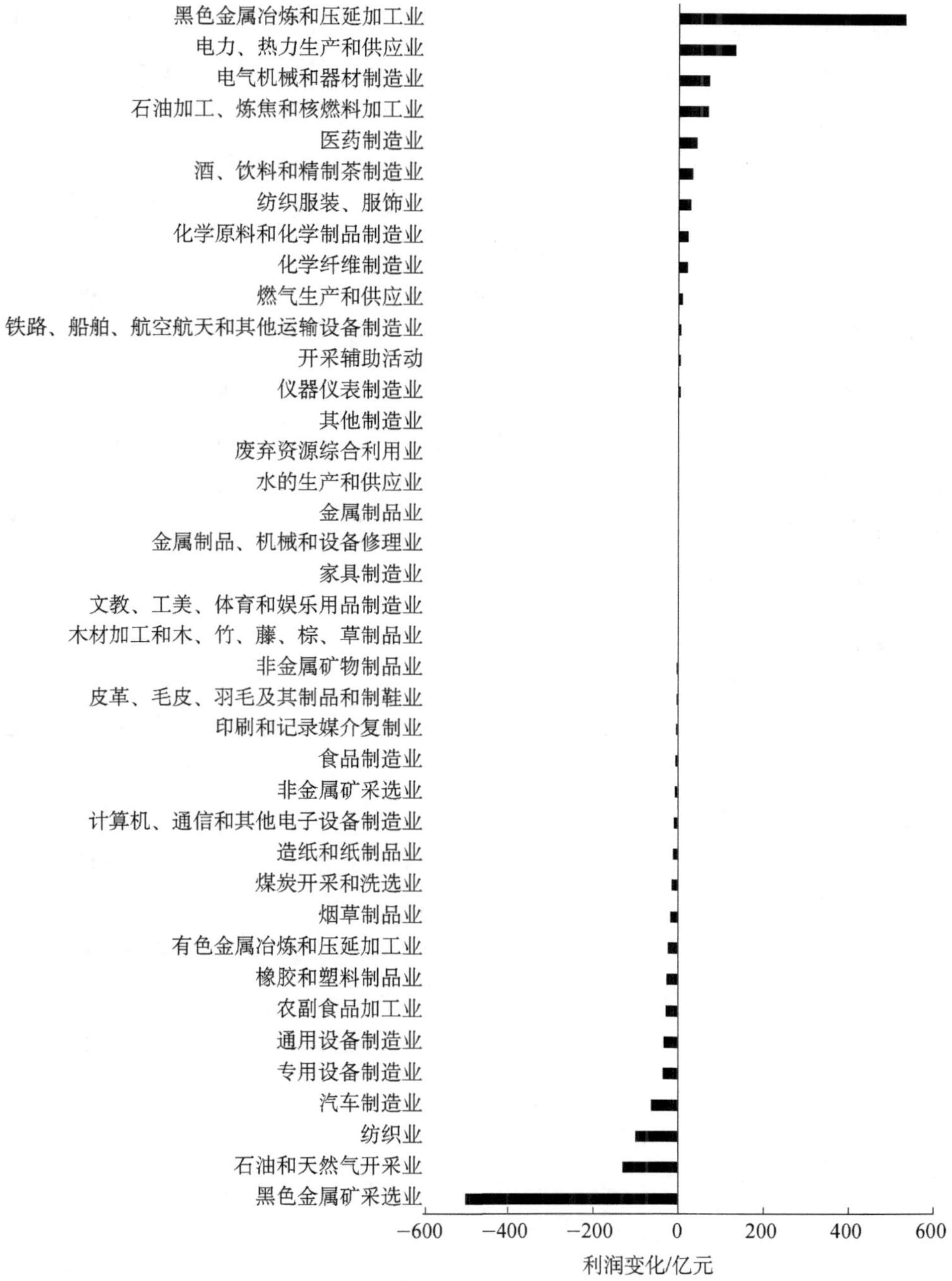

图3-12 2013～2017年河北工业行业利润变化

对比“京津冀一体化”提出前后2013年和2017年两年的工业行业利润情况来看，京津冀三地的优势工业行业分布特点可以表述为：北京的优势工业主要集中在计算机、通信和其他电子设备制造业、汽车制造业等高端制造业方面，并且计算机、通信和其他电子设备制造业前景良好、增长快速；天津利润状况最好的工业行业是石油和天然气开采业，利润增长最大的工业行业是化学原料和化学制品制造业，都属于比较依赖本地资源禀赋的类型；河北的优势工业与天津类似，属于一些原材料密集型工业，尤其黑色金属冶炼和压延加工业在过去几年间利润增长极大，发展最为良好。

不论是考虑全行业细分还是考虑工业内部细分，北京的优势行业都体现在技术含量、价值含量高的高端部分，以先进制造业和高端服务业为主；天津的优势行业体现在部分中低端服务业上，而在工业内部仍然以原材料密集型工业为主；河北整体产业水平较低，优势行业集中在价值含量不高的第一、第二产业上，尤其是各种依赖资源禀赋优势的原材料密集型工业。京津冀产业特点各不相同，既有利于形成产业间的优势分工，也容易导致产业联系弱、产业链协作不强。

三、京津冀新增企业产业分析

根据RESSET数据库，从新注册企业方面来看，京津冀产业存在明显差异。北京的特点是在科学研究和技术服务业、租赁和商务服务业、批发和零售业等行业占比较多，优势明显。2017～2019年，在北京新注册企业中，科学研究和技术服务业占比达到35%，批发和零售业占比达到21%，租赁和商务服务业占比达到19%。图3-13为2017～2019年北京新注册企业数。

天津新注册企业主要集中在批发和零售业、租赁和商务服务业。2017～2019年，天津新注册企业中批发和零售业最多，占比达到34%，租赁和商务服务业占比达到16%，住宿和餐饮业、科学研究和技术服务业占比达到11%。图3-14为2017～2019年天津新注册企业数。

对于河北而言，新注册企业主要集中在批发和零售业、住宿和餐饮业、制造业。2017～2019年，河北新注册企业中批发和零售业最多，占比达到45%，其次是住宿和餐饮业、制造业，占比分别达到11%和10%。图3-15为2017～2019年河北新注册企业数。

可见，北京和天津的优势产业是科学研究和技术服务业、租赁和商务服务业、批发和零售业，天津的批发和零售业更胜于北京，河北的优势产业主要是批发和零售业，其制造业、住宿和餐饮业也较有优势。可以看出，北京的

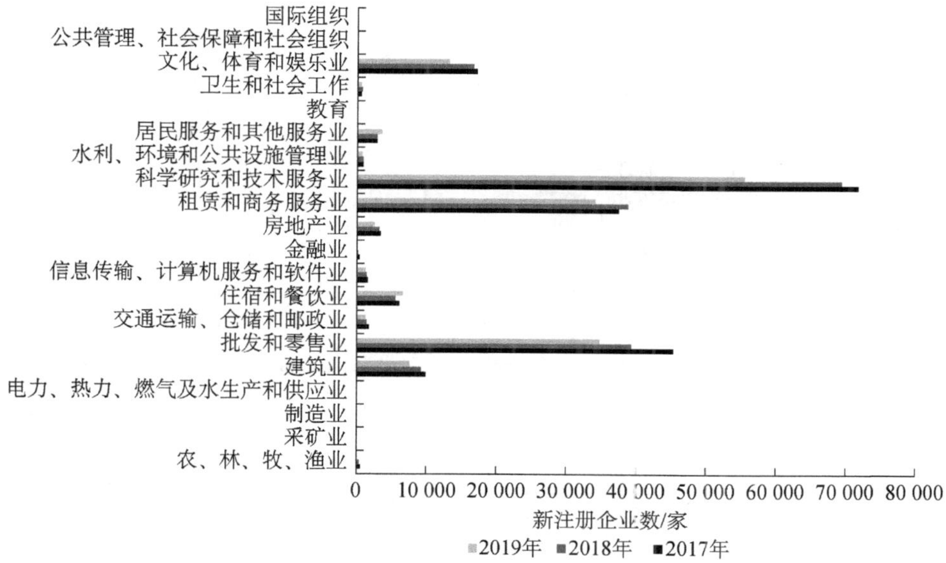

图3-13　2017～2019年北京新注册企业数

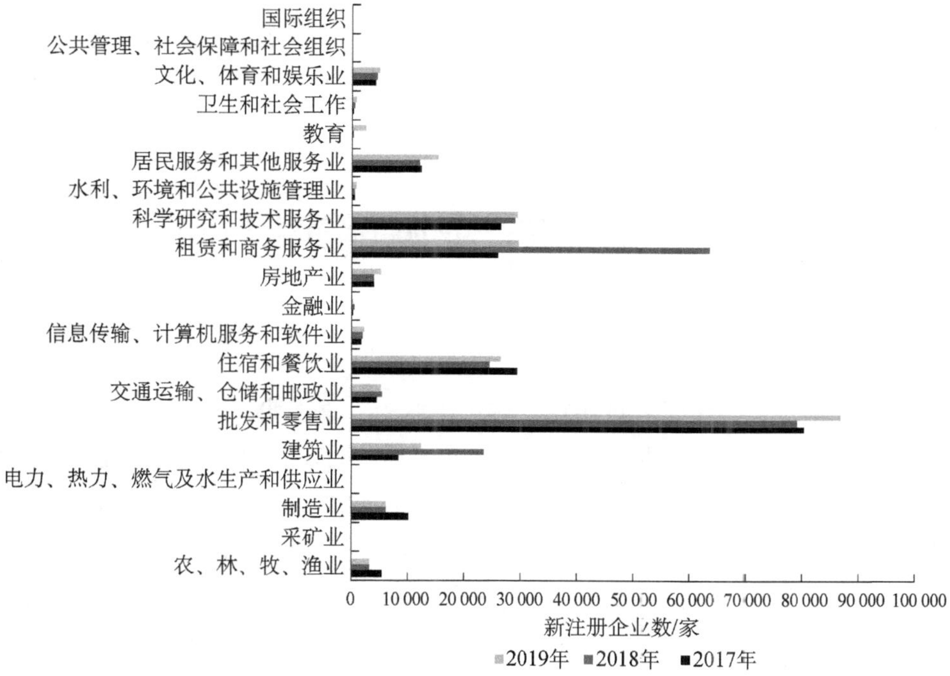

图3-14　2017～2019年天津新注册企业数

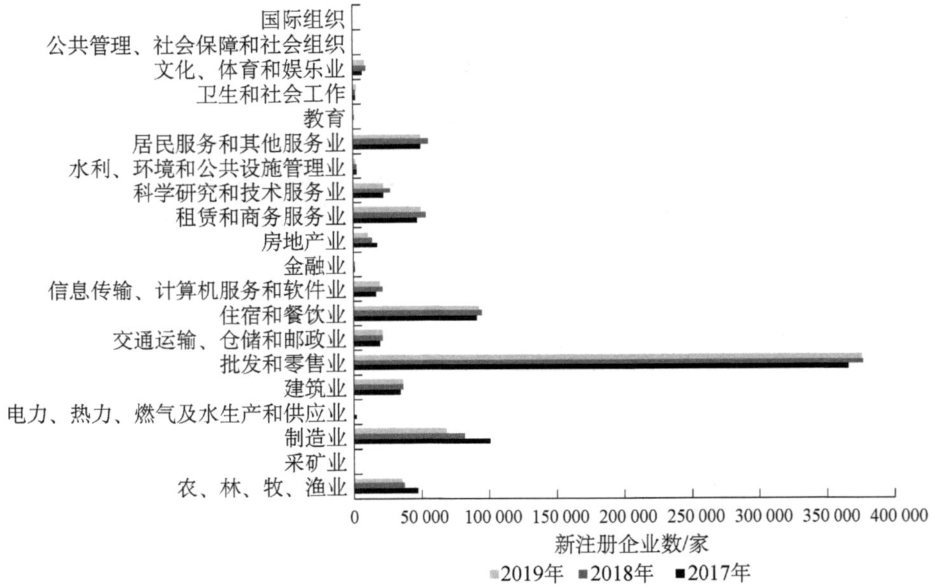

图3-15 2017～2019年河北新注册企业数

科学研究和技术服务业、租赁和商务服务业具有明显优势，居于产业链的研发环节和销售环节；天津的租赁和商务服务业等生产性服务业具有优势，居于产业链的销售环节；河北的制造业、批发和零售业具有优势，总体处于产业链的制造环节。

第三节 京津冀产业协同现状与问题

一、产业协同现状

2014年中央提出了“京津冀一体化”概念，重视北京、天津、河北三省市的协调发展；2015年中央又通过了《京津冀协同发展规划纲要》，进一步明确了京津冀协同发展的战略方针。京津冀协同发展战略实施以来，京津冀各方面的协同发展建设都取得了一定成果，其中产业发展方面的主要成果体现在产业结构优化、产业优势分工、产业交流加强。

1. 产业结构优化

由图3-3～图3-6可以看出，京津冀整体三次产业结构呈现第一产业、第二产业占比逐渐下降、第三产业占比逐渐上升的趋势，产业结构持续调整，第三产业规模持续扩大。2015年以来产业调整速度加快，产业结构优化效果显著。北京产业结构一直保持高端，不断转移非首都功能产业，高端服务业占比持续上升；天津产业结构升级成功，由“二三一”结构转向“三二一”结构，向高端化、服务化方向发展；河北承接北京、天津产业转移，产业结构加快向“三二一”方向转变。

第三产业成为京津冀区域发展的重要支撑，并且高端技术服务业集聚程度相对较高。2018年京津冀区域内各主要行业中，租赁和商务服务业，科学研究和技术服务业，信息传输、计算机服务和软件业这三大行业，法人单位数量占第二、第三产业法人单位比重为13.3%、9.5%和5.5%，分别高于全国平均1.6个、3.6个和1.3个百分点，显示出京津冀高端技术服务业的集聚优势（图3-16）。

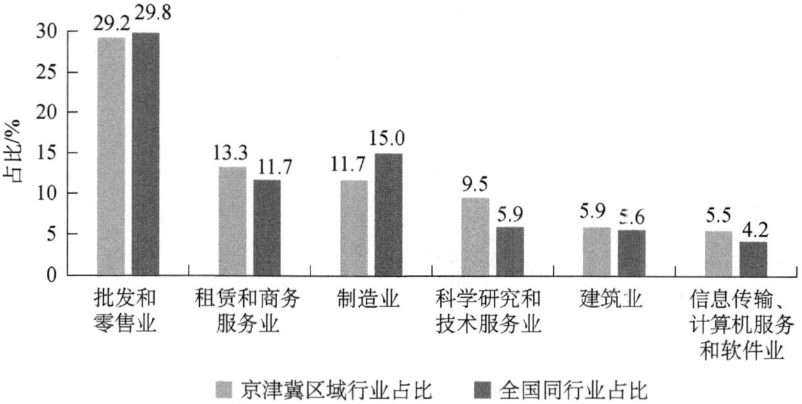

图3-16　2018年京津冀法人单位占比排前六位的行业

产业结构优化是产业协同发展的第一步，只有在产业水平相当的基础上发展合作，才能更好地发挥各地的资源禀赋优势与产业优势，达到更高水准的发展，目前京津冀在这条路上迈出了稳健的一步。

2. 产业优势分工

（1）行业区位熵分析

京津冀各行业比较优势突出，区域间形成了较为明确的产业分工格局。为了更准确地反映这一点，在此引入区位熵（location quotient，LQ）进行计算。区位熵是衡量国民经济中各产业相对集中分布程度的重要指标，是指i地区j产业的就业份额与i地区所在区域的j产业就业份额的比值，计算公式如下：

$$LQ = \frac{E_{ij}/E_i}{E_j/E} \tag{3-1}$$

式中，E_{ij}为i地区j产业的从业人员数；E_i为i地区的总从业人员数；E_j为i地区所在区域的j产业的从业人员数；E为i地区所在区域的总从业人员数。当LQ>1时，表示i地区的j产业在区域中具有比较优势；当LQ<1时，表示i地区的j产业在区域中缺乏比较优势。在比较优势的定量化反映上，可以先把河北视为一个整体，再拆分成11个地位平等的地级市，分别与北京、天津一起计算区位熵，结果如表3-4和表3-5所示。

表3-4　2013年和2017年京津冀行业区位熵（以行业产值计算）

行业	北京		天津		河北	
	2013年	2017年	2013年	2017年	2013年	2017年
农、林、牧、渔业	0.139	0.077	0.228	0.164	2.009**	1.696*
工业	0.480	0.407	1.234*	0.986	1.253	1.078*
建筑业	0.851	0.840	0.887	0.829	1.164	1.278*
批发和零售业	1.154*	0.889	1.258*	1.246*	0.759	0.835
交通运输、仓储和邮政业	0.696	0.700	0.758	0.683	1.341	1.192*
住宿和餐饮业	1.196*	0.958	0.993	1.081*	0.863	0.939
信息传输、计算机服务和软件业	2.404**	2.962**	0.349	0.690	0.326	0.529
金融业	1.720*	1.974*	1.017*	1.250*	0.476	0.717
房地产业	1.417*	1.356*	0.794	0.908	0.806	1.069*
租赁和商务服务业	2.106**	1.884*	0.983	1.466*	0.216	0.396
科学研究、技术服务与地质勘查业	2.107**	2.452**	0.849	1.291*	0.284	0.325
水利、环境和公共设施管理业	1.338*	1.813*	1.487*	2.516**	0.511	1.321*
居民服务和其他服务业	0.464	0.412	1.626*	2.063**	1.066*	1.922*
教育	1.576*	1.836*	0.774	0.998	0.702	0.735
卫生、社会保障和社会福利业	1.341*	1.625*	0.664	1.047*	0.926	1.225*
文化、体育和娱乐业	2.301**	2.216**	0.553	0.911	0.296	0.450
公共管理、社会保障和社会组织	1.180*	1.318*	0.802	0.946	0.972	1.242*

*1<LQ≤2；**LQ>2

表 3-5 2017 年京津冀行业区位熵（以从业人员数计算）

行业	北京	天津	石家庄	唐山	秦皇岛	邯郸	邢台	保定	张家口	承德	沧州	廊坊	衡水
农、林、牧、渔业	0.882	0.486	0.429	4.563**	0.333	0.577	0.363	0.276	1.162*	2.376**	2.791**	1.155*	1.094*
采矿业	0.265	1.281*	0.000	5.833**	0.043	4.300**	3.410**	0.040	1.786*	1.241*	2.758**	0.759	0.000
制造业	0.598	1.713*	1.249*	1.455*	1.384*	0.980	0.786	1.297*	0.705	0.684	0.764	1.930*	0.612
电力、热力生产和供应业	0.588	0.800	1.321*	1.554*	1.822*	2.248**	2.821**	1.335*	2.195**	1.516*	1.629*	1.087*	2.854**
建筑业	0.825	1.501*	0.991	0.551	0.730	1.161*	0.472	2.049**	0.341	1.019*	0.542	1.266*	0.817
批发和零售业	1.409*	0.848	0.797	0.586	0.196	0.483	0.295	0.385	0.445	0.325	0.334	0.501	0.828
交通运输、仓储和邮政业	1.209*	0.919	1.201*	0.927	1.441*	0.697	0.438	0.428	0.699	0.608	0.591	0.460	0.823
住宿和餐饮业	1.279*	0.611	0.392	0.130	0.306	0.188	0.190	0.139	0.260	0.217	0.160	3.703**	0.237
信息传输、计算机服务和软件业	1.672*	0.348	0.503	0.126	0.293	0.141	0.152	0.175	0.274	0.353	0.182	0.970	0.277
金融业	1.034*	1.097*	0.900	1.014*	1.429*	0.808	0.881	0.895	0.817	1.923*	1.201*	0.293	1.258*
房地产业	1.535*	0.855	0.533	0.281	0.279	0.160	0.261	0.164	0.520	0.291	0.266	0.436	0.174
租赁和商务服务业	1.632*	0.709	0.520	0.297	0.170	0.139	0.112	0.189	0.329	0.283	0.386	0.142	0.101
科学研究、技术服务与地质勘查业	1.504*	0.761	0.669	0.127	0.261	0.268	0.218	0.954	0.317	0.314	0.770	0.138	0.162
水利、环境和公共设施管理业	0.794	0.912	1.465*	1.250*	1.496*	1.706*	1.929*	0.625	2.471**	1.454*	1.237*	0.785	1.842*

续表

行业	北京	天津	石家庄	唐山	秦皇岛	邯郸	邢台	保定	张家口	承德	沧州	廊坊	衡水
居民服务和其他服务业	0.882	2.003**	0.224	0.138	0.063	0.123	0.072	1.031*	1.196*	0.096	0.332	2.459**	0.108
教育	0.657	0.706	1.524*	1.272*	1.553*	1.904*	2.270**	1.740*	1.850*	1.809*	2.092**	0.926	2.355**
卫生、社会保障和社会福利业	0.736	0.843	1.389*	1.251*	1.546*	1.569*	1.876*	1.339*	1.712*	1.711*	1.711*	1.047*	1.854*
文化、体育和娱乐业	1.456*	0.585	0.967	0.436	0.819	0.448	0.383	0.354	0.639	0.846	0.679	0.321	0.562
公共管理、社会保障和社会组织	0.639	0.703	1.330*	1.452*	1.776*	1.756*	2.403**	1.677*	2.660**	2.163**	2.047**	0.859	2.114**

*1<LQ≤2；**LQ>2

首先将河北作为一个整体考虑，以各行业产值进行计算。综合2013年和2017年的区位熵分析结果来看，北京的优势行业主要集中在第三产业，尤其是高端生产性服务业和现代服务业，其中LQ>2的行业为信息传输、计算机服务和软件业，文化、体育和娱乐业，科学研究、技术服务与地质勘查业，租赁和商务服务业，比较优势极明显；1<LQ≤2的行业为金融业、教育、房地产业等，比较优势较明显。河北的优势产业主要集中在资源密集型和劳动密集型的第一、第二产业，具有比较优势（LQ>1）的行业为农、林、牧、渔业，居民服务和其他服务业，交通运输、仓储和邮政业等。天津的优势产业介于北京和河北之间，在先进制造业和一般性服务业上具有优势，如水利、环境和公共设施管理业，居民服务和其他服务业，批发和零售业等。

然后分别考虑河北的11个地级市，由于各地级市产值数据不全，改为以各行业从业人员数计算。结果与前面类似，北京的优势行业集中在信息传输、计算机服务和软件业，租赁和商务服务业，房地产业，科学研究、技术服务与地质勘查业等；天津的优势行业较不明显，分散在居民服务和其他服务业、制造业、建筑业等第三产业和第二产业；河北各地级市的优势行业均集中在第一产业、第二产业和部分低端服务业，并且许多城市都在某几个行业具有极高的比较优势（LQ>2）。

（2）法人单位数量分析

北京作为科技创新中心和文化中心的地位愈加稳固，高技术服务业和文化产业集聚程度日益增强。

根据RESSET数据库，2018年北京第三产业法人单位为92.8万家，占第二、第三产业法人单位比重为93.9%。其中，科学研究、信息技术服务、文化娱乐这三大行业，占北京第二、第三产业法人单位比重分别为15.6%、7.8%和5.5%，分别比2013年提升4.3个、0.2个和1.2个百分点。天津第三产业增幅较大，尤其是高技术服务业快速增长。2018年天津第三产业法人单位为23.3万家，占第二、第三产业法人单位比重为80.0%，比2013年提升5.4个百分点。其中科学研究、信息技术服务占天津第二、第三产业比重为8.9%和6.1%，分别比2013年末提升2.1个和2.4个百分点。河北产业的传统优势在于第二产业，但是高技术制造业快速发力。2018年河北第二产业法人单位为31.6万家，占第二、第三产业法人单位比重为27.4%，比京津冀地区平均水平高9.5个百分点。其中，化学制品制造、电气机械制造、医药制造的高技术制造业单位数量分别占京津冀区域的65.0%、64.1%和58.8%，高端制造业发展势头良好。

总体而言，京津冀三地目前产业优势各异、产业分工格局明确。北京的先进服务业比较优势最大，并且比较优势有扩大趋势；天津经历了由“二三一”结构向“三二一”结构的转变，一般性服务行业有一定程度的增长，一些服务行业开始建立比较优势；河北的农业、工业比较优势明显，同时技术类行业占比有所增加。

3. 产业交流加强

（1）京津冀相互投资总体情况

2012年以来，京津冀产业交流不断加强，主要体现在城市间的相互投资增长上。2012～2017年，北京对津冀企业投资增长近450%，天津对京冀企业投资增长近150%，河北对京津企业投资增长约400%，三地相互投资均大幅度提高（表3-6）。尤其是2017年，北京、天津对河北投资比例均大幅提高，而河北对北京、天津的投资强度也有相当程度的提高。

表3-6　2012～2017年京津冀相互投资情况

年份	北京对津冀投资/亿元		天津对京冀投资/亿元		河北对京津投资/亿元	
	天津	河北	北京	河北	北京	天津
2012	247.58	187.49	105.32	20.9	37.39	29.87
2013	219.53	383.55	312.75	26.35	59.38	17.16
2014	470.07	278.2	172.97	31.81	150.11	58.34
2015	933.47	849.24	230.96	39.68	139.9	45.06
2016	1613.26	817.84	332.67	93.58	122.57	120.27
2017	1075.73	1284.41	207.13	97.48	166.58	172.32

三地之中，北京资本外溢显著，对天津、河北投资都较高；天津对外投资相对不足，对北京投资较大而对河北投资较小；河北对外投资也相对不足，对北京投资较大、对天津投资较小。北京在区域产业融合中带动作用明显，2012～2017年，北京对津冀企业累计投资约8360亿元，是天津对京冀企业投资额的约5倍，是河北对京津企业投资额的约7.5倍。

（2）京津投资空间流向

在三地的相互投资中，河北各地级市是主要的投资净流入地区。根据祝尔娟、叶堂林、毛若冲的《京津冀协同指数研究》[①]，从京津对其他城市企业

---

① 祝合良，叶堂林，张贵祥，等.京津冀发展报告（2018）：协同发展的新机制与新模式[M]. 北京：社会科学文献出版社.

的投资情况来看，2014～2017年，北京对天津企业投资额最多，在河北各地级市中对唐山投资最多，其次是石家庄，而保定、廊坊、张家口等城市也获得了较多投资。天津对外投资中对北京企业投资额最多，2014～2017年投资额达943.73亿元；对河北各地级市的投资中，唐山获得投资最多，占河北获得投资总额的35%，其次是石家庄，其他地级市企业获得投资较少。从投资流向的空间分布来看，大致服从空间距离衰减规律，京津投资主要流入了距离较近的河北城市，如廊坊、保定、石家庄等。

（3）北京投资行业流向

从北京对津冀企业投资的具体行业来看，北京对两地的投资主要集中在科学研究和技术服务业、租赁和商务服务业等行业。2014～2016年，北京对天津企业投资中，超过一半的投资额流向租赁和商务服务业；其次是科学研究和技术服务业，获得了14%的投资额；再次是金融业，获得了10%的投资额；另外对批发和零售业、采矿业、制造业等行业也有一定的投资支持（图3-17）。北京对河北企业投资中，租赁和商务服务业、制造业获得投资较多，分别占投资总额的25.6%和22%；此外，科学研究和技术服务业，金融业，电力、热力、燃气及水生产和供应业等行业也获得了较多投资（图3-18）。

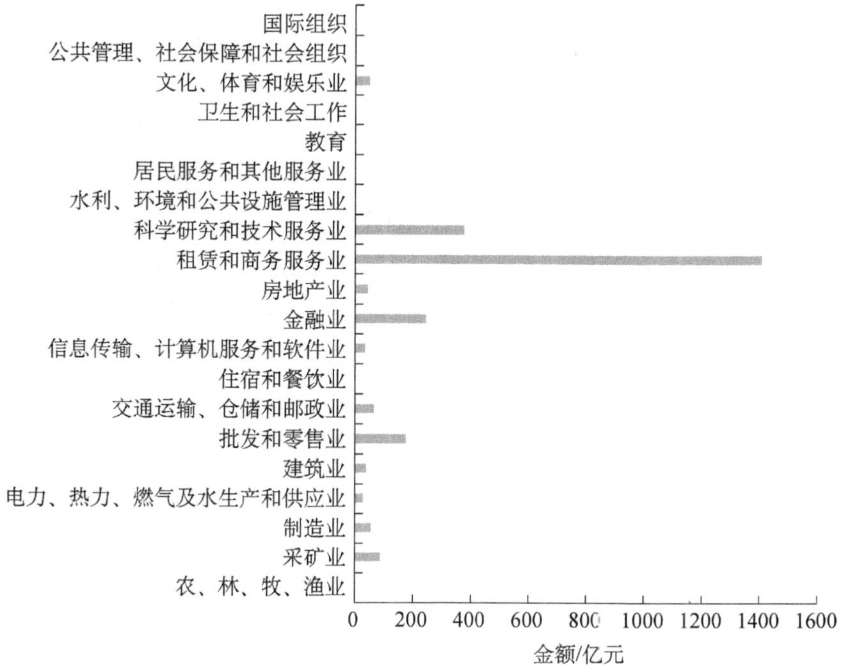

图3-17　2014～2016年北京对天津投资

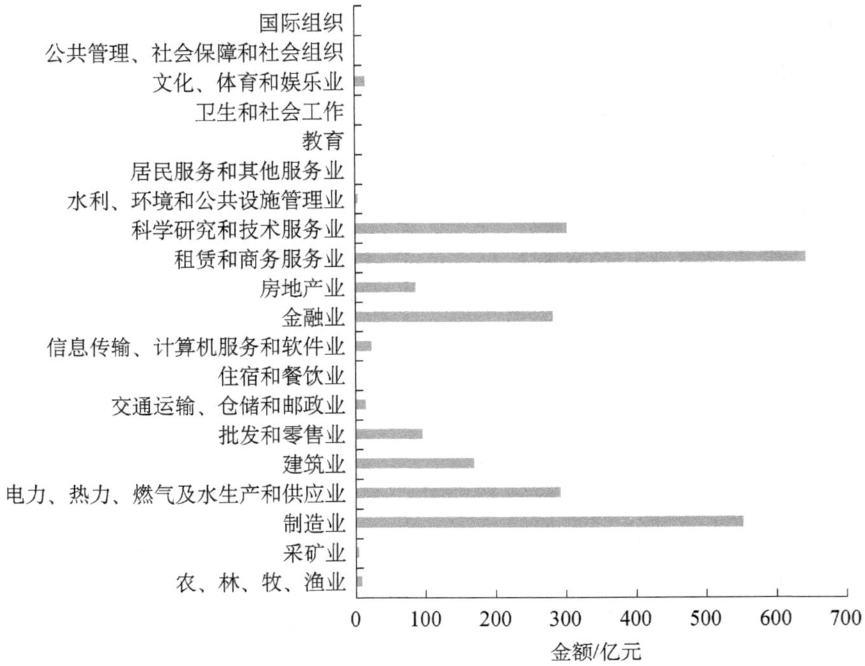

图3-18　2014～2016年北京对河北投资

现代服务业成为跨省市投资重点领域，在跨省市的产业活动单位分布中也得到了体现。在三地法人单位跨省市的产业活动中，传统服务业占比逐渐降低，现代服务业占比显著提高。根据RESSET数据库，2018年批发和零售业、住宿和餐饮业产业活动单位所占比重比2013年下降6.1个百分点，而租赁和商务服务业，科学研究和技术服务业，信息传输、计算机服务和软件业产业活动单位所占比重比2013年提升12.4个百分点。

因此，从企业投资流向来看，北京和天津两地交往密切，河北联系相对较弱，尤其是位于边缘地区的城市。同时，从投资额流向的企业来看，天津总体处于产业链的销售环节，在金融业和研发行业也具有一些优势，河北则处于产业链的制造环节。北京对津冀的重点投资方向，既与两地的优势行业分布有关，也受到北京自己的优势行业、疏解功能要求的影响，整体上流向了技术含量、价值含量较高的行业。

二、产业协同发展的主要问题

中央提出京津冀一体化发展以来，京津冀产业协同发展取得了一定成果，但是也出现了一些问题。总体来看，京津冀产业协同发展还存在许多障碍，三地在产业转移升级、创新产业链分工等问题上面临许多困难，京津冀一体化进程受到阻碍。结合第三节第一小节所述，京津冀产业协同发展面临的主要困难在于：内部经济实力与产业水平差距大、整体经济实力与产业水平不高、内部产业结构同质化。

1. 内部经济实力与产业水平差距大

京津冀区域内部两市一省之间经济发展基础差距较大。北京第三产业占比最高；天津第二产业、第三产业呈现平衡发展态势；河北第一产业、第二产业比重较高，第三产业发展缓慢，产业基础不够坚实。北京和天津吸引了大量的人才、资金、科技等优质资源，促进了两地经济快速发展，河北则因经济发展效率低下，无法对人才、科技、资金等高端要素形成吸引。从经济发展水平和产业结构来看，北京、天津、河北三地存在明显的差距和差异。

相对均衡的区域经济结构是构成地区之间产业协同发展的基础，但是三地经济发展差距过于悬殊。尽管在GDP上河北占据绝对优势，但是河北人均GDP较低，第三产业比重较低。河北虽然经历了第三产业占比增加、第一、第二产业占比减小的调整，但是仍然属于较为落后的“二三一”结构，产业水平也与北京和天津存在较大差距，产业高级化程度明显逊于北京、天津，构建协同发展的经济社会环境差距略大。河北发展相对滞后，不利于京津产业向河北的延伸与辐射，也不利于河北对京津产业的支撑与承接。

2. 整体经济实力与产业水平不高

对内比较，河北落后于北京、天津；对外比较，与苏浙沪和广东这两个地区对比，京津冀三地的经济产业条件也存在劣势（图3-19和图3-20）。苏浙沪和广东是国内地位与京津冀相当的两个发达区域，并且在一体化进程上取得了比京津冀更好的成绩。与苏浙沪和广东相比，京津冀在整体经济实力和内部产业结构协调方面表现出了一定差距。

从GDP和人均GDP来看，京津冀整体经济实力弱于苏浙沪，与广东相当；而从2017年三次产业结构来看，京津冀整体第三产业占比高于苏浙沪与广东（表3-7）。尽管京津冀整体第三产业占比最高，但是内部省市差距大，尤其是河北第三产业占比过低，京津冀内部产业水平失调现象严重。与苏浙沪对比，江苏、浙江、上海产业水平差距小，区域整体产业结构也较高级。

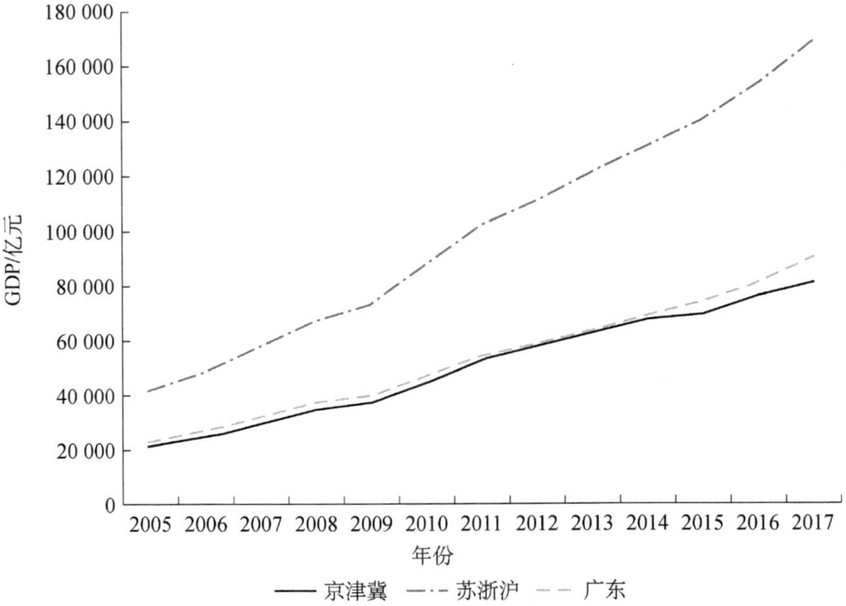

图3-19 2005～2017年三大区域GDP对比

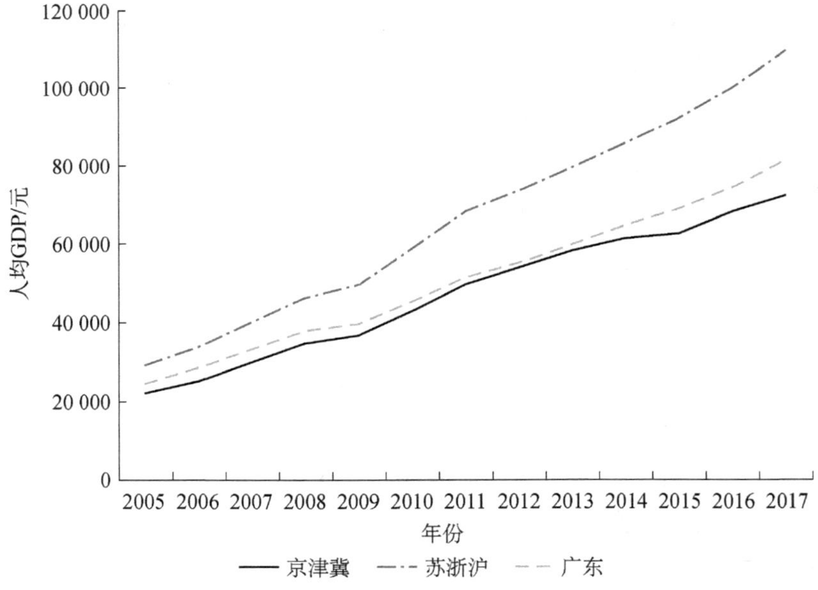

图3-20 2005～2017年三大区域人均GDP对比

河北经济基础薄弱表现得很明显，北京、天津不能有效带动河北的发展，将是未来京津冀产业协同发展道路上首要解决的关键问题。

表 3-7　2017 年三大区域产业结构对比　（单位：%）

地区	第一产业	第二产业	第三产业
北京	0.4	19.0	80.6
天津	0.9	40.9	58.2
河北	9.2	46.6	44.2
京津冀	4.2	35.7	60.1
江苏	4.7	45.0	50.3
浙江	3.7	42.9	53.3
上海	0.4	30.5	69.2
苏浙沪	3.6	41.7	54.6
广东	4.0	42.4	53.6

3. 内部产业结构同质化

除了河北经济基础急需加强的问题之外，河北与天津在产业结构方面表现出了同质化倾向，是阻碍京津冀产业协同发展的另一个重要问题。结合第三节第一小节分析，三地在产业链上的价值分工基本上呈现北京占据高端、天津占据中端、河北占据中低端的特点，但是分工明确不代表三地基于产业链的合作是健康有效的，京津冀的部分产业仍然存在分工不当、结构同质的问题。

为了反映京津冀产业同质化的问题，在此引入产业结构相似度系数，这是反映区域间产业结构相似度的重要指标之一，用于判断京津冀地区各经济单元之间产业结构是否趋同，计算公式为

$$S=\sum_{m=1}^{n}\frac{x_{im}\times x_{jm}}{\sqrt{\sum_{m=1}^{n}x_{im}^{2}\times\sum_{m=1}^{n}x_{jm}^{2}}} \tag{3-2}$$

式中，x_{im}和x_{jm}分别为地区i和地区j的m产业在本地区中的产值比值，取值范围为[0，1]。S越大表示两个区域产业结构越相似，S越小表示两个区域产业结构越不相似，S=0 表示两个区域产业完全不同质，S=1 表示两个区域产业完全同质。

如图 3-21 所示，京冀、津冀的产业结构相似度系数均呈下降趋势，而京津的产业结构相似度系数先在 2015 年以前略有下降，在 2015 年以后略有上升，基本保持不变。由此可见京冀、津冀基本上是在趋异发展。京津产业结

构相似度系数有上升的趋势，可能是因为天津向“三二一”结构转变，与北京产业相似性增强。三地之中，津冀的产业结构相似度系数最高，一直保持在0.95以上，而京津的产业结构相似度系数基本低于0.8，京冀的产业结构相似度系数一路下降至0.7以下（表3-8）。这表明，津冀之间产业同质化程度较高，而北京与另外两地的产业结构差异较大，不存在同质化问题。

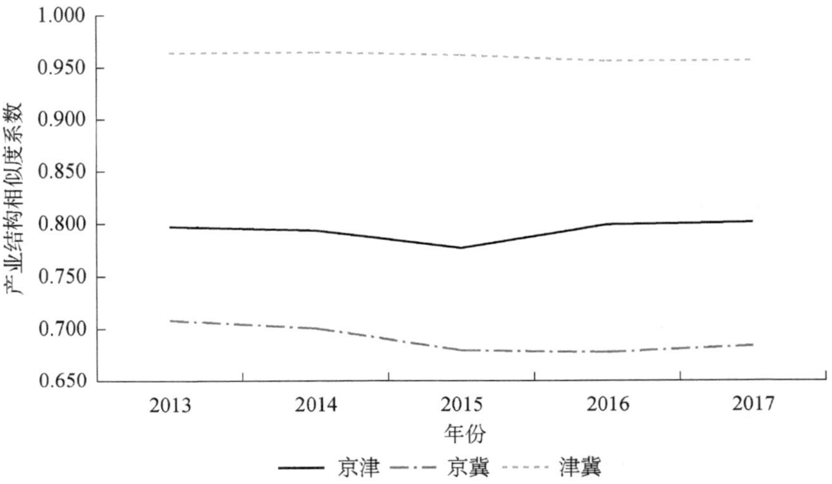

图3-21 2013～2017年京津冀产业结构相似度系数变化

表3-8 2013～2017年京津冀产业结构相似度系数变化及趋势分析

地区	2013年	2014年	2015年	2016年	2017年	趋势
京津	0.797	0.793	0.776	0.798	0.800	↓↑
京冀	0.708	0.700	0.679	0.677	0.683	↓
津冀	0.964	0.964	0.961	0.955	0.955	↓

经验表明，在产业结构相似度系数中0.85是一个重要的临界值，高于0.85说明区域间产业趋同现象严重。三地中津冀的产业结构相似度系数最高，超过0.85甚至超过0.95，表明两地存在产业结构同质、产业定位重复的问题。原因在于，津冀两地长久以来一直都是“二三一”的产业格局，并且在部分中低端服务业、原材料型工业上优势一致，于是出现了产业结构相似度系数超过0.95的产业同构问题。不过也需要注意到，津冀两地的产业结构相似度系数呈下降趋势，产业同构情况有所改善，因而未来京津冀产业协同发展也需继续推进同质化改善进程。

由表3-4和表3-5可以发现，天津与河北各地级市优势行业大量重合，同质化行业集中在采矿制造业和部分低端服务业。正是由于两地在这些行业存在产业同质化问题，两地既有产业链合作的经济基础，也需要调整产业布局、明确分工格局。总体而言，京津冀三地产业同构问题不如想象得严重，但是需要引起重视。

三、产业发展不协同的后果和影响

协同发展意味着京津冀各产业之间能够相互影响，实现区域多目标下的共赢。目前京津冀协同发展已上升为国家战略，但是京津冀仍然存在内部经济实力与产业水平差距大、整体经济实力与产业水平不高、内部产业结构同质化等问题，这主要是由河北承接转移能力差、产业定位冲突造成的。京津冀产业发展不协同会造成经济发展滞后、社会资源效率浪费、区域利益受损等后果。

《北京城市整体规划（2016年—2035年）》将京津冀区域整体定位为“以首都为核心的世界级城市群、区域整体协同发展改革引领区”。在确立的区域功能定位中，北京侧重科技创新与金融服务，天津侧重先进制造业，河北在完成区域生态环境支撑的同时，侧重传统产业结构优化升级、发展优势制造业。但是从现实来看，这一格局尚未正式形成，河北不但产业发展水平不高，而且与天津存在产业定位重叠的问题。

河北发展相对滞后，不利于京津产业转移和河北产业升级的顺利进行。由于三地经济发展差距过于悬殊，京津产业向河北的延伸与辐射、河北对京津产业的支撑与承接都受到了很大阻碍。北京、天津作为京津冀的核心城市，产业发展基础好、速度快，但是由于河北缺少相应的产业配套条件，京津产业辐射功能有限，不能有效带动区域的发展。北京、天津的优势行业长期未能形成整体竞争能力，与实现世界级城市群的目标还有不小的差距。

另外，京津冀产业定位重叠也造成了区域发展的困难。津冀两地在整体发展中对自身作用缺乏明确定位，没有与其他城市形成协调分工。由于两地在制造业、居民服务和其他服务业等行业存在产业同质化问题，两地虽然有产业链合作的经济基础，但是难以形成健康的产业分工格局，损害区域整体的发展前景。

第四节　区域产业协同度评价

一、复合系统协同度测量法

系统论认为，由若干组成部分构成并且具有特定功能的整体称为系统，这些组成部分相互作用、相互依赖、相互制约。复合系统包含若干个子系统，子系统之间需要进行协调，使系统从无序转为有序，达到协同的状态。在复合系统中，各子系统相互作用，其协调程度决定了系统由无序走向有序的趋势。系统论认为，系统从无序走向有序的关键在于系统内各子系统相互关联的“相互作用”，而不在于系统目前处于无序或者有序的状态，也不在于系统距离平衡的状态有多远，而协同度正是这种关键作用的测度。

目前，复合系统协同度模型已经被广泛应用于衡量协同问题。该模型主要以系统理论中的序参量原理和使役原理为出发点，构建复合系统的整体协同度模型，从协同学角度，对系统内部各要素的有序度和系统间的协同度进行测量。

1. 子系统有序度模型

协同对象是一个复合系统，该复合系统由若干个子系统组成，$S=(S_1, S_2, S_3, \cdots, S_n)$，其中$S_i$为第$i$个子系统，而复合系统中每个子系统$S_i$也有若干元素构成，即$S=(S_{i1}, S_{i2}, \cdots, S_{in})$。子系统之间通过相互作用，产生协同现象和协同效应，最终带来部分之和大于整体的作用，形成一个大的复合系统S。通过有序度来描述子系统对于复合系统整体的贡献程度。

假设子系统的序参量为e_j，e_j可以表示为：$e_j=(e_{j1}, e_{j2}, \cdots, e_{jn})$，$n\geqslant 1$，$\beta_{ji}\leqslant e_{ji}\leqslant \alpha_{ji}$，$i\in[1, n]$，其中，$\alpha$ 和 β 分别表示各个序参量的上限和下限。序参量的分量e_{ji}存在两种情况：第一种情况是如果序参量分量取值越大，系统整体的有序度就会越高；第二种情况是序参量分量取值越大，系统整体的有序度就会越低。可通过下面方法解决这一问题：

$$\mu_j(e_{ji})=\begin{cases}\dfrac{e_{ji}-\beta_{ji}}{\alpha_{ji}-\beta_{ji}} & i\in[1, k_1) \\ \dfrac{\alpha_{ji}-e_{ji}}{\alpha_{ji}-\beta_{ji}} & i\in[k_1, n]\end{cases} \tag{3-3}$$

μ_j（e_{ji}）∈[0，1]，其取值越大，说明子系统对复合系统整体的贡献程度越大。

从复合系统整体角度来分析，序参量e_j对系统S_j的有序程度的总影响可以通过μ_j（e_{ji}）的线性加权求和法的方式来测度：

$$\mu_j\left(e_j\right)=\sum_{j=1}^{n}\varepsilon_j u_j\left(e_{ji}\right) \quad \varepsilon_j\geqslant 0,\ \sum_{j=1}^{n}\varepsilon_j=1 \tag{3-4}$$

其中，ε_j为序参量的权重系数，μ_j（e_j）∈[0，1]，权重取值越大，说明对整个系统的影响作用就越大，而μ_j（e_j）越大，则说明越有序。

2. 复合系统协同度测度

通过各子系统有序度来求解复合系统协同度（DGS）。当其中有一个子系统的有序度为负时，说明系统仍然处于不稳定状态，此时协同度为负，也说明系统此时处于不稳定状态。

$$\mathrm{DGS}=\theta\sum_{j=1}^{k}\varepsilon_j\left[\left|u_j'\left(e_j\right)-u_j^0\left(e_j\right)\right|\right] \tag{3-5}$$

$$\theta=\frac{\min_j\left[\mu_j^1\left(e_j\right)-\mu_j^0\left(e_j\right)\right]}{\left|\min_j\left[\mu_j^1\left(e_j\right)-\mu_j^0\left(e_j\right)\right]\right|}$$

复合系统协同度的值处于[−1，1]，分别代表不同的系统状态。表3-9为协同度取值说明。

表3-9　协同度取值说明

协同度取值	[−1，0]	（0，0.3]	（0.3，0.7]	（0.7，1]	1
系统状态	不协同	低度协同	一般协同	高度协同	协同一致

二、影响京津冀产业协同水平的主要因素

魏丽华①认为影响产业协同水平的因素有协同空间、协同成本、协同能力、协同制度和协同创新等，在构建衡量指标以后，通过熵值法确定权重，计算了有序度，但并没有进一步计算协同度；石娟等②认为政府对产业发展规划的协调能力、行业协会、科技管理、专利、区域间相关投资与资金融通等

① 魏丽华.京津冀产业协同水平测度及分析[J].中国流通经济，2018，32（7）：120-128.

② 石娟，刘彦缨，逯业娜.京津冀产业协同发展评价模型研究[J].天津大学学报（社会科学版），2018，20（4）：296-300.

对区域产业协同至关重要；王云平和韩成栋[①]提出，产业发展模式的“路径依赖”是影响我国三次产业协同带动经济增长的直接原因，资源生产要素价格扭曲是重要原因，体制不完善弱化了三次产业带动经济增长的协同效应；田敏和杨慧桢[②]提出，三次产业协同带动可以说是从调整供给结构角度调整经济结构，但需求拉动和供给推动是促进经济增长的两个重要推动力，并且有助于促进三次产业协同带动经济增长；徐涵蕾[③]对资源型城市产业协同能力进行评价后指出，实现地区和产业协同的可持续发展的主要影响因素包括可行的技术、可靠的企业和运行许可；李琳和吴珊[④]提出，驱动区域经济协同发展的因素有三：一是区位比较优势，二是区域经济联系，三是区域产业分工；钱龙和谢荣见[⑤]考察了我国1978～2008年工业与第三产业之间的协同发展水平，得出工业和第三产业发展的动力主要来源于其自身，工业和第三产业之间尚未形成互动和协同发展机制的结论；叶峰[⑥]运用主成分分析法和相关因素分析法研究发现，建筑、房地产相关产业、旅游相关产业、大工业是四川省三次产业协同的三大主要影响因素。

三、构建指标层体系

1. 指标层体系构建

针对学者之前的研究和评判，本报告在已有研究和相关批评的基础上，重视区域间的相互作用，重视企业在区域间产业协同中发挥的作用，提出构建协同空间、协同成本、协同能力和协同创新这四个子系统，并建立27个指标层（表3-10），通过中经网统计数据库、京津冀地区历年统计年鉴、锐思企业大数据平台等获得京津冀各城市2010～2017年的相关统计数据。

---

① 王云平，韩成栋. 政府规模及其保护职能与经济增长——基于经济自由指数的研究[J]. 辽宁科技学院学报，2008，10（4）：50-54，86.

② 田敏，杨慧桢. 转变经济发展方式：基于三次产业协同带动分析[J]. 求索，2010（10）：36-38.

③ 徐涵蕾. 资源型城市产业协同机会和能力评价研究[J]. 中国人口·资源与环境，2010，20（2）：134-138.

④ 李琳，吴珊. 基于DEA的我国区域经济协同发展水平动态评价与比较[J]. 华东经济管理，2014，28（1）：65-68，91.

⑤ 钱龙，谢荣见. 中国工业与第三产业协同发展的实证检验[J]. 统计与决策，2011（13）：124-126.

⑥ 叶峰. 四川省三次产业协同发展研究[D]. 成都：四川农业大学，2011.

表3-10 产业协同指标体系

子系统	准则	序参量层	指标层
协同空间	市场空间	区域经济发展市场水平	人均GDP
			职工平均工资
			社会消费品零售额
	承接空间	区域发展承接能力	固定资产投资占GDP比重
			城市建设用地占比
协同成本	交易成本	区域交通条件	区域道路面积
	机会成本	公共服务水平	医院、卫生院床位数
			高校在校生数
协同能力	结构水平	结构水平	第一产业人员占比
			第二产业人员占比
			第三产业人员占比
			第一产业产值占比
			第二产业产值占比
			第三产业产值占比
	政府管理水平	政府财政支出	政府财政能力
	企业水平	区域企业能力	在业有资质的企业个数
	区域企业标准	市场体制	行业标准
			国家标准
	投资水平	资金往来程度	区域间投资流
			有投资机构的企业数
	互动水平	内部协调	规模以上工业个数
			建筑业从业人员占比
			房地产业从业人员占比
协同创新	创新供给	人才资源供给能力	科研产业从业人员数
	创新环境	研发环境水平	研发经费支出
			占GDP比重
	创新成效	成效	专利个数

协同空间是区域产业协同的基础，是产业协同发生与发展的空间，协同空间需要满足产业协同的内生需要和基本要求，因此只有具备良好充裕的协同空间，产业协同才会更加有效地发挥作用。市场空间衡量区域经济发展市场水平，是产业协同发展的市场承载能力，它决定跨区域产业协同空间的大

小，只有广阔、完善的市场环境，才能为产业协同提供良好的基础。承接空间衡量区域发展的承接能力，产业落地、交流等需要空间承接，除了地理空间的承接外，也需要促进其进一步发展的承接能力。

协同成本是区域产业协同的成本，包括交易成本和机会成本。交易成本主要体现为货物运输、人员运输等，用区域的交通条件进行衡量。机会成本衡量区域中获取资源的成本，而促进产业协同发展的资源主要有教育、医疗等，这些是促进产业发展升级的重要资源，因此是重要的机会成本。

协同能力主要指区域推进产业协同进程的能力。协同能力直接决定了产业协同走向有序的进程，一般与结构水平、政府管理水平、企业水平、区域企业标准、投资水平、互动水平等呈正相关。结构水平衡量产业结构，包括产值占比与人员占比；政府管理水平衡量政府在产业协同进程中可以发挥的作用强度；企业水平是指区域内有较强能力的企业所发挥的龙头带动作用，它们对促进产业协同有重要作用；区域企业标准衡量市场间体制是否统一完善，标准越完善统一，产业间交流越容易，也就越能对产业协同进行促进；投资水平衡量区域间资金往来程度，促进产业协同需要区域间进行交流，而对交流最直接的衡量便是区域间的资金往来程度，除了直接的投资流以外，有投资机构的企业也十分重要；互动水平是区域内部之间进行协调互动的测度，根据之前学者的研究，认为规模以上工业、房地产业、建筑业对产业协同促进作用明显，体现为促进区域内部产业互动。

协同创新对产业协同的发展影响深远。产业协同的关键是系统内各子系统相互关联的“相互作用”，而协同创新对这种作用的发生起着催化剂的作用。协同创新是指通过技术进步和创新驱动推动产业结构升级，加速促进产业协同，包括创新供给、创新环境和创新成效。

2. 指标层权重确定

指标权重的确定主要有主观赋值法与客观赋值法，为了避免由于主观赋值法带来的偏差，本报告采用熵值法进行权重的求解。在信息论中，熵是对不确定性的一种度量。信息量越大，不确定性就越小，熵也就越小；信息量越小，不确定性越大，熵也就越大。根据熵的特性，可以通过计算熵值来判断一个事件的随机性及无序程度，也可以用熵值来判断某个指标的离散程度，指标的离散程度越大，该指标对综合评价的影响越大。

经过计算，各指标的权重结果如表3-11所示。

表3-11　产业协同指标权重

子系统	指标层	权重
协同空间（0.129）	人均GDP	0.013
	职工平均工资	0.030
	社会消费品零售额	0.032
	固定资产投资占GDP比重	0.007
	城市建设用地占比	0.047
协同成本（0.018）	区域道路面积	0.008
	医院、卫生院床位数	0.008
	高校在校生数	0.002
协同能力（0.660）	第一产业人员占比	0.036
	第二产业人员占比	0.004
	第三产业人员占比	0.002
	第一产业产值占比	0.008
	第二产业产值占比	0.002
	第三产业产值占比	0.053
	政府财政能力	0.149
	在业有资质的企业个数	0.077
	行业标准	0.004
	国家标准	0.001
	区域间投资流	0.173
	有投资机构的企业数	0.106
	规模以上工业个数	0.006
	建筑业从业人员占比	0.025
	房地产业从业人员占比	0.014
协同创新（0.193）	科研产业从业人员数	0.014
	研发经费支出	0.035
	占GDP比重	0.142
	专利个数	0.002

可以发现，区域间投资流、政府财政能力、占GDP比重、有投资机构的企业数等权重较大，说明这些指标对区域间产业协同度的影响较大。

四、京津冀城市群产业协同水平与分析

将以上评价指标数据代入式（3-5），得到京津冀城市群的产业协同水平，并进行分析。

1. 京津冀产业整体协同度

经过计算，得到京津冀产业整体协同度的结果如表3-12所示。

表3-12 2011～2017年京津冀产业协同度变化

年份	协同空间	协同成本	协同能力	协同创新	协同度
2011	0.016	0.002	0.053	0.011	0.043
2012	0.027	0.004	0.095	0.031	0.075
2013	0.044	0.010	0.161	0.035	0.124
2014	0.071	0.011	0.213	0.040	0.169
2015	0.099	0.014	0.337	0.056	0.268
2016	0.104	0.018	0.424	0.063	0.333
2017	0.125	0.015	0.398	0.093	0.355

将2010年作为基年，从整体系统协同度看，京津冀产业协同度正在快速提升，但仍处于从低度协同向一般协同过渡，2016年京津冀产业协同度超过0.3，达到一般协同，且在2017年继续增长，但增速明显放缓（图3-22）。可以发现，2012～2015年，京津冀产业整体协同度增速较快，但2015年后增速有所放缓，2017年增速达到最小。对京津冀2011～2017年产业整体协同度进行拟合，发现其近似服从三次函数：$y=-0.002\,5x^3+15.078x^2-30\,370x+2\times10^7$（图3-23），且$R^2$高达0.9929，说明拟合效果非常好。从整体来看，京津冀产业整体协同度呈现“S”形曲线发展，2013～2016年整体协同度增速达到最大，2016年之后有所放缓。可以预计，如果按照现有的京津冀产业协同发展模式继续推进，京津冀产业整体协同度增速将更为缓慢。

2. 基于子系统的纵向动态分析

一是协同空间。协同空间是影响产业协同能力的最直接因素，是产业协同的基础。如图3-24所示，协同空间子系统有序度在稳定增长，且在2011～2015年增速较大，在2016年和2017年增速有所放缓，与系统整体协同度的变化趋势较为一致。从指标层中可以发现，协同空间子系统有序度在2015年有所放缓是因为部分城市固定资产投资占GDP比重下降，同时也对系统整体协

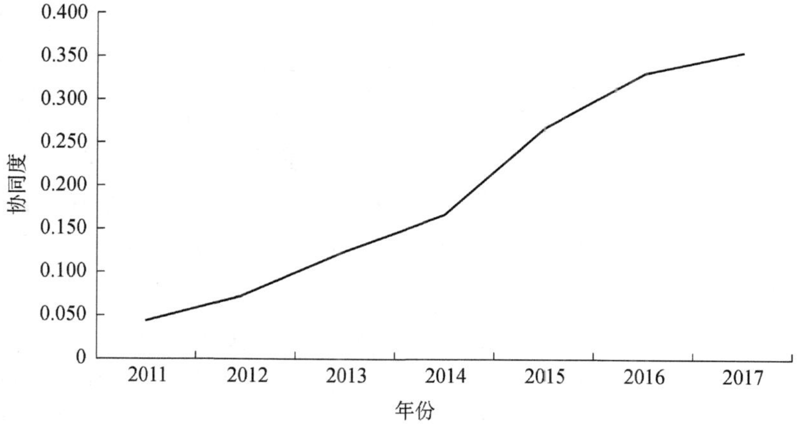

图3-22　2011～2017年京津冀整体协同度

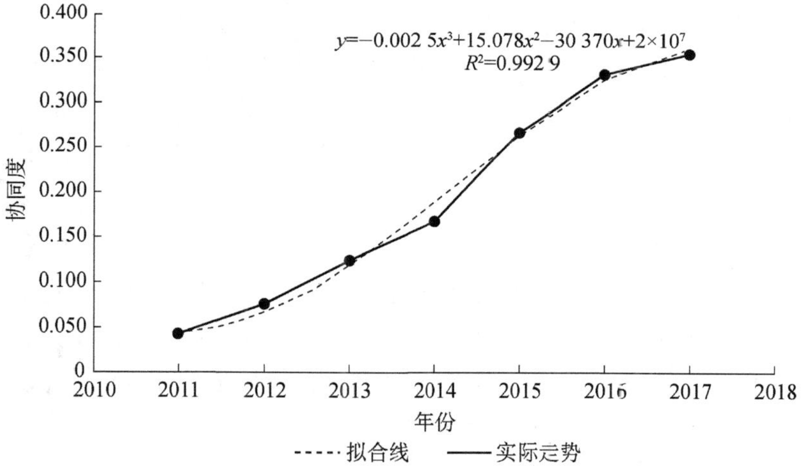

图3-23　2010～2018年京津冀整体协同度拟合函数

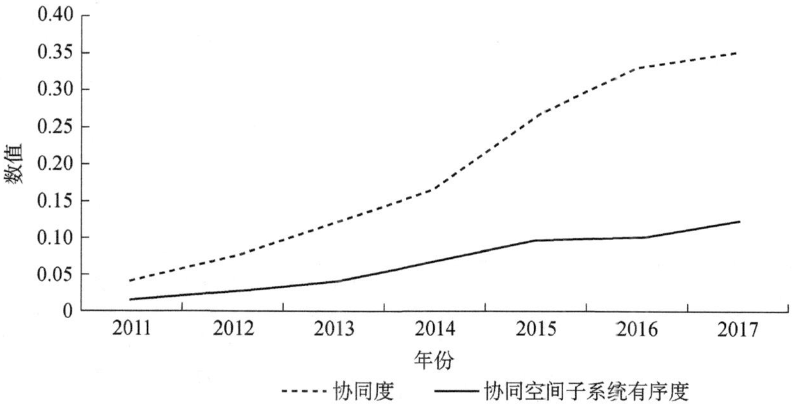

图3-24　2011～2017年京津冀协同空间子系统有序度与协同度

同度的放缓有作用。由此说明，固定资产投资对协同空间子系统有序度以及整体协同度的影响较大，在2016年部分城市固定资产投资占GDP比重下降以后，协同空间子系统有序度增速出现下降，而整体协同度增速也放缓，且下降的趋势较为明显，幅度也较大，这说明固定资产投资的重要性。可能原因是固定资产投资可以衡量一个产业的发展潜力和活力，因此可以鼓励增加固定资产投资，使城市可以承接更多的上下游产业，促进协同空间子系统有序度和整体协同度的增速。

二是协同成本。协同成本衡量产业协同的交易成本，分为交易成本和机会成本。可以看出，协同成本子系统权重占比不是很大，其增速趋势与京津冀产业整体协同度增速趋势大致一致，但在2017年协同成本子系统有序度出现下降（图3-25），回到指标层可以发现，是由部分城市医院、卫生院床位数出现下降以及高校在校生数出现下降导致的。由于协同成本子系统选取指标层较少，其计算的数值也较小，因此单独做出其与协同度增速的对比图，如图3-26所示。可以发现，协同成本子系统有序度增速在2013年后快速下降，这是由于部分城市的道路面积以及医院、卫生院床位数出现下降，在2017年甚至出现了负增长。但在这样的情况下，整体协同度仍然出现增长，虽然增速有所放缓。京津冀产业协同主要发生在以北京和天津为中心的周边城市群，而这些城市群的基础设施较为完善，城市道路面积，医院、卫生院床位数以及高校在校生数均较为稳定，而协同成本子系统有序度增速放缓的原因主要来自其他外围城市，因此协同成本子系统有序度的变化对整体协同度的影响比较有限，其更多是反映了京津冀外围城市协同成本较高。

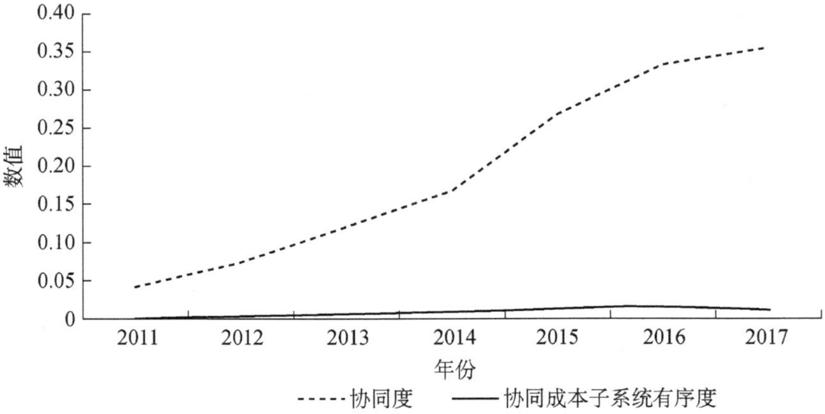

图3-25　2011～2017年京津冀协同成本子系统有序度与协同度

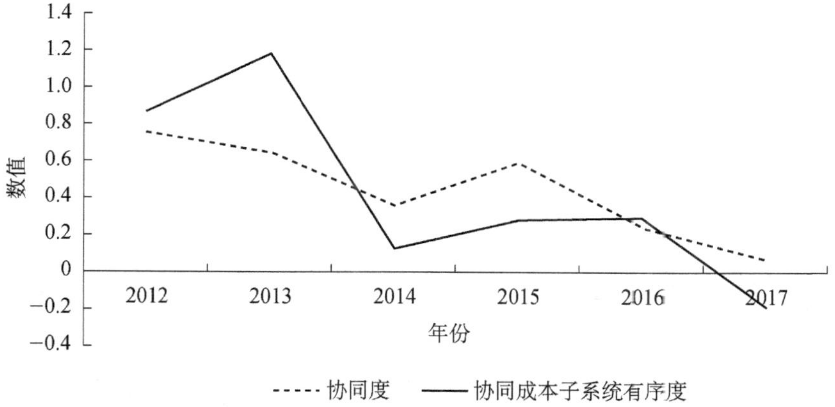

图3-26　2012～2017年京津冀协同成本子系统有序度和协同度增速对比

三是协同能力。协同能力主要指区域推进产业协同进程的能力。协同能力子系统权重最大，这也是因为其指标层个数较多，且指标层中有政府财政能力、区域间投资流、有投资机构的企业数这三个占比较大的指标层，说明这三者对于京津冀产业协同度影响较大。由计算结果可以发现，协同能力子系统有序度增速与整体协同度增速高度一致，且协同能力子系统有序度增速在放缓（图3-27）。

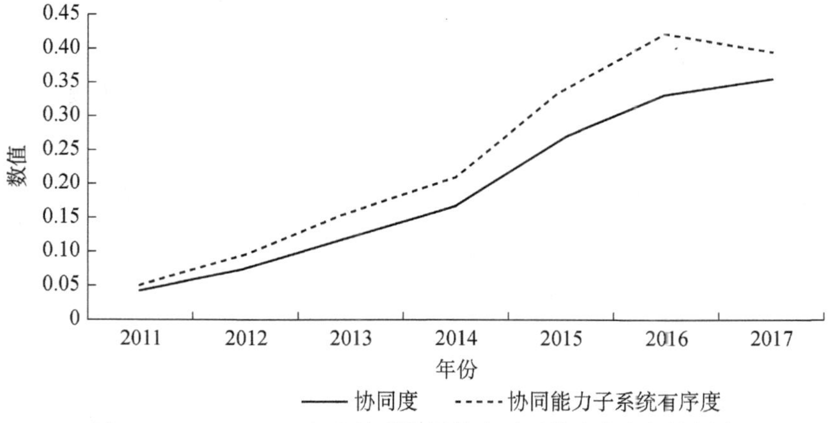

图3-27　2011～2017年京津冀协同能力子系统有序度与协同度

四是协同创新。协同创新衡量区域通过技术进步和创新驱动推动产业结构升级的能力，以实现产业结构的协调化和高度化。可以看出，协同创新子系统在整体协同度中也发挥着重要的作用。协同创新子系统有序度增速较其他子系统慢，但其增速较为平稳，并且在2015年后其速度仍在提升（图3-28），因此是京津冀产业协同度进一步提升的关键。

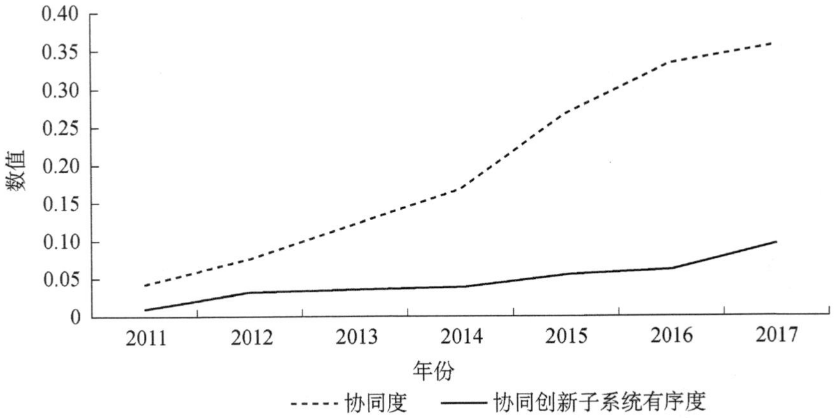

图3-28　2011～2017年京津冀协同创新子系统有序度与协同度

从京津冀区域整体来看，2011～2017年产业协同度的快速增长主要来自协同能力子系统的增长，但由于协同能力子系统的指标进一步增长存在一定的限制，因此京津冀产业协同的增长可能需要更加依赖于协同空间子系统和协同创新子系统，其中协同创新子系统的增长空间较大。

3. 基于“2+3”城市群的产业协同系统有序度分析

从各个城市整体来看，北京产业协同系统有序度遥遥领先，天津产业协同系统有序度较高，且增速较快。除了北京和天津以外，河北城市产业协同系统有序度较低，2017年较高的沧州、石家庄、廊坊、唐山，但都没有突破0.2，并且有些城市产业协同系统有序度增速较慢，如邢台（表3-13）。从2010～2017年河北各地级市产业协同系统的发展趋势（图3-29），可以将各地级市分成以下三类。

第一类：石家庄、唐山、廊坊、沧州。

第二类：邯郸、承德、保定、张家口。

第三类：秦皇岛、邢台、衡水。

（1）北京

2010～2017年，北京协同成本子系统有序度较为稳定，协同空间、协同能力和协同创新子系统有序度则稳定增长，并且协同能力子系统有序度在整体有序度中占比很大（表3-14），体现了北京在京津冀城市群中经济实力超群。随着进一步发展，北京产业协同系统有序度的提升可能更多地依赖协同创新子系统。

表3-13　2010～2017年京津冀各城市产业协同系统有序度变化

年份	北京	天津	石家庄	唐山	秦皇岛	邯郸	邢台
2010	0.3061	0.1478	0.0692	0.0924	0.0683	0.0635	0.0808
2011	0.3404	0.1832	0.0756	0.0952	0.0642	0.0998	0.0814
2012	0.3790	0.2205	0.0863	0.0981	0.0780	0.0767	0.0958
2013	0.4383	0.2374	0.0920	0.0934	0.0736	0.0824	0.0639
2014	0.4734	0.2898	0.1050	0.1007	0.0804	0.0897	0.0741
2015	0.5370	0.3452	0.1242	0.1169	0.0765	0.0983	0.0892
2016	0.5802	0.4394	0.1437	0.1333	0.0835	0.0928	0.0921
2017	0.5958	0.3820	0.1487	0.1377	0.0883	0.1020	0.0874
年份	保定	张家口	承德	沧州	廊坊	衡水	
2010	0.0820	0.0776	0.0659	0.1293	0.0589	0.0412	
2011	0.0860	0.0793	0.0609	0.1250	0.0637	0.0469	
2012	0.1010	0.0889	0.0733	0.2165	0.0744	0.0523	
2013	0.1030	0.0872	0.0747	0.1473	0.0778	0.0484	
2014	0.1150	0.0917	0.0748	0.1583	0.0860	0.0578	
2015	0.1130	0.1019	0.0872	0.2556	0.1107	0.0670	
2016	0.1250	0.1110	0.0961	0.1990	0.1296	0.0688	
2017	0.1180	0.1085	0.0967	0.1904	0.1412	0.0714	

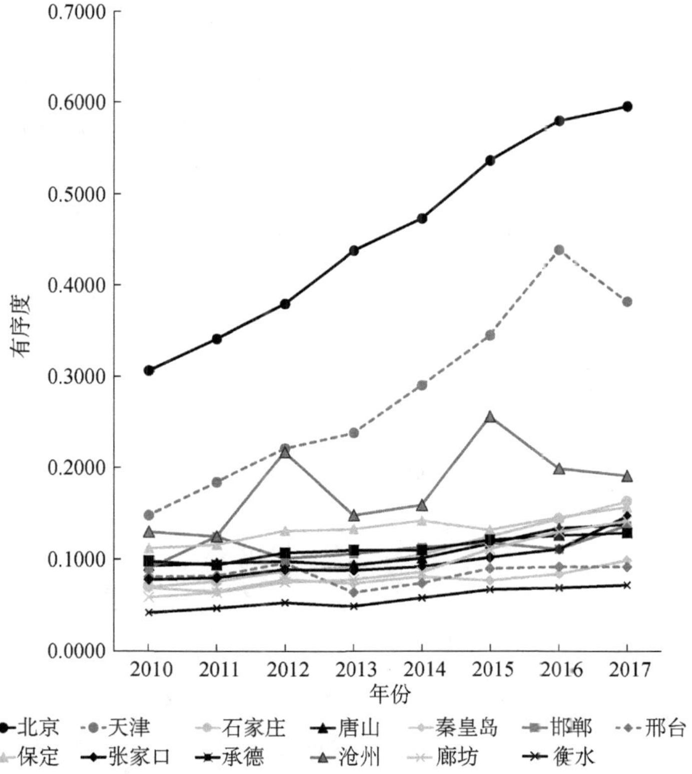

图3-29　2010～2017年京津冀各城市产业协同系统有序度变化

表3-14 2010～2017年北京产业协同系统有序度变化

年份	协同空间	协同成本	协同能力	协同创新	有序度
2010	0.043	0.013	0.205	0.045	0.306
2011	0.049	0.013	0.232	0.047	0.340
2012	0.054	0.013	0.258	0.053	0.379
2013	0.060	0.015	0.306	0.057	0.438
2014	0.067	0.014	0.331	0.061	0.473
2015	0.070	0.015	0.388	0.065	0.537
2016	0.075	0.017	0.422	0.065	0.580
2017	0.082	0.015	0.428	0.071	0.596

（2）天津

2010～2017年，天津协同成本子系统有序度有部分增长，但增速较慢（表3-15），体现天津的基础设施较好，交易成本和机会成本较为稳定。2010～2017年，天津产业协同系统有序度的增长主要来自协同能力子系统有序度的增长，协同空间子系统有序度也增长较多，协同创新子系统有序度增长相对较慢，说明天津在京津冀城市群发展过程中协同能力子系统指标层增长较多。从表3-11可以发现，天津在京津冀区域间投资流、有投资机构的企业数等方面取得了较大的优势，接下来，天津产业协同系统有序度的增长仍主要依赖于协同能力子系统有序度的增长，协同创新子系统有序度增长空间也较大。

表3-15 2010～2017年天津产业协同系统有序度变化

年份	协同空间	协同成本	协同能力	协同创新	有序度
2010	0.031	0.009	0.077	0.019	0.135
2011	0.035	0.009	0.103	0.023	0.170
2012	0.040	0.010	0.128	0.028	0.207
2013	0.044	0.011	0.135	0.033	0.223
2014	0.050	0.012	0.176	0.035	0.274
2015	0.050	0.013	0.229	0.035	0.327
2016	0.053	0.013	0.318	0.033	0.417
2017	0.057	0.013	0.260	0.028	0.357

（3）河北第一类城市

2010～2017年，石家庄、唐山、廊坊、沧州四个地级市产业协同系统有序度在河北相对较高，且产业协同子系统的增长具有相似性。这四个地级市的协同能力子系统有序度较为相似，其他子系统的有序度差异较大。

石家庄的优势主要体现在协同空间子系统和协同能力子系统（表3-16）。协同创新子系统在快速增加，协同成本子系统有序度较低，这与北京、天津的差别十分明显，其协同空间与协同成本的数值与京津相比并没有落后太多。也就是说，石家庄的市场、投资、基础设施等较好，但在协同能力子系统方面，石家庄处于较低的程度，而协同能力是直接促进产业协同系统有序度增长的动力。因此，石家庄需要重点提升协同能力子系统，争取来自京津的投资，提高对企业的吸引力，从而快速促进产业协同系统有序度的增加。

表3-16　2010～2017年石家庄产业协同系统有序度变化

年份	协同空间	协同成本	协同能力	协同创新	有序度
2010	0.019	0.005	0.039	0.007	0.069
2011	0.020	0.005	0.043	0.008	0.076
2012	0.023	0.006	0.047	0.010	0.086
2013	0.026	0.006	0.049	0.010	0.092
2014	0.030	0.007	0.059	0.010	0.105
2015	0.034	0.007	0.072	0.012	0.124
2016	0.036	0.007	0.087	0.014	0.144
2017	0.038	0.007	0.089	0.023	0.162

唐山的优势主要体现在协同能力子系统和协同空间子系统，与石家庄较为相近，但其协同创新子系统有序度较低，协同成本子系统有序度也较低（表3-17）。这从侧面反映出唐山的产业结构，以制造业为主的唐山处于产业链的制造环节，因此协同创新子系统有序度较低，而协同成本子系统有序度较低则是由于唐山教育、医疗等仍需进一步提升。

表3-17　2010～2017年唐山产业协同系统有序度变化

年份	协同空间	协同成本	协同能力	协同创新	有序度
2010	0.027	0.003	0.061	0.001	0.092
2011	0.029	0.003	0.061	0.002	0.095
2012	0.029	0.003	0.061	0.005	0.098
2013	0.023	0.004	0.062	0.004	0.093
2014	0.026	0.004	0.066	0.005	0.101
2015	0.027	0.004	0.079	0.007	0.117
2016	0.030	0.004	0.093	0.006	0.133
2017	0.033	0.004	0.080	0.007	0.123

廊坊、沧州各产业协同子系统有序度与石家庄相似，但低于石家庄。这反映出这些城市之间的发展内在机制具有相似性，因此下一步发展战略相似。

这四个城市是河北地级市中产业协同系统有序度较高的城市，同时距离北京和天津较近，经济基础较好，也能获得北京和天津较多的投资，其各个子系统都有较大的增速空间，可以继续依托京津冀城市群发展的优势，争取北京和天津的投资，重点提升协同能力子系统、协同创新子系统和协同成本子系统共同发展。

（4）河北第二类城市

2010～2017年，邯郸、承德、保定、张家口四个地级市产业协同系统有序度在河北也较高，但增速较为有限。这类城市经济基础一般，但也获得了来自北京和天津的较多投资，因此发展潜力也较大。这类城市可以重点提升协同空间子系统和协同成本子系统，同时提升协同能力子系统，吸引更多的投资，实现有序度的增长。

以邯郸为例，与石家庄等城市相比，邯郸协同能力子系统有序度明显低于石家庄等第一类城市，且增速较慢，说明这类城市在京津冀区域整体发展过程中受益有限，这主要是受限于其招商引资等能力弱于第一类城市，因此发展慢于第一类城市（表3-18）。但同时，这类城市的协同成本子系统与协同空间子系统稍弱于第一类城市，因此可以重点提升协同空间子系统和协同成本子系统，从而带动协同能力子系统，吸引更多投资，实现有序度的增长。

表3-18　2010～2017年邯郸产业协同系统有序度变化

年份	协同空间	协同成本	协同能力	协同创新	有序度
2010	0.028	0.003	0.025	0.008	0.064
2011	0.029	0.003	0.059	0.009	0.100
2012	0.032	0.003	0.028	0.014	0.077
2013	0.032	0.004	0.036	0.011	0.082
2014	0.035	0.004	0.039	0.013	0.090
2015	0.034	0.004	0.046	0.014	0.098
2016	0.024	0.005	0.050	0.014	0.093
2017	0.026	0.004	0.058	0.014	0.102

（5）河北第三类城市

2010～2017年，秦皇岛、邢台、衡水三个城市产业协同系统有序度较低，并且增速也较小。这三个城市经济基础较为薄弱，同时吸引投资的能力也有限，因此在京津冀发展过程中受益程度非常有限。这类城市协同成本子系统与协同能力子系统有序度显著低于其他城市，因此需要完善城市基础设施，提升协同成本子系统有序度，并且提高招商引资能力，使协同能力进一步得到提高。

以秦皇岛为例，其协同能力子系统有序度较第二类城市进一步降低，且增速非常缓慢（表3-19）。同时，其协同空间子系统与协同成本子系统有序度显著低于第一、第二类城市，主要体现为其市场不广阔、城市基础设施不完善，机会成本也较大，因此需要完善城市基础设施，提高招商引资能力。

表3-19 2010～2017年秦皇岛产业协同系统有序度变化

年份	协同空间	协同成本	协同能力	协同创新	有序度
2010	0.026	0.001	0.036	0.006	0.068
2011	0.022	0.001	0.035	0.006	0.064
2012	0.030	0.001	0.036	0.011	0.078
2013	0.027	0.001	0.036	0.010	0.074
2014	0.029	0.002	0.039	0.011	0.080
2015	0.020	0.002	0.042	0.013	0.076
2016	0.021	0.002	0.046	0.015	0.084
2017	0.025	0.002	0.048	0.014	0.088

第五节 京津冀产业协同发展规划建议

一、京津冀产业协同发展成果

自2014年起，京津冀区域发展经历了初步探索、规划实施、战略提速阶段，从三地政府推动发展上升为国家战略协同发展。

2014年7月，北京率先出台《北京市新增产业的禁止和限制目录（2014年版）》，以构建“高精尖”产业结构为目的，按四类功能区（首都功能核心区、城市功能拓展区、城市发展新区、生态涵养发展区）分别提出禁止和限制新增的具体产业。2018年，《北京市新增产业的禁止和限制目录（2018年版）》正式发布，对北京新增产业进行了进一步的规划和细化。

在优化产业结构方面，2014年5月，北京出台《北京市文化创意产业功能区建设发展规划（2014—2020年）》。2017年12月，京津冀协同发展领导小组办公室发布《关于加强京津冀产业转移承接重点平台建设的意见》，坚持“优化布局、相对集中，统筹推进、联动发展，改革创新、集约生态，政府引导、市场主导”的原则，立足三省市功能和产业发展定位，围绕构建和提升“2+4+N”产业合作格局，聚焦打造若干优势突出、特色鲜明、配套完善、承载能力强、发展潜力大的承接平台载体，引导创新资源和转移产业向平台集中，促进产业转移精准化、产业承接集聚化、园区建设专业化[①]。

（1）京津冀产业分工格局日趋明朗，区域分工与合作具有明显成效

随着京津冀产业协同发展，京津冀三地的分工格局逐渐明朗。北京产业偏重科技研发与服务环节，其在京津冀产值占比较大的行业是信息传输、计算机服务和软件业，文化、体育和娱乐，科学研究、技术服务与地质勘查业，租赁和商务服务业等，占比接近甚至超过70%。

天津产业偏重批零和商务服务环节，科学研究和技术服务业发展迅速。天津各行业产值占比较低，占比相对较高的是居民服务和其他服务业，水利、环境和公共设施管理业、批发和零售业、工业等行业，占比在30%左右。

河北产业偏重生产制造环节，其产值占比最高的是农、林、牧、渔业，超过90%，其次是交通运输、仓储和邮政业，工业，建筑业等，占比达50%～60%。居民服务和其他服务业、租赁和商务服务业等服务业产值也有所上升。

（2）北京对津冀的核心引领和辐射外溢作用凸显

京津冀企业之间互相投资的数额逐年增长，尤其是2017年，各地的投资比例大幅度提高。其中，北京对天津、河北的投资均较高，资本的辐射外溢作用明显。北京对津冀资本输出力度的不断增大，直接助推了三地产业协同。

（3）产业转型升级趋势明显

京津冀协同发展提出后，北京通过“腾笼换鸟”战略和打造“高精尖”经济体系，产业结构逐步高端化，呈现出“三二一”结构且第三产业占比持续上升态势；天津强调优化制造业和提升服务业占比，产业结构由“二三一”逐渐向“三二一”转变；河北积极承接非首都功能疏解和实施重化工业领域去产能，扩大自身制造业和服务业的优势，产业结构向“三二一”方向转变。

（4）京津冀整体协同度不断提升

近年来，京津冀区域经济协同发展程度一直处于不断提升的状态。从整体上看，京津冀三地整体协同度快速提升，在2016年协同度超过0.3，即达到一般协同的水平。目前，京津冀区域整体正处于一个由低协同度向高协同度过渡的阶段。

从具体各地来看，北京和天津的产业协同系统有序度较高，且增速较

---

① 北京举行《关于加强京津冀产业转移承接重点平台建设的意见》发布会[EB/OL]. http://www.scio.gov.cn/xwfbh/gssxwfbh/xwfbh/beijing/Document/1613953/1613953.htm[2021-06-15].

快；但河北产业协同系统有序度较低，且部分城市发展缓慢。

（5）北京非首都功能疏解得到阶段性成效

为落实城市战略定位、治理“大城市病”、实现北京可持续发展，2015年2月10日习近平总书记在中央财经领导小组第九次会议上指出，疏解北京非首都功能、推进京津冀协同发展，是一个巨大的系统工程。目标要明确，通过疏解北京非首都功能，调整经济结构和空间结构，走出一条内涵集约发展的新路子，探索出一种人口经济密集地区优化开发的模式，促进区域协调发展，形成新增长极。思路要明确，坚持改革先行，有序配套推出改革举措。方法要明确，放眼长远、从长计议，稳扎稳打、步步为营，锲而不舍、久久为功[①]。

近年来，非首都功能疏解一直在有层次、有梯度地稳步推进。北京严格控制增量、有序疏解存量，坚决调整退出一般性产业特别是高消耗产业。就地淘汰一批有色金属、建材、化工、机械、印刷等污染较大、耗能耗水较高的行业和生产工艺，加快完成1200家污染企业退出任务。控制高耗水农业生产功能发展，有序退出区域性物流基地、区域性专业市场等部分第三产业。

目前，北京空增量、调存量取得了显著进展，产业疏解成效显著，产业具有明显的高端化趋势。

二、京津冀产业协同发展规划总体思路

1. 京津冀产业协同发展规划总体思路回顾

推动京津冀协同发展是一个重大国家战略，其核心在于有序疏解北京非首都功能，要在产业升级转移这一重点领域取得突破。这就要求京津冀明确产业定位和方向，加快产业转型升级，推动产业转移对接，并不断加强三省市产业发展规划衔接，制定京津冀产业指导目录，加快津冀承接平台建设，加强京津冀产业协作等。

党的十九大报告提出，要“以疏解北京非首都功能为‘牛鼻子’推动京津冀协同发展”，要求在新的时代起点上推进京津冀协同发展。

为全面推进京津冀产业协同发展，充分发挥三地比较优势，引导产业有序转移和承接，形成空间布局合理、产业链有机衔接、各类生产要素优化配

① 习近平：疏解北京非首都功能[EB/OL]. http://www.bjnews.com.cn/news/2015/02/11/353468.html[2021-06-15].

置的发展格局，2016年6月13日工业和信息化部会同北京市、天津市、河北省人民政府共同制定了《京津冀产业转移指南》。

《京津冀产业转移指南》中的总体导向为：坚持创新、协调、绿色、开放、共享发展理念，有序疏解北京非首都功能，推进京津冀产业一体化发展。坚持市场在资源配置中的决定性作用，发挥政府在产业发展中的引导作用。推动产业转移与产业转型升级、创新能力提升相结合，与培育产业集群竞争力、适应资源环境承载力相结合，不断调整优化区域产业布局，构建“一个中心、五区五带五链、若干特色基地”产业发展格局①。

2017年12月，京津冀协同发展领导小组办公室发布的《关于加强京津冀产业转移承接重点平台建设的意见》中一共包括八个方面，其总体考虑为：坚持“优化布局、相对集中，统筹推进、联动发展，改革创新、集约生态，政府引导、市场主导”的原则，立足三省市功能和产业发展定位，围绕构建和提升“2+4+N”产业合作格局，聚焦打造若干优势突出、特色鲜明、配套完善、承载能力强、发展潜力大的承接平台载体，引导创新资源和转移产业向平台集中，促进产业转移精准化、产业承接集聚化、园区建设专业化②。

2. 未来京津冀产业协同发展目标

在未来的发展中，应进一步根据三地的产业比较优势和资源禀赋差异，完善产业分工体系，提高产业协作能力，围绕产业结构深度调整，建立与现代制造业相配套的现代服务业体系。

其一，应引导产业升级和转移（区域统筹规划），提高河北经济实力与产业水平。河北应充分利用后发优势，尽快弥补与京津的差距。调整区域布局，选择区别于京津两地的互补优势产业，扩大优势范围，培养属于自己的增长极，提高产业整体水平和竞争力。

其二，要根据三地的比较优势和资源基础优化区域产业分工体系。北京定位为“知识型+服务型”，强调“去功能化”，大力发展知识经济和服务经济，加快构建“高精尖”经济结构。天津定位为“加工型+服务型”，强调“服务化”，以商贸物流业、战略性新兴产业、先进制造业为主导，大力推进服

---

① 工业和信息化部：京津冀产业转移指南出炉[EB/OL]. http://finance.cnr.cn/gundong/20160630/t20160630_522537687.shtml[2021-06-16].

② 北京举行《关于加强京津冀产业转移承接重点平台建设的意见》发布会[EB/OL]. http://www.scio.gov.cn/xwfbh/gssxwfbh/xwfbh/beijing/Document/1613953/1613953.htm[2021-06-16].

务型经济发展。河北定位为“资源型+加工型+服务型”，强调“去资源化”，积极承接京津产业转移和科技成果转化，大力发展加工制造和服务经济。

其三，要进一步完善基于产业价值链的空间分工。在未来的发展中，规划北京偏重集中发展管理、研发和销售功能，腾退一般生产制造功能；天津聚焦于生产研发和高端加工制造，并发展一定的总部经济；河北主要从事生产制造，也需要在部分优势行业（如原材料）进行生产研发。

三、京津冀产业协同发展空间布局

《京津冀产业转移指南》提出了构建“一个中心、五区五带五链、若干特色基地”（简称“1555N”）产业发展格局。一个中心指的便是北京这一科技中心。

五区包括北京中关村、天津滨海新区、唐山曹妃甸区、沧州沿海地区、张承（张家口、承德）地区，这“五区”作为京津冀产业升级转移的重要引擎，通过强化政策支持与引导，率先实现突破。“五带”包括京津走廊高新技术及生产性服务业产业带、沿海临港产业带、沿京广线先进制造业产业带、沿京九线特色轻纺产业带、沿张承线绿色生态产业带，以这些产业带作为支撑，优化区域布局。“五链”指的是汽车、新能源装备、智能终端、大数据和现代农业五大产业链，应该以特色形成区域优势，发挥京津冀现有产业基础与优势，引导产业链合理布局，促进簇群式协同发展。除此之外，还要发展若干特色产业基地。

《关于加强京津冀产业转移承接重点平台建设的意见》中进一步提出了构建和提升“2+4+N”产业合作格局。2017年起，三地初步明确了“2+4+46”个产业承接平台，包括北京城市副中心和雄安新区两个集中承载地，曹妃甸协同发展示范区、北京新机场临空经济区、天津滨海新区、张承生态功能区四大战略合作功能区及46个专业承接平台①。

京津冀产业协同发展的空间布局应与京津冀协同发展规划中的空间布局具有一致性。《京津冀协同发展规划纲要》中为疏解北京非首都功能，指出要形成“一核、双城、三轴、四区、多节点”的空间格局。为了推动北京部分产业功能疏解和京津冀产业联动发展，相对应地需要在京津冀地区打造“一

---

① 《关于加强京津冀产业转移承接重点平台建设的意见》解读[EB/OL]. https://www.sohu.com/a/211778593_119586[2021-06-16].

圈、两核、三轴、四区、多中心”的产业空间格局。“一圈”即打造以创业、创新、健康养老、休闲度假、有机种植、宜居环境等为目标的环首都圈。“两核”即发展以服务经济、知识经济为核心的北京和天津。“三轴”即京唐秦发展轴、京津经济发展轴和京保石发展轴。京唐秦发展轴打造了高技术产业带，促进临港产业、高新技术产业、传统产业的战略重组和相互协调，京津经济发展轴可促进京津同城化以及电子信息、生物医药等战略性新兴产业及先进制造业的大力发展，京保石发展轴可促进现代制造业和现代农业的发展。“四区”分别为中部创新发展区、东部临港产业发展区、南部现代产业发展区和西北部生态涵养发展区。“多中心”包括石家庄、唐山、保定、邯郸等区域性中心城市和张家口、承德、廊坊、秦皇岛、沧州、邢台、衡水等节点城市，重点提高其城市综合承载能力和服务能力，有序推动产业和人口集聚。

四、京津冀产业协同发展策略

1. 积极发挥政府指导作用，实现产业有效对接

在京津冀的产业协同规划中，要充分发挥政府在其中的导向作用。通过明确三地各自的功能定位和产业发展的方向，合理规划产业布局，实现三地产业协同发展。京津冀产业的协同发展离不开政府积极的产业协同发展政策和三地基础设施建设的不断完善。

《关于加强京津冀产业转移承接重点平台建设的意见》指出，要引导钢铁深加工、石油化工等产业及上下游企业向曹妃甸协同发展示范区集聚。自2014年曹妃甸协同发展示范区开始建设以来，五年间曹妃甸在承接非首都功能疏解和对接京津产业项目转移上主动作为，与京津共签约产业项目412个，协议总投资4491亿元，累计实施京津产业项目139个，总投资1936亿元[①]。其产业布局也逐步清晰，先进制造业、战略性新兴产业、现代服务业三大产业的发展成果显著。

2. 在发展中突出各地优势资源

京津冀在产业发展中各具优势。北京的主导产业主要集中于科学研究与技术服务业，科技研发、租赁和商务服务业、批发和零售业等行业具有发展

---

① 曹妃甸在协同发展大道上绽放精彩[EB/OL]. http://www.tangshan.gov.cn/zhuzhan/zhengwuxinwen/20190226/676912.html[2021-06-16].

优势，居于产业链的研发环节和销售环节，处于产业链的高端；天津正在由传统的制造业向科技研发、电子制造、汽车制造等高端产业转化，租赁和商务服务业等生产性服务业以及批发和零售业等消费性服务业具有优势，居于产业链的销售环节，处于产业链中端；河北在基础产业方面有较大的优势，水、电、燃气供应以及采矿业等方面比较突出，批发和零售业、住宿和餐饮业等服务业发展优势较好，总体居于产业链的制造环节，处于产业链低端。

在发展中，应强调各地的优势产业，突出各自的发展优势，修补断裂的产业价值链，为区域产业链发展创造良好的条件。

3. 打破行政边界，加强区域产业间互动

目前，京津冀三地经济差距较大，强行让三地达到同一发展水平不现实。应在加强区域产业互动的同时，积极引导三地产业有梯度地转移，从而达到以大带小、以强带弱，实现三地产业结构整体的优化升级。三地行政边界的弱化有利于河北利用廊坊、保定、石家庄、沧州等地现有商贸物流产业基础和交通优势，积极承接北京区域性批发市场转移，推动一批承接北京市场疏解转移项目有序落地。

4. 大力引入创新机制，创造良好的产业创新环境

为了疏解北京非首都功能，河北承接了大量北京原有的工业，环境污染逐渐成为河北经济发展的一个重要矛盾点。随着科技进步和环境问题的不断突出，河北需要大力引入创新机制，以实现低碳减排和经济效益双丰收。此外，将京津的优质创新资源引入河北，有利于创造良好的产业创新环境，打造良好的区域生态产业链。

《关于加强京津冀产业转移承接重点平台建设的意见》指出，要引导北京金融服务平台、数据中心机构及科技企业、高端人才等创新资源向天津滨海新区、中关村科技园集聚，这将有利于天津产业结构的升级。

此外，多年来张承地区生态建设与当地经济发展的矛盾未得到很好的解决，应尽快研究建立科学的生态补偿机制和稳定的生态补偿渠道。通过加快体制和机制创新，加快财政转移支付，发展资源环境可承载的产业，加强生态修复和环境保护，实现张承地区经济发展与生态建设的良性发展。

5. 强化区域间人才合作

京津冀是我国人才资源聚集的重要基地。在京津冀产业协同发展过程中

应重视人才合作。统筹规划，建立健全人才合作机制，优化区域间的教育资源，打破行政壁垒，实现京津冀三地人才的自由流动；将为京津冀产业协同发展提供更充足的后备力量，有利于京津冀区域的整体发展。

6. 重视市场机制在推动产业协同发展中的作用

京津冀的产业转移中政府的引导作用必不可少，政府的积极引导有利于投资环境的改善，为企业创造更多的机会。但产业转移不能只靠政府的努力，还要重视市场机制在产业协同发展中发挥的重要作用。让更多的专业化企业、行业协会在园区运营、招商引资、产业项目落地中发挥更大的作用。

在天津滨海新区的发展中应摆脱地方政府主导土地运营的传统开发模式，强调企业在其中的重要作用。由于地方政府前期资金投入巨大，滨海-中关村科技园的大规模基础设施建设基本完成，但目前园区内缺少优质项目带动园区发展，且吸引优质项目的难度越来越大。园区进一步的开发应由优惠政策为主过渡到创新土壤培养为主。在区际合作产业园区发展之初，地方政府的一系列扶持和优惠政策能够快速推动园区基础设施建设和吸引部分为了获得政府政策红利的企业投资入驻。但随着园区发展，地方政府对园区扶持政策的红利作用也会逐渐减弱。这时就需要强化市场化运作机制，使园区减少对地方政府红利政策的依赖，提升自身能力以促进园区的可持续发展。政府则需要在发挥好启动和催化的作用后适时退出。

五、京津冀产业协同发展规划具体建议

1. 未来京津冀产业协同发展的重点工作

1）进一步完善京津冀政府间高层协作机制，加强三方政府间联动长效合作，探索创新跨域管理体制。

2）加强区际投资与产业交流，有效推动产业转移，培养河北经济增长极，提高河北经济实力与产业实力。

3）河北积极有效承接京津产业转移，加强5条京津冀协同发展产业带、4大战略合作功能区、46个专业承接平台的建设，实现制造产业与服务产业的“协调互补发展”。

4）重视企业、科技研发等在京津冀产业协同中发挥的作用，鼓励区际投资，鼓励行业协会发挥重用等。

2. 京津冀城市群各地功能定位

《京津冀协同发展规划纲要》中对京津冀的功能定位为以首都为核心的世界级城市群、区域整体协同发展改革引领区、全国创新驱动经济增长新引擎、生态修复环境改善示范区。

根据分析，建议将北京定位为“知识型+服务型”城市，强调“去功能化”，即疏解非首都功能，大力发展知识经济和服务经济，加快构建“高精尖”经济结构；天津定位为“加工型+服务型”城市，强调“服务化”，以商贸服务业、先进制造业为主导，大力推进服务型经济发展；河北定位为“资源型+加工型+服务型”城市，强调“去资源化”，积极承接京津产业转移和科技成果转化，大力发展加工制造和服务经济。

未来，京津冀三地产业发展趋势应符合各自的功能定位，进一步增强产业分工，使产业协同程度不断提升。特别是河北各地级市，应明确各自的定位。

在具体的分工上，北京应进一步集中发展管理、研发和销售功能，发展高端生产性服务业，腾退部分生产制造功能；天津应聚焦居民服务、商务服务和高端加工制造，发展一定的高端服务业；河北应主要从事生产制造，保持在金属制造、水电生产供应上的优势，在部分优势服务行业扩大产值规模。

河北各地级市应依托现有产业基础，明确各自的定位、进一步进行产业分工，具体如表3-20所示。

表3-20　京津冀各市规划提升战略及重点发展产业

地区	产业协同系统有序度提升战略	重点发展产业（依托现有产业基础）
北京	可能更多地依赖协同创新子系统	集中发展管理、研发和销售功能，发展高端生产性服务业，腾退部分生产制造功能
天津	主要依赖于协同能力子系统有序度的增长，协同创新子系统有序度增长空间也较大	聚焦居民服务、商务服务和高端加工制造，发展一定的高端服务业
石家庄	重点提升协同能力子系统，协同创新子系统和协同成本子系统共同发展	交通运输、仓储和邮政业
唐山		农、林、牧、渔业，采矿业，制造业
廊坊		农、林、牧、渔业，采矿业
沧州		农、林、牧、渔业，采矿业
邯郸	重点提升协同空间子系统和协同成本子系统，同时提升协同能力子系统，吸引更多的投资	采矿业
承德		农、林、牧、渔业
保定		制造业、建筑业
张家口		水利、环境和公共设施管理业

续表

地区	产业协同系统有序度提升战略	重点发展产业（依托现有产业基础）
秦皇岛	完善城市基础设施，提升协同成本子系统有序度，并且提高招商引资能力，使协同能力进一步得到提高	交通运输业，公共管理、社会保障和社会组织
邢台		采矿业，公共管理、社会保障和社会组织
衡水		水利、环境和公共设施管理业

4 第四章 京津冀生态环境共保联治

第一节 战略背景及政策支持

一、战略背景

1. 生态文明建设

习近平在十九大报告中指出，加快生态文明体制改革，建设美丽中国，并强调必须坚持节约优先、保护优先、自然恢复为主的方针，形成节约资源和保护环境的空间格局、产业结构、生产方式、生活方式，还自然以宁静、和谐、美丽，提出了推进绿色发展、着力解决突出环境问题、加大生态系统保护力度、改革生态环境监管体制四大任务[①]。

此前，中共中央、国务院已发布了众多关于生态文明建设的政策、规

① 习近平指出，加快生态文明体制改革，建设美丽中国[EB/OL]. http://cpc.people.com.cn/19th/big5/n1/2017/1018/c414305-29594512.html[2021-06-16].

定、报告，如2015年4月印发的《中共中央 国务院关于加快推进生态文明建设的意见》提出，到2020年，资源节约型和环境友好型社会建设取得重大进展，主体功能区布局基本形成，经济发展质量和效益显著提高，生态文明主流价值观在全社会得到推行，生态文明建设水平与全面建成小康社会目标相适应；工作重点内容包括加大自然生态系统和环境保护力度，健全生态文明制度体系，加强生态文明建设统计监测和执法监督等。

在1月12～13日召开的2020年全国生态环境保护工作会议上，提出落实关于构建现代环境治理体系的指导意见，包括制定实施中央和国家机关生态环境保护责任清单，基本建立生态环境保护综合行政执法体制，实现固定污染源排污许可全覆盖，支持国家绿色发展基金启动运营，加强生态环境保护宣传引导，加快建设生态环境“大平台、大数据、大系统”，快速妥善应对突发环境事件，加强国际交流和履约能力建设等多个方面[①]。

正如2020年全国生态环境保护工作会议上强调的，2020年是全面建成小康社会和“十三五”规划的收官之年，是打好污染防治攻坚战的决胜之年，是保障“十四五”顺利起航的奠基之年。

2. 京津冀协同发展

2014年2月，习近平总书记发表讲话，强调实现京津冀协同发展是一个重大国家战略，全面深刻阐述了京津冀协同发展战略的重大意义、推进思路和重点任务[②]，为京津冀协同发展指明了方向；同年6月即成立京津冀协同发展领导小组。

2015年4月，中央政治局会议审议通过的《京津冀协同发展规划纲要》，将推动京津冀协同发展上升为重大国家战略，纲要中明确指出了京津冀三地的具体功能定位：北京为全国政治中心、文化中心、国际交往中心和科技创新中心；天津为全国先进制造研发基地、北方国际航运核心区、金融创新运营示范区和改革先行示范区；河北为全国现代商贸物流重要基地、产业转型升级试验区、新型城镇化与城乡统筹示范区、京津冀生态环境支撑区。京津冀协同发展以北京非首都功能疏解为核心，配合人口规模调控，以环保、交

① 全国生态环境保护工作会议在京召开[EB/OL]. http://www.gov.cn/xinwen/2020-01/14/content_5468911.htm[2021-06-16].

② 聚焦京津冀协同发展：2030年基本形成一体化格局[EB/OL]. http://theory.people.com.cn/n/2015/0824/c49154-27505403.html[2021-06-16].

通和产业升级转移为重点领域；纲要指出要加快破除体制机制障碍，推动要素市场一体化，构建京津冀协同发展的体制机制，加快公共服务一体化改革[①]。

2016年2月印发的《“十三五”时期京津冀国民经济和社会发展规划》，是全国第一个跨省市的区域“十三五”规划，明确了京津冀地区未来五年的发展目标。2019年1月，在京津冀协同发展战略实施五周年前夕，习近平总书记考察京津冀三地，主持召开京津冀协同发展座谈会，为深入实施京津冀协同发展战略进一步指明了方向。

二、政策支持

表4-1列出了京津冀协同发展政策的发展历程。

表4-1　京津冀协同发展政策回顾

类型	颁布时间	名称	颁布机构	主要内容
生态文明建设	2012年11月	十八大报告	中共中央	坚持节约资源和保护环境的基本国策，坚持节约优先、保护优先、自然恢复为主的方针，着力推进绿色发展、循环发展、低碳发展，形成节约资源和保护环境的空间格局、产业结构、生产方式、生活方式，从源头上扭转生态环境恶化趋势，为人民创造良好生产生活环境，为全球生态安全作出贡献
	2015年4月	《中共中央 国务院关于加快推进生态文明建设的意见》	中共中央、国务院	强化主体功能定位，优化国土空间开发格局；推动技术创新和结构调整，提高发展质量和效益；全面促进资源节约循环高效使用，推动利用方式根本转变；加大自然生态系统和环境保护力度，切实改善生态环境质量；加快形成推进生态文明建设的良好社会风尚
	2015年9月	《生态文明体制改革总体方案》	中共中央、国务院	健全自然资源资产产权制度、建立国土空间开发保护制度、建立空间规划体系、完善资源总量管理和全面节约制度、健全资源有偿使用和生态补偿制度、建立健全环境治理体系、健全环境治理和生态保护市场体系、完善生态文明绩效评价考核和责任追究制度
	2015年11月	《全国生态功能区划（修编版）》	环境保护部、中国科学院	在全国生态调查的基础上，分析区域生态特征、生态系统服务功能与生态敏感性空间分异规律，确定不同地域单元的主导生态功能，制定全国生态功能区划
	2016年11月	《“十三五”生态环境保护规划》	国务院	“十三五”期间七大任务：强化源头防控，夯实绿色发展基础；深化质量管理，大力实施三大行动计划；实施专项治理，全面推进达标排放与污染减排；实行全程管控，有效防范和降低环境风险；实施一批国家生态环境保护重大工程

① 京津冀协同发展纲要获通过 疏解北京非首都功能[EB/OL]. http://theory.people.com.cn/n/2015/0504/c40531-26945355.html[2021-06-16].

续表

类型	颁布时间	名称	颁布机构	主要内容
生态文明建设	2017年2月	《全国国土规划纲要（2016—2030年）》	国务院	一是构建多中心网络型开发格局，推进建设国土开发集聚区，积极培育国土开发轴带。二是构建分类分级保护格局，按照环境质量、人居生态、自然生态、水资源和耕地资源5大类资源环境主题，实施全域分类保护。三是构建国土综合整治格局，修复与提升主要城市化地区、农村地区、重点生态功能区、矿产资源开发集中区及海岸带（即“四区一带”）和海岛地区的国土功能
	2017年10月	十九大报告	中共中央	加快生态文明体制改革，建设美丽中国。必须坚持节约优先、保护优先、自然恢复为主的方针，形成节约资源和保护环境的空间格局、产业结构、生产方式、生活方式，还自然以宁静、和谐、美丽
	2018年6月	《生态文明建设标准体系发展行动指南（2018—2020年）》	国家标准化管理委员会	建立健全生态文明建设标准体系，加快制修订生态环境、空间布局、生态经济、生态文化等生态文明建设急需的关键技术标准，着力推动生态文明建设标准应用实施，推动建设人与自然和谐共生的现代化，不断满足人民日益增长的优美生态环境需要
京津冀协同发展	2015年4月	《京津冀协同发展规划纲要》	中共中央、国务院	坚持协同发展、重点突破、深化改革、有序推进；严控增量、疏解存量、疏堵结合调控北京市人口规模；在京津冀交通一体化、生态环境保护、产业升级转移等重点领域率先取得突破；构建京津冀协同发展的体制机制，加快公共服务一体化改革；抓紧开展试点示范，打造若干先行先试平台
	2015年12月	《京津冀协同发展生态环境保护规划》	国家发展和改革委员会、环境保护部	明确了未来几年京津冀生态环境保护方面的一系列目标任务，提出到2017年区域生态环境质量恶化趋势得到遏制，到2020年主要污染物排放总量大幅削减，区域生态环境质量明显改善
	2015年12月	《京津冀区域环境保护率先突破合作框架协议》	京津冀三地环保厅局	实现联合立法；共同制定大气、水、土壤和固废领域的专项规划，统筹区域污染治理；统一标准，建立区域协同的污染物排放标准体系，逐步统一区域环境准入门槛；共同研究确定统一的监测质量管理体系，共同构建区域生态环境监测网络；建立三省（市）环境信息共享平台，共享环境质量、污染排放以及污染治理技术、政策等信息；针对区域共性污染问题，协同开展大气、水、土壤污染治理，共同实施生态建设
	2016年2月	《“十三五”时期京津冀国民经济和社会发展规划》	国家发展和改革委员会	规划提出，到2020年，京津冀地区的整体实力将进一步提升，经济保持中高速增长，结构调整取得重要进展；协同发展取得阶段性成效，首都“大城市病”问题得到缓解，区域一体化交通网络基本形成；生态环境质量明显改善，生产方式和生活方式绿色，低碳水平上升；人民生活水平和质量普遍提高，城乡居民收入较快增长，基本公共服务均等化水平稳步提高

续表

类型	颁布时间	名称	颁布机构	主要内容
京津冀协同发展	2017年8月	《关于共同推进河北雄安新区规划建设战略合作协议》	北京市人民政府与河北省人民政府	一是开展全方位合作。二是对接雄安新区功能定位。三是注重实效，既明确支持合作的方向、原则和基本路径，又聚焦重点领域推进实施一批有共识、看得准、能见效的合作项目，努力形成雄安新区与北京城市副中心"两翼"齐飞的生动格局
	2018年7月	《北京市推进京津冀协同发展2018—2020年行动计划》	北京市发展和改革委员会	从疏解、承接、生态、交通、产业、创新、公共服务等多个方面，为未来3年的京津冀协同发展描摹出一幅"施工图"，也让三地协同发展迎来了新起点

1.《生态文明体制改革总体方案》

2015年9月11日，中共中央政治局召开会议，审议通过了《生态文明体制改革总体方案》，旨在加快建立系统完整的生态文明制度体系，加快推进生态文明建设，增强生态文明体制改革的系统性、整体性、协同性，提出了生态文明体制改革的指导思想、理念、原则等，确立了生态文明体制改革的总体目标。

2.《"十三五"生态环境保护规划》

根据《"十三五"生态环境保护规划》要求，推动京津冀地区协同保护，并以资源环境承载能力为基础，优化经济发展和生态环境功能布局，扩大环境容量与生态空间。加快推动天津传统制造业绿色化改造，以及促进河北有序承接北京非首都功能转移和京津科技成果转化。另外，还要深化区域大气污染联防联控。全面深化京津冀及周边地区、长三角、珠三角等区域大气污染联防联控，建立常态化区域协作机制，区域内统一规划、统一标准、统一监测、统一防治。

显著削减京津冀及周边地区颗粒物浓度、开展土壤污染和污染地块治理与修复、强化重点区域土壤污染防治、加快完善城镇污水处理系统、加快建立多元化生态保护补偿机制成为京津冀地区的主要任务。

3.《京津冀协同发展规划纲要》

2015年，《京津冀协同发展规划纲要》出台，将推动京津冀协同发展定位为国家战略，以有序疏解北京非首都功能为核心，要求在京津冀交通一体化、生态环境保护、产业升级转移等重点领域率先取得突破。纲要还给出了京津冀协同发展的近、中、远三期目标：到2017年，在符合协同发展目标且现实急需、具备条件、取得共识的交通一体化、生态环境保护、产业升级转移等重点领域率先取得突破；到2020年，北京“大城市病”等突出问题将得到缓解；到2030年，京津冀区域一体化格局基本形成。

在生态环保方面。纲要支持张承地区生态保护和修复的指导意见印发实施，三省（市）制定了2015～2017年植树造林实施方案，已将山东、河南毗邻河北部分区域纳入京津冀大气污染防治范围，建立区域联防联控污染机制。

4.《京津冀协同发展生态环境保护规划》

2015年底，国家发展和改革委员会环境保护部发布《京津冀协同发展生态环境保护规划》，提出以加快拓展生态空间、强化污染治理，将京津冀区域打造成为生态修复、环境改善示范区为目标。规划首次规定了京津冀地区生态环保红线，并规定了环境质量底线和资源消耗上线。除了对空气质量治理提出相关要求，规划也对三省（市）的产业协调发展提出要求，明确了对于造纸、制革、印染、电镀等不符合国家产业政策行业的取缔要求。此外，规划还提出推进环境改善重点工程，实施国土生态整治、清洁水、大气污染防治等一批重点工程，将治理需求切实转换为工程措施，在改善生态环境质量的同时培育新的经济增长点。

5.《京津冀区域环境保护率先突破合作框架协议》

2015年12月，京津冀三地环保厅局正式签署《京津冀区域环境保护率先突破合作框架协议》。协议明确了未来京津冀三地将率先从十项重点工作实现突破：在环境保护部领导下，三地将共同编制《京津冀区域环境污染防治条例》，实现联合立法；以国家《京津冀协同发展生态环保规划》为统领，共同制定大气、水、土壤和固废领域的专项规划，统筹区域污染治理；统一标准，建立区域协同的污染物排放标准体系，逐步统一区域环境准入门槛；在国家统一的大气、水、土壤环境质量监测和污染源监测技术规范的指导下，共同研究确定统一的监测质量管理体系，共同构建区域生态环境监测网络；建立三省（市）环境信息共享平台，共享环境质量、污染排放以及污染治理技术、政策等信息；针对区域共性污染问题，协同开展大气、水、土壤污染治理，共同实施生态建设；针对跨区域、跨流域的环境污染以及秸秆焚烧、煤炭、油品质量等区域性环境问题，集中时间，开展联动执法，共同打击违法排污行为；针对跨区域的环境污染事件以及区域性、大范围的空气重污染，建立预警会商和应急联动工作机制；针对可能对区域大气环境、水环境产生重大影响的重点行业规划、园区建设规划和重大工程项目实施环评会商。

第二节　生态环境保护成效

一、联防联控体系初步形成

1. 顶层设计

《京津冀协同发展规划纲要》作为顶层设计指导了区域发展，纲要中突出统一规划、严格标准、联合立法三个重点工作内容。

过去各自为战的策略不符合区域污染治理的新要求，所以建立一套统一的、有创新性的区域规划体系势在必行。以《京津冀协同发展生态环保规划》为统领，共同制定大气、水、土壤和固废领域的专项规划，统筹区域污染治理。

京津冀在生态环境准入门槛和日常监管标准上存在较大差异，可能导致污染企业在区域内转移，推动国家标准中污染物特别排放限值的全面实施，共同发布新的污染物排放地方标准，建立区域协同的污染物排放标准体系，逐步统一区域环境准入门槛十分重要。

京津冀处于不同社会发展阶段，对生态保护的要求自然也不同，在协同互助的原则下开展工作需要良好的法律制度保障。三地共同编制《京津冀区域环境污染防治条例》，研究推动建立契合京津冀实际情况的立法体系，实现区域的立法突破。

2. 全面部署

联防联控体系的全面部署以京津冀环境执法与环境应急联动工作机制铺开，该机制是由京津冀三地环保部门为共同打击京津冀区域内环境违法行为，更有效地维护环境安全，改善环境质量而协商建立的，并于2015年召开了京津冀环境执法与环境应急联动工作机制联席会议，通过了《北京市天津市河北省环境执法联动工作机制合作协议》。

协议通过确立定期会商制度（定期举行会议商谈）、联动执法制度[即由三省（市）环保局（厅）定期或不定期统一人员调配、统一执法时间、统一执法重点开展联动执法]、联合检查制度（即每年各牵头组织1～2次联合检查行动，互相派遣执法人员到对方辖区开展联合检查）、重点案件联合后督察制度（即对重点环境违法案件联合进行环境行政执法督察）、信息共享制度（即相互共享本辖区环境监察执法信息）①这五项基本工作制度，对联防联控体系进行了全方位的制度安排。

3. 组织机构建设与执行

如表4-2所示，由对京津冀生态环境联防联控体系的组织机构建设成果梳理中可知，体系的参与主体和治理对象都在多元化、网络化发展，联合的部门和机构逐渐增多；治理手段和举措由单一的强制性行政命令向结合多方位的规范法制、市场激励、宣传引导转变；治理内容逐渐涵盖生产、消费全链条，从末端补救转向源头管控，覆盖区域也更具连贯性而非割裂分离。整体上，京津冀生态环境联防联控体系在逐步迈向精细化、动态化、专业化、成熟化。

表4-2 京津冀生态环境联防联控组织机构建设情况

层级	机构名称	所属领域	工作内容/机制
国家层面	京津冀及周边地区大气污染防治领导小组	大气	研究确定区域大气环境质量改善目标和重点任务，指导、督促、监督有关部门和地方落实；组织制定有利于区域大气环境质量改善的重大政策措施，研究审议区域大气污染防治相关规划等文件；研究确定区域重污染天气应急联动相关政策措施，组织实施重污染天气联合应对工作
省级层面	北京市大气污染综合治理协调处		负责京津冀及周边地区大气污染防治协作、联防联控的具体联络协调工作，以及京津冀及周边地区大气污染防治协作小组办公室文电、会务、信息等日常运转工作
	天津市大气污染防治重点实验室		开展大气污染监测技术、大气环境过程数值模拟与环境影响评价、大气环境化学等方向的研究；提出前沿性科学问题、研究思路和决策支持；吸纳高校、科研院所和企业大气环境研究领域的科技人才，加强与国内外研究机构合作，展开学术交流
	河北省公安厅环境安全保卫总队		在各区市、大气污染重点县组建，公安与环保部门实行联合执法，严厉打击环境违法行为。掌握全省环境犯罪动态，分析犯罪信息，拟定预防、打击对策；拟定全省环境安全保卫工作规范并负责监督检查落实

① 京津冀环境执法联动工作机制启动[EB/OL]. http://covid-19.chinadaily.com.cn/hqgj/jryw/2015-11-28/content_14364157.html[2021-06-18].

续表

层级	机构名称	所属领域	工作内容/机制
省级层面	京津冀及周边地区水污染防治协作小组	水	按照“责任共担、信息共享、协商统筹、联动协作”的原则，开展区域流域协作，先后印发《京津冀及周边地区水污染防治部际协调小组工作规则》《京津冀及周边地区落实〈水污染防治行动计划〉2016—2017年实施方案》《京津冀区域2017年水污染防治工作方案》等工作文件
	京津冀水污染突发事件联防联控工作协调小组		由京津冀环保部门联合成立，共同签署了《京津冀水污染突发事件联防联控机制合作协议》，从组织协调、联合预防、信息共享、联合监测等方面建立突发水环境事件应急联动机制
	京津冀协同发展生态率先突破工作领导小组	林地、草地、湿地等生态系统	2016年，由国家林业局和三地政府合作，签署《共同推进京津冀协同发展林业生态率先突破框架协议》，加快推进京津冀林业生态建设，加快国土绿化步伐、提升森林资源质量、扩展自然保护空间、生态产业精准扶贫
	京津冀环境执法联动工作领导小组	大气、水、固体废物等多方面	由京津冀环保部门共同成立，共同打击京津冀区域内环境违法行为，维护环境安全，改善环境质量

二、大气污染防治显现成效

1. 污染物治理情况

总体来说，京津冀地区在大气污染物控制方面取得了一定成效。国务院2013年印发的《大气污染防治行动计划》（即《大气十条》）中定下目标：到2017年，京津冀的$PM_{2.5}$浓度下降25%，其中北京$PM_{2.5}$年均浓度控制在60微克/米^{3}左右①；NO_2浓度相对2013年下降9.8%，SO_2下降44.9%②。根据表4-3，上述目标已全面完成。图4-1为京津冀地区六大主要大气污染物2017年相对2013年下降比例曲线变化图。

表4-3　京津冀地区六大主要大气污染物2017年相对2013年下降比例

（单位：%）

地区	SO_2	NO_2	PM_{10}	CO	O_3	$PM_{2.5}$
北京	63.64	19.30	27.59	34.38	2.03	32.56
天津	72.88	7.41	37.33	24.32	−27.15	35.42

① 国务院关于印发大气污染防治行动计划的通知[EB/OL]. http://www.gov.cn/zhengce/content/2013-09/13/content_4561.htm[2021-06-18].

② 《大气污染防治行动计划》实施情况中期评估报告[EB/OL]. http://www.gov.cn/xinwen/2016-07/06/content_5088795.htm[2021-06-18].

续表

地区	SO_2	NO_2	PM_{10}	CO	O_3	$PM_{2.5}$
河北	69.29	23.16	48.94	43.65	10.81	50.46
地区均值	69.97	50.06	70.90	35.08	−2.50	40.61

资料来源：2013年和2017年京津冀三地生态环境状况公报

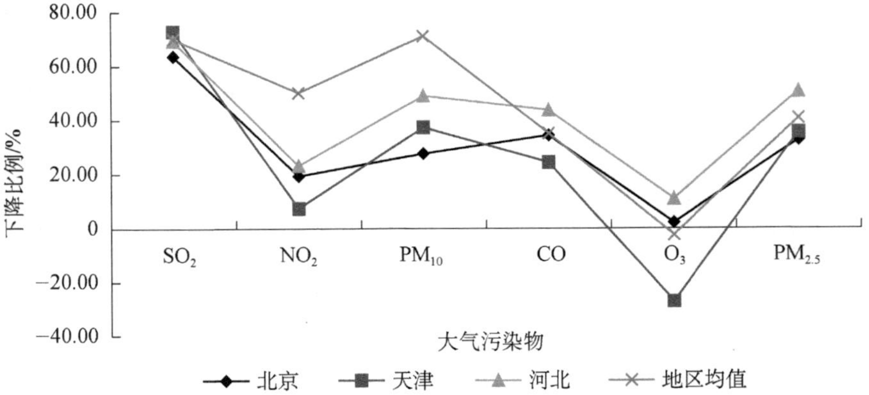

图4-1　京津冀地区六大主要大气污染物2017年相对2013年下降比例曲线变化图

从全国范围来看，虽然京津冀地区是包括长三角、珠三角等主要区域中大气污染情况较为严重的地区，但就表4-4显示的2013～2018年京津冀地区和长三角地区空气质量达标天数比例和$PM_{2.5}$年平均浓度差值来看，两者之间的差距总体在缩小，说明京津冀地区的大气污染治理情况较为理想。

表4-4　2013～2018年京津冀地区和长三角地区空气质量达标天数比例和$PM_{2.5}$年平均浓度差值

年份	2013年	2014年	2015年	2016年	2017年	2018年
空气质量达标天数比例/%	27	30	20	19	19	24
$PM_{2.5}$年平均浓度/（微克/米^3）	39	33	24	25	20	16

资料来源：2013～2018年全国及京津冀三地生态环境状况公报

就具体的空气质量指标来看，如图4-2所示，2014～2018年京津冀地区的$PM_{2.5}$、PM_{10}、SO_2年均浓度均呈下降趋势，且2014～2015年的下降比例有一个显著的提高，这是因为2014年和2015年正值京津冀协同发展战略正式部署阶段，尤其是在大气污染防治方面采取了强有力的举措，由此可见这些举措是具有积极效应的。

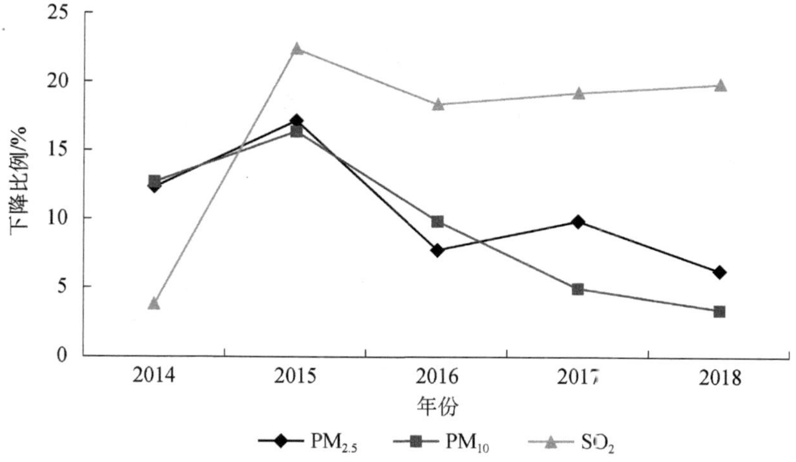

图4-2　2014～2018年京津冀地区$PM_{2.5}$、PM_{10}、SO_2较上年年均浓度下降比例

资料来源：2014～2018年京津冀三地生态环境状况公报

2. 产业优化与能源使用改良

从三次产业结构来看，2012～2018年，三地第三产业占总GDP比重均有所上升，天津和河北在2015年分别为50%和40%（图4-3），说明三地在产业结构调整与优化方面均呈较好态势。具体来说，三地在“散乱污”企业治理、对污染行业去产能方面也取得了阶段性成果，河北多市出台了针对水泥、化工、钢铁等重污染工业企业差异化错峰生产或停产限产的政策[①]。

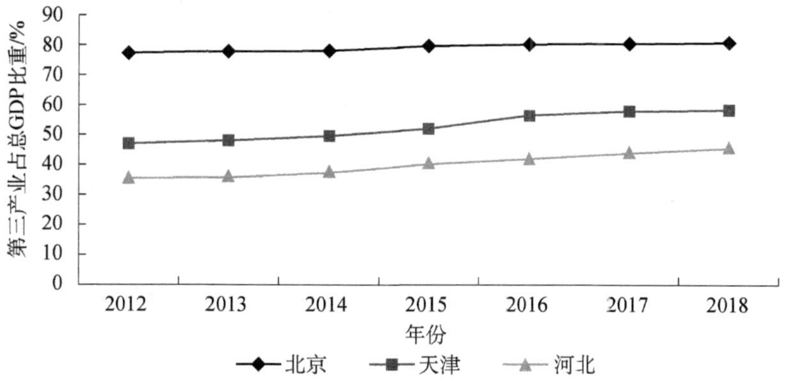

图4-3　2012～2018年京津冀三地第三产业占总GDP比重

在具体的环保产业方面，三地在新能源汽车产业和节能环保产业均有一

① 错峰生产河北对企业差异化管控[EB/OL]. http://env.people.com.cn/n1/2018/1129/c1010-30431934.htm[2021-06-18].

定的进展，如图4-4和图4-5所示，北京和天津近年来在上述两个产业发展上总体保持良好态势，天津的成果尤其显著。河北在2016年、2017年，新能源汽车产量分别为3620辆、8736辆，分别同比增长74.3%、141.3%[①]。

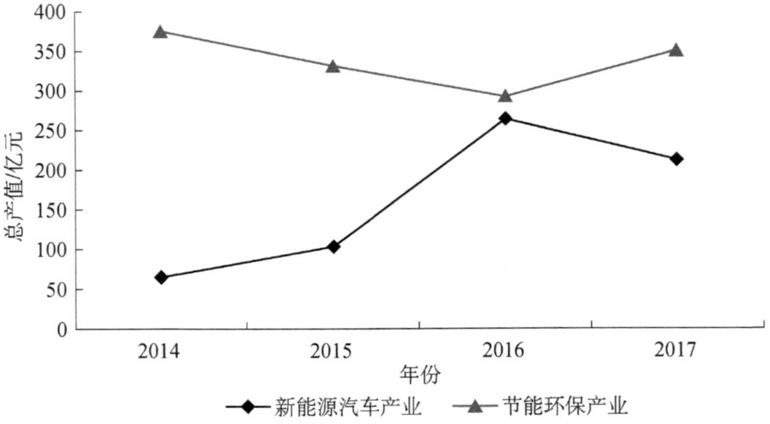

图4-4　2014～2017年北京新能源汽车产业和节能环保产业总产值

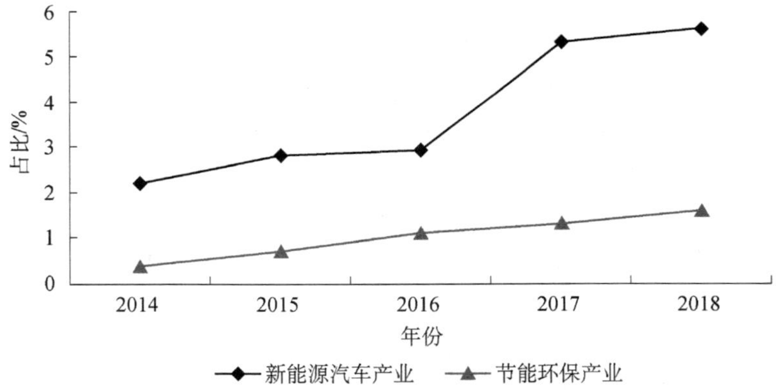

图4-5　2014～2018年天津新能源汽车产业和节能环保产业增加值占比

在能源使用方面，三地的能源结构有所优化，2013～2017年煤炭消耗量占能源消耗总量的比重在不断下降，根据《北京统计年鉴2018》，2017年北京煤炭消费量仅占消费总量的5.65%（图4-6），石油、天然气、一次电力及其他能源占比分别为33.8%、31.8%、2.77%。此外，三地万元GDP能耗也在不断降低（图4-7），总体上实现了能源结构的优化结构。

① 河北省新能源汽车产业发展概况及规划[EB/OL]. http://www.gev.org.cn/news/1387.html[2021-06-18].

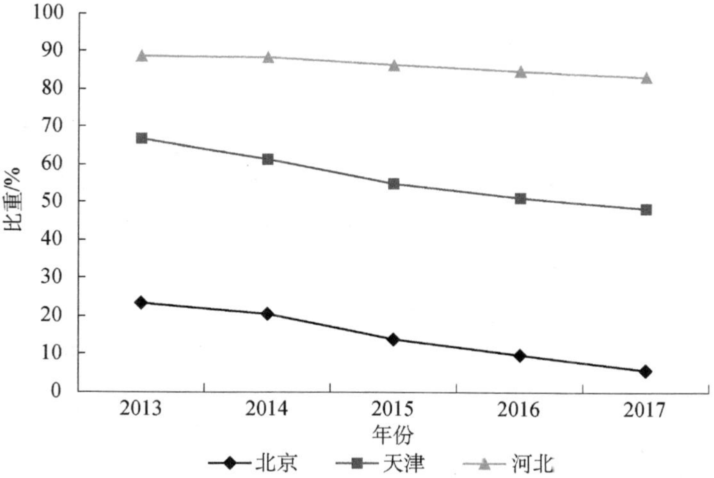

图4-6　2013～2017年京津冀三地煤炭消耗量占能源消耗总量的比重

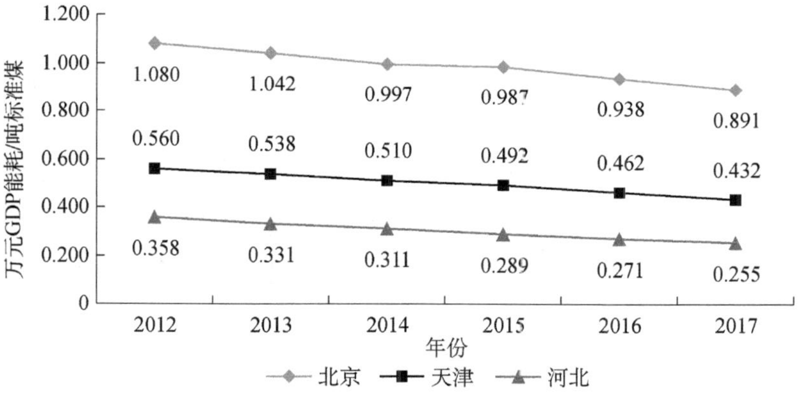

图4-7　2012～2017年京津冀三地万元GDP能耗

根据河北省生态环境厅2017年末公布的京津冀散煤治理情况[①]，截至报道发布，北京已经顺利完成城六区的“煤改气”工作，四大燃煤电厂关停、四大燃气热电中心建成投运；天津则完成了34万户散煤用户的清洁能源替代，有60万户将在2018年实现清洁能源替代，同时还完成了4630台工业燃煤锅炉的改造和淘汰工作，顺利完成全市工业燃煤锅炉清零任务；河北淘汰燃煤小锅炉3.36万台共5.05万蒸吨，清洁取暖方面完成气代煤、电代煤工程任务覆盖181.2万户，取缔散煤经营网点2796个，有效控制了劣质散煤燃烧造成的污染。

① 取暖季散煤清零一步一个脚印——京津冀散煤治理综述[EB/OL]. https://www.cenews.com.cn/syyw/201711/t20171122_858676.html[2021-09-20].

3. 组织建设与政策工具

京津冀大气污染治理能够取得成效，与国家总体战略指导下针对大气污染治理的管理机制密不可分。李牧耘等①将京津冀地区大气污染治理联防联控机制建设分为三个阶段，第一阶段为2006～2012年，以行政命令控制的管理手段为特征，重点举措为北京2008年奥运会空气质量保障工作协调小组的成立和工作开展，从某种程度上来说，这是我国全面铺开大气污染联防联控治理模式的开端和序幕。第二阶段为2013～2016年，是京津冀区域大气污染治理联防联控走向体制化、正规化的重要阶段，2013年环境保护部等六部门联合发布《京津冀及周边地区落实大气污染防治行动计划实施细则》，同年京津冀及周边地区大气污染防治协作小组成立，京津冀区域大气污染防治协作机制由此建立，以此机制为引领，这一阶段出台了一系列攻坚大气污染痼疾新害的决策和安排，更以2017年为第一个节点，制定了明确的短中长期目标。第三阶段为2017年至今，是进入新时期后对京津冀大气污染治理管理体制的阶段成果验收，同时也是新机遇和新挑战的开始。《京津冀及周边地区2017年大气污染防治工作方案》的出台、从中央到地方"蓝天保卫战"的全面打响、京津冀及周边地区大气污染防治协作小组升级为京津冀及周边地区大气污染防治领导小组，都是这一阶段京津冀大气污染治理联防联控体制所做出的探索性举措和初步制度化的标志。表4-5为京津冀大气污染治理联防联控体制建设相关政策文件。

表4-5　京津冀大气污染治理联防联控体制建设相关政策文件

年份	层级	发布主要文件	重点内容
2008	国家	《关于发布北京奥运会残奥会期间极端不利气象条件下空气污染控制应急措施的公告》	奥运期间，如遇极端不利气象条件影响，预报未来48小时内空气质量超标时，运行指挥部提出启动应急措施的建议，上报总指挥部，经批准后由北京市、天津市和河北省人民政府负责组织实施，环境保护部负责协调监督
2013	国家	《京津冀及周边地区落实大气污染防治行动计划实施细则》	目标：到2017年，北京、天津、河北$PM_{2.5}$浓度在2012年基础上下降25%左右
			成立京津冀及周边地区大气污染防治协作小组，京津冀及周边地区大气污染防治协作机制启动
2014	国家+区域	《京津冀及周边地区大气污染联防联控2014年重点工作》	成立区域大气污染防治专家委员会；统一行动，共同治理区域重点污染源；加强联动，同步应对解决区域共性问题；研究制定公共政策，促进区域空气质量改善；共同做好2014年APEC会议空气质量保障

① 李牧耘，张伟，胡溪，等.京津冀区域大气污染联防联控机制：历程、特征与路径[J].城市发展研究，2020，27（4）：97-103.

续表

年份	层级	发布主要文件	重点内容
2015	国家+区域	《京津冀及周边地区大气污染联防联控2015年重点工作》	京津冀及周边地区大气污染防治协作小组第四次会议在北京召开
			明确京、津、冀、晋、鲁、内蒙古六省（区、市）联手继续深化协调联动机制，并在机动车污染、煤炭消费、秸秆综合利用和禁烧、化解过剩产能、挥发性有机物治理、港口及船舶污染六大重点领域协同治污
2017	国家	《京津冀及周边地区2017年大气污染防治工作方案》	京津冀及周边地区大气污染防治协作小组第九次会议召开
			要求京津冀大气污染传输通道的“2+26”城市以改善区域环境空气质量为核心，以减少重污染天气为重点，多措并举强化冬季大气污染防治，全面降低区域污染排放负荷
2017	国家	《京津冀及周边地区2017—2018年秋冬季大气污染综合治理攻坚行动方案》	京津冀大气污染传输通道城市上半年$PM_{2.5}$平均浓度同比增长5.4%，下半年$PM_{2.5}$平均浓度同比下降15%以上，重污染天数同比下降15%以上
			目标：全面完成《大气污染防治行动计划》考核指标
2018	国家	《京津冀及周边地区2018—2019年秋冬季大气污染综合治理攻坚行动方案》	京津冀及周边地区大气污染防治协作小组调整为京津冀及周边地区大气污染防治领导小组
			全面完成2018年空气质量改善目标：2018年10月1日～2019年3月31日，京津冀及周边地区$PM_{2.5}$平均浓度同比下降3%左右，重度及以上污染天数同比减少3%左右
2019	国家	《京津冀及周边地区2019—2020年秋冬季大气污染综合治理攻坚行动方案》	现状：2018～2019年秋冬季，京津冀及周边地区$PM_{2.5}$平均浓度同比上升6.5%，重污染天数同比增加36.8%。 目标：秋冬季期间$PM_{2.5}$平均浓度同比下降4%，重度及以上污染天数同比减少6%
2018	地方	《北京市打赢蓝天保卫战三年行动计划》	明确了2018～2020年打赢蓝天保卫战的总体目标和重点任务措施
2018	地方	《天津市2018年大气污染防治工作方案》	加强重污染天气预警会商和区域联动；协调建立京津冀及周边地区跨区域集疏港联动机制
2019	地方	《河北省2019年大气污染综合治理工作方案》	加强与京津及周边地区重污染天气联合会商和联防联控，提高协同应对能力

三、水环境治理效果明显

1. 京津冀地区河流水系概况

京津冀的河流属于海滦河水系，由海河水系和滦河水系组成。海河水系包括潮白河、永定河、大清河、子牙河、南运河五大支流，五大支流于天津汇入海河，最终流入渤海。河北北部潮河和白河汇入密云水库，出水库后于北京密云区汇合成潮白河，流经北京东部（密云区、怀柔区、顺义区、通州区）、廊坊、天津，入永定新河入渤海。永定河由发源于山西的桑干河流入河北西北部，汇入官厅水库，流经北京西部（石景山区、房山区、大兴区）、廊坊、天津，入永定新河入渤海。大清河主要流经河北西部、北京南部、雄安新区、天津，位于永定河以南、子牙河以北，处于海河水系的中部，跨山西、河北、北京和天津四省（市），雄安新区位于大清河腹地，白洋淀在其南部。子牙河和南运河主要流经河北南部和天津。滦河是华北地区水量较为丰沛的河流，源于燕山山区，于坝上高原汇集燕山、七老图山、阴山的水流，穿过冀东平原注入渤海。滦河是河北北部和东部的最主要水源，未流经北京、天津两市。京津冀地区主要河流流经地区上下游关系如表4-6所示。

表4-6　京津冀地区主要河流流经地区上下游关系

水系名称	河流名称	流经地区（上游—下游）
海河水系	潮白河	河北北部、北京东部（密云区、怀柔区、顺义区、通州区）、廊坊、天津
	永定河	河北西北部、北京西部（石景山区、房山区、大兴区）、廊坊、天津
	大清河	河北西部、北京南部、雄安新区、天津
	子牙河	河北南部、天津
	南运河	河北南部、天津
滦河水系	滦河	河北北部、东部

2. 水污染防治

《京津冀协同发展规划纲要》实施以来，在一系列水污染协同治理措施下，京津冀三地水质有明显改善。

根据《2019年北京市生态环境状况公报》，2019年全年共监测五大水系有水河流96条段，长2364.2千米。Ⅰ～Ⅲ类水质河长占监测总长度的55.1%；Ⅳ类、Ⅴ类水质河长占监测总长度的35.4%；劣Ⅴ类水质河长占监测总长度的9.5%，比上年减少11.5个百分点。如图4-8所示，2014～2019年北京Ⅰ～Ⅲ类水质河长占比逐年提高，劣Ⅴ类水质改善效果显著，由45.8%降低至9.5%，且2017年以后下降幅度明显。

2014～2019年，北京地表水主要污染物年均浓度持续降低。如图4-9所示，2016年以后，地表水污染物浓度大幅下降，尤其是2018年之后氨氮年均浓度降低至低于1毫克/升的水平，与2014年高于5毫克/升相比，成效喜人。

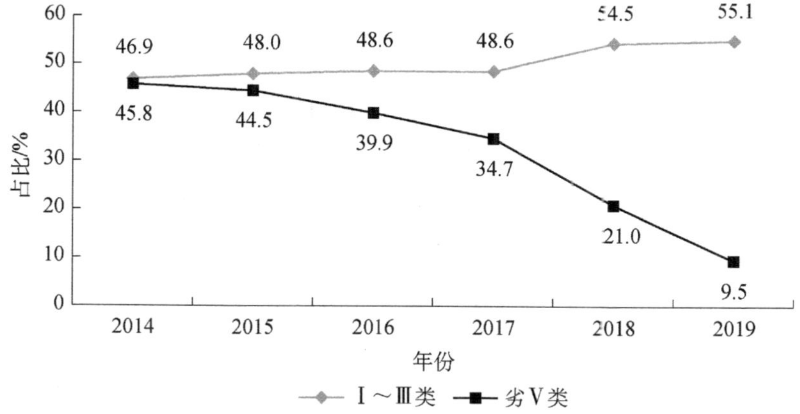

图4-8　2014～2019年北京监测河流水质类别统计（长度百分比）

资料来源：《北京市生态环境状况公报》（2014～2019年）

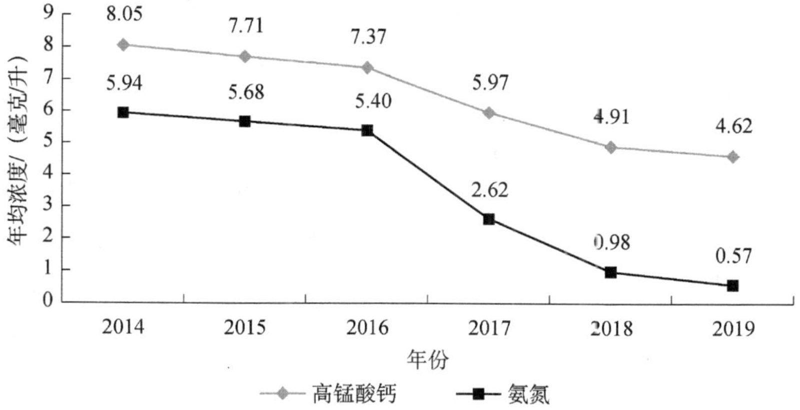

图4-9　2014～2019年北京地表水主要污染物浓度

资料来源：《北京市生态环境状况公报》（2014～2019年）

根据《2019年天津市生态环境状况公报》，2019年全市优良水质（Ⅰ～Ⅲ类）比例首次达到50%，同比增加10个百分点；劣Ⅴ类水质比例下降至5%，同比减少20个百分点。如图4-10所示，2014～2019年Ⅰ～Ⅲ类水质河长占比大幅提高，2019年达到50%；劣Ⅴ类水质治理效果显著，由61%降低至5%，2015年以后一直保持着较大的下降幅度。

根据《2019年天津市生态环境状况公报》，2019年天津地表水主要污染物高锰酸盐指数、化学需氧量、氨氮和总磷年均浓度与2014年相比分别下降41.1%、53.0%、78.4%和68.1%，水环境质量达到近年来最高水平。

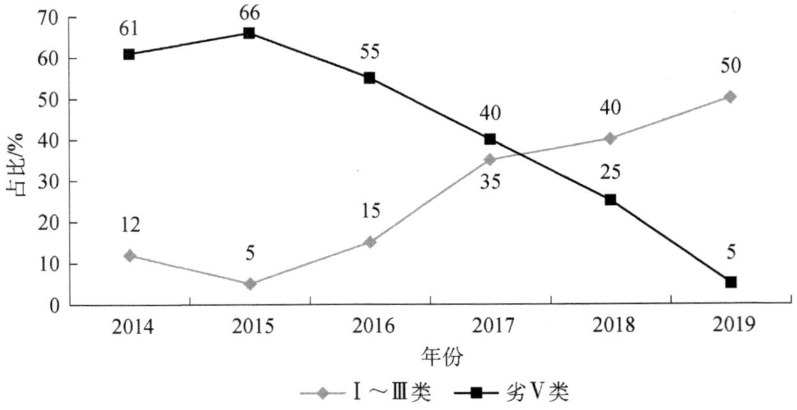

图4-10 2014～2019年天津地表水水质类别占比

资料来源：《天津市生态环境状况公报》（2014～2019年）

根据《2019年河北省生态环境状况公报》，2019年全省实际检测208个地表水国省控断面，包括河流断面165个，湖库淀断面43个。其中达到或好于Ⅲ类水质断面占58.65%，同比升高4.84个百分点；劣Ⅴ类水质断面占6.73%，同比降低8.03个百分点。2019年全省河流Ⅰ～Ⅲ类水质比例为54.54%，同比升高6.35个百分点；劣Ⅴ类水质比例为8.48%，同比降低9.59个百分点。如图4-11所示，2017年以后地表水劣Ⅴ类占比大幅下降，Ⅰ～Ⅲ类占比稳步提升。

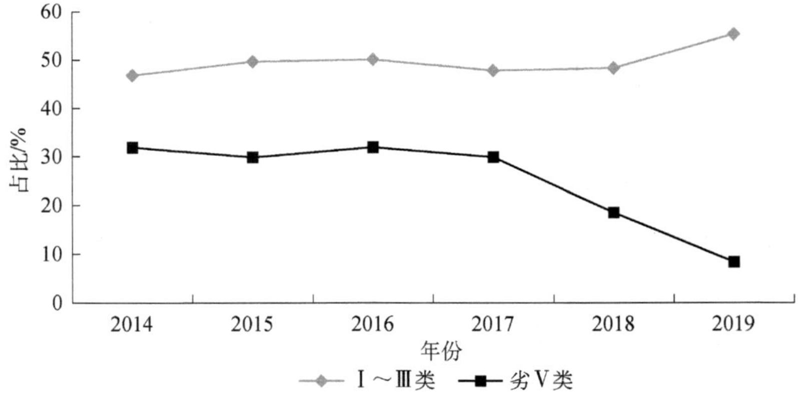

图4-11 2014～2019年河北地表水质类别占比（按监测断面数计算）

资料来源：《河北省生态环境状况公报》（2014～2019年）

截至2019年，三地劣Ⅴ类水质比例均下降到10%以下的历史低位，京津冀地区水污染治理工作进展顺利，成效显著。

3. 水生态改善

京津冀地区长期采取大量开采地下水的方式补给用水，使地下水位大幅下降。海河流域水资源开发利用强度已超过100%，远远超过了世界公认的安全警戒线40%，致使大部分支流长期处于断流状态，水生态遭到严重破坏。2015年以来，三地加快生态补偿机制的探索和建立，增加区域内水生态改善合作，在永定河补水、引滦入津、密云水库上游潮白河流域水源涵养区横向生态保护等方面取得重要进展。

永定河综合治理与生态修复是推动京津冀协同发展战略生态领域率先突破的重大标志工程。2016年底，《永定河综合治理与生态修复总体方案》出台，2018年6月，京津冀晋四省（市）人民政府联合战略投资方中交集团共同出资组建永定河流域投资有限公司，以“投资主体一体化带动流域治理一体化”的模式开启新一轮永定河治理。各地依照规划进行水源保护、湿地修护等工作。

北京市生态环境局数据显示，2020年4月20日～5月25日，实施官厅水库向永定河北京段生态补水工作，补水总量2.6亿立方米，北京境内170千米主河道全线通水，首都西南区域生态环境进一步改善①。永定河沿线陆续增加了河道蓄水，形成了湖泊、溪流、湿地和亲水景观，增加陆地植物、水生植物等，周边生态逐渐恢复（图4-12）。

2017年6月，天津与河北正式签订《关于引滦入津上下游横向生态补偿的协议》，2019 年12月签订《关于引滦入津上下游横向生态补偿的协议（第二期）》，通过加强滦河上下游联动，共同推动引滦河水入天津（图4-13和图4-14）的工作，为天津提供水资源。

2018年北京与河北共同划定官厅水库饮用水水源保护区，签订《密云水库上游潮白河流域水源涵养区横向生态保护补偿协议》，推进水资源与水环境质量同步提升，饮用水水源地生态环境保护联防联控力度进一步加大。2019年北京市会同河北省共同保护密云水库，编制潮河流域生态环境保护综合规划，稳步实施密云水库上游（图4-15和图4-16）横向生态保护补偿协议。

---

① 永定河启动春季补水，力争北京境内170公里主河道全线通水[EB/OL]. http://www.mwr.gov.cn/xw/mtzs/qtmt/202004/t20200421_1400919.html[2021-09-20].

图4-12 永定河通水前后对比图

资料来源：永定河的复活[EB/OL]. http：//www.hebtv.com/pc/news/yaowen/2020-05-15/qxQ3UBaffzxSRAr7.html[2021-09-20]

图4-13 “引滦入津”工程重要输水河道黎河一景

资料来源：“引滦入津”：一座流动的丰碑[EB/OL]. http://www.banyuetan.org/xszg/detail/20190415/1000200033137251555291077506240003_1.html[2021-09-20]

图4-14 “引滦入津”工程重要调蓄水库——于桥水库一景

资料来源：“引滦入津”：一座流动的丰碑[EB/OL]. http://www.banyuetan.org/xszg/detail/20190415/1000200033137251555291077506240003_1.html[2021-09-20]

图4-15 密云水库上游水环境现状

资料来源：打响碧水保卫战，京津冀协同推进流域水生态改善[EB/OL]. https://www.sohu.com/a/333535978_99966696[2021-09-20]

图4-16 密云水库

资料来源：打响碧水保卫战，京津冀协同推进流域水生态改善[EB/OL]. https://www.sohu.com/a/333535978_99966696[2021-09-20]

4. 水环境协同治理

京津冀地区城镇化率高、人口密集、产业结构重、工业废水排放量大、生产生活用水长期未得到有效处置、农业污染较为严重等原因造成水体污染排放量极高，而由于流域降水不足、地下水开采过载，流域水体自净能力下降，流域水环境污染、水资源短缺问题突出。

2015年《京津冀协同发展规划纲要》颁布后，京津冀三地环保部门于2015年签订《京津冀区域环境保护率先突破合作框架协议》，其中提出共同编制京津冀区域的水环境专项规划、建立统一污染物排放标准体系、共同研究确定统一的质量监测管理体系、针对可能对区域水环境产生重大影响的重点行业规划、园区建设规划和重大工程项目实施环评会商①等重点工作。

2016年5月成立了京津冀及周边地区水污染防治协作小组，由北京市委书记担任组长，环境保护部部长和京津冀三省（市）省（市）长担任副组长，国务院有关部门及京津冀三省（市）相关负责人担任领导小组成员。定期开展会议进行协商，协同改善水质、统筹水资源调配。

京津冀三地环保部门成立了京津冀水污染突发事件联防联控工作协调小组，签署《京津冀水污染突发事件联防联控机制合作协议》，建立水污染应急联席制度和信息通报机制。每年召开京津冀水污染突发事件联防联控工作部署会议，推进环境安全风险防控联合标准制定。2017年以来，三地每年开展水污染突发事件联合应急演练，进一步加强突发环境事件协同处置能力。

京津冀三地环保部门还共同成立了京津冀环境执法联动工作领导小组，每年举行生态环境执法联动工作联席会，发布下一年《京津冀生态环境执法联动重点工作》。在水污染治理方面，2018年启动大清河、白洋淀流域水环境联合执法工作。2019年提出重点针对白洋淀流域跨省（市）界河流大石河、小清河及北排河、潮河交界区域水污染问题②，以跨省（市）断面为界，分段排查，共享数据信息，共享执法成果。相关政策文件汇总见表4-7。

表4-7　京津冀水环境联防联控体系建设与相关政策文件汇总

合作层级	组织机构合作	合作政策文件
国家	国家发展和改革委员会、水利部、国家林业局	《永定河综合治理与生态修复总体方案》

① 《京津冀区域环境保护率先突破合作框架协议》签署[EB/OL]. http://www.scio.gov.cn/m/xwfbh/xwbfbh/wqfbh/2015/33893/xgzc33899/Document/1458662/1458662.htm[2021-09-20].

② 2019-2020年京津冀生态环境执法联动重点确定[EB/OL]. http://jrgtxw.com/cxgc/jujiao/2019-07-04/584.html[2021-09-20].

续表

合作层级	组织机构合作	合作政策文件
省级	京津冀及周边地区水污染防治协作小组	《京津冀及周边地区水污染防治部际协调小组工作规则》
省级环保部门	京津冀水污染突发事件联防联控工作协调小组	《京津冀水污染突发事件联防联控机制合作协议》
	京津冀环境执法联动工作领导小组	《2018—2019 年京津冀生态环境执法联动重点工作》《2019—2020 年京津冀生态环境执法联动重点工作》
北京、河北		《关于引滦入津上下游横向生态补偿的协议》 《关于引滦入津上下游横向生态补偿的协议（第二期）》 《密云水库上游潮白河流域水源涵养区横向生态保护补偿协议》

四、生态系统状况逐步改善

1. 构建区域生态安全格局和生态系统服务功能分区

京津冀地处坝上高原、太行山脉向华北平原的过渡带，对华北地区生态安全格局的构建具有重要意义，在京津冀三地的共同努力下，区域生态空间的识别和生态功能区的规划取得了一定成就。国家林业局与京津冀三地政府共同编制了《京津冀协同发展林业生态建设规划（2016—2020 年）》，提出构建“一圈五区”，即京津保核心生态屏障圈、京北高原生态防护区、燕山–太行山水源涵养区、蒙辽防风固沙区、低平原生态修复区和沿海生态防护区，对重点生态区域的建设进行了布局，确立了区域生态安全格局。其中，京津保地处京津冀核心区域，包括北京、天津、廊坊、保定、沧州的部分县，其定位是为京津冀城市发展提供重要的生态保障。

根据《全国生态功能区划（修编版）》，燕山和太行山山地水源涵养与水土保护区是全国重要的生态功能区，而坝上高原风沙防治区属于全国生态功能区中的浑善达克沙地防风固沙重要区。太行山山地水源涵养与水土保护区森林植被类型丰富，近年来实施坡耕地退耕还林措施，加大了退化生态系统修复和重建的力度，对水土保持有重要作用。坝上高原风沙防治区主要在河北张承地区北部，区域对北京乃至整个华北地区控制风沙源十分关键。燕山山地水源涵养与水土保护的生态屏障、太行山生态屏障、蒙辽（坝上高原）防风固沙带，再加上沿海生态防护带，这“两屏两带”构成了京津冀生态保护红线空间分布格局。

按照国家重点生态功能区、生态环境敏感区和脆弱区等区域划分标准，结合不同区域的生态系统特点和突出的生态系统服务功能，划分了水源涵养、生物多样性保护、土壤保持、防风固沙、洪水调蓄等生态系统服务功能区。生态系统服务功能是指生态系统与生态过程所形成及所维持的人类赖以生存的自然环境条件与效用，强调人类活动与生态系统的相互关系。水源涵养区主要分布在永定河、潮白河上游、北京密云水库、西大洋水库、王快水库等重要的汇水区。生物多样性保护区集中分布在燕山山地中部，承德一带，以及南大港湿地以鸟类为主的动物保护区。土壤保持区主要分布在太行山山区和张家口的坝上高原地区。防风固沙区主要分布在张家口以及北京郊区，是阻挡风沙源的屏障。洪水调蓄区主要指水库，包括官厅水库、密云水库等，具有洪水期蓄水和削减洪峰、枯水期放水的作用。其他类型的生态系统服务功能区主要包括农牧业的生产，提供粮食、肉、奶等初级产品，主要分布在京津冀东南部。明确京津冀生态系统服务功能类型、空间分布及空间格局，对区域生态安全、保障人居环境具有重要意义。

2. 自然保护区得到有效保护

京津冀在自然保护区建设方面取得了一定成就，三地自然保护区占辖区面积比重总体增加，2012～2017年，北京自然保护区面积比重从8%上升到8.2%，河北从3.6%增加到3.7%，天津略有下降，从8.1%下降到7.6%。从自然保护区的类型来看，京津冀拥有全部的7个类型（表4-8）。其中，以森林生态类型为最多，而且面积占比最大，主要分布在北京和河北。在森林生态类型的自然保护区中，共保护了34个植被类型[①]，对植被多样性有重要作用。天津的森林生态系统数量也较多，但是面积小，以内陆湿地自然保护区为主。天津市人民政府研究制定了《天津市湿地自然保护区规划》，在北大港、大黄堡湿地自然保护区展开了一系列保护修复工程，退耕还湿、河湖水系连通等工作不断推进，苇海修复和鸟类保护成效显著[②]。据统计，2019年北大港湿地自然保护区过境候鸟数量累计达到100万只，相较往年增长5万只左右，观测到的候鸟种类达到276种，比2017年的249种增长了10%。在保护区内还

① 周鑫，黄治昊，张孝然，等. 京津冀地区自然植被保护与自然保护区布局研究[J]. 生态科学，2017，36（1）：64-71.

② 天津研究制定湿地自然保护区“1+4”规划[EB/OL]. http://tj.sina.com.cn/zimeiti/2017-08-10/detail-ifyixiar8920537.shtml[2021-09-20].

观测到世界濒危物种白头硬尾鸭和雪雁，以及国家一级保护物种黑鹳、大鸨皆[①]。可见，京津冀自然保护区的维护对于生物多样性的保持有促进作用。

表4-8　2014年京津冀自然保护区类型

地区	北京			天津			河北			总计
自然保护区类型	数量/个	面积/平方千米	面积比例/%	数量/个	面积/平方千米	面积比例/%	数量/个	面积/平方千米	面积比例/%	面积/平方千米
森林生态	13	1172.67	86.53	3	21.75	2.39	24	4187.83	59.82	5382.25
草原草甸	0	0.00	0.00	0	0.00	0.00	4	797.70	11.39	797.70
内陆湿地	2	103.15	7.61	2	460.87	50.58	6	914.77	13.07	1478.79
古生物遗迹	0	0.00	0.00	1	359.13	39.42	2	53.73	0.77	412.86
地质遗迹	2	57.00	4.21	1	9.00	0.99	3	37.91	0.54	103.91
海洋海岸	0	0.00	0.00	0	0.00	0.00	2	379.02	5.41	379.02
野生动物	3	22.36	1.65	1	60.40	6.63	3	629.48	8.99	712.24
总计	20	1355.18	100.00	8	911.15	100.00	44	7000.44	100.00	9266.77

资料来源：《2015年全国自然保护区名录》

另外，适逢国家自然保护地体系改革时期，京津冀三地提出构建环首都国家公园体系，通过整合京津冀现有的自然保护区、风景名胜区、森林公园等各类自然保护地，打造共保联治的自然保护区[②]。其中，河北率先颁布了《贯彻落实〈关于建立以国家公园为主体的自然保护地体系的指导意见〉的若干措施》，目标是打造国家公园为主体的自然保护地体系[③]，提高自然生态空间承载力。

3. 京津冀植被类型丰富，且植被覆盖较稳定

京津冀地区植被较为丰富，共有57个植被类型[④]，而且在2006～2015年归一化植被指数（normalized difference vegetation index，NDVI）呈现上升趋势，说明植被覆盖度有所上升。按照不同植被类型，可以分为四个植被类型

---

① 天津湿地自然保护成效显著　世界濒危珍稀鸟类现身[EB/OL]. http://www.forestry.gov.cn/main/3095/20200123/091347981846252.html[2021-09-20].

② 京津冀将建城市群生态体系　首提国家公园概念[EB/OL]. http://theory.people.com.cn/n/2015/0722/c49150-27341453-2.html[2021-09-20].

③ 河北：2035年建成以国家公园为主体的自然保护地体系[EB/OL]. https://www.sohu.com/a/375560441_120333600[2021-09-20].

④ 阎世杰，王欢，焦珂伟.京津冀地区植被时空动态及定量归因[J]. 地球信息科学学报，2019，21（5）：767-780.

区。其中，燕山–太行山山地落叶阔叶林生态区位于燕山和太行山地区，区内自然植被属暖温带落叶阔叶林，以疏生落叶阔叶林和灌草丛为主，还有部分针阔混交林、针叶林等，物种资源丰富，区系成分复杂，具有明显的植被垂直带谱。天然林主要分布在海拔600～700米的山区，树种主要有栎类、山杨、桦树和椴树等。河北西北部属于内蒙古高原中东部典型草原生态区，该区的草原草甸植被类型共有11个，如薹草草甸、长芒草草原、羊草和丛生禾草草原等，海拔一般在1200米以上。而京津唐城镇与城郊农业生态区和华北平原农业生态区以农业生产为主，原生植被早被农作物所取代，仅在部分地区，如太行山和燕山山麓边缘生长旱生、半旱生灌丛或灌草丛，局部沟谷或山麓丘陵阴坡出现小片落叶阔叶林，还有在渤海湾附近的河岸边或平原上的湖淀洼地发育着以芦苇、香蒲、慈菇等为主的沼生植被。北京、天津两大城市主要为人工植被，近郊区有少量农作物种植。

4. 林业生态建设项目成效显著

2013～2017年，针对京津冀地区林业生态保护与修复，中央累计投入191.35亿元，大力实施京津风沙源治理二期工程和“三北”防护林工程，共造林约70万公顷，推动防沙治沙，构筑绿色生态屏障（表4-9），治理效果显著（图4-17）。其中，河北在草地治理方面有巨大的推动作用，占京津冀草地治理面积的98%。“三北”防护林（五期）工程则进一步促进了水土保持、农田保护，拓展三地绿色空间。

表4-9 2013～2017年京津冀生态建设项目重点工程项目成果

生态建设项目	造林总面积/公顷	草地治理面积/公顷	投资完成额/亿元
京津风沙源治理二期工程	341 438	55 469	47.43
“三北”防护林工程	360 733	—	143.92
累计	702 171	—	191.35

除了上述两个工程以外，还有京冀生态水源保护林项目（图4-18），这是由北京投资，河北具体建设林地的跨省级、整流域治理新型林业项目，北京按照每年10万亩规模、每亩1000元标准支持河北张家口、承德地区林地建设，到2017年底累计完成造林80万亩[①]。另外，还有河北的“再造三个塞罕

① 京冀生态水源保护林项目累计造林80万亩[EB/OL]. http://www.forestry.gov.cn/main/216/20180223/1077673.html[2021-09-20].

图4-17　京津风沙源治理工程，北京市昌平区治理前后对比图

资料来源：风沙渐离北京城的背后[EB/OL]. http://www.xinhuanet.com/mrdx/2019-06/18/c_138152498.htm[2021-09-20]

坝”工程（图 4-19），在张家口塞北、承德丰宁千松坝、承德围场御道口三个林场植树造林取得了显著成效。这些生态建设工程都有效控制了土壤沙化，张承地区作为防沙治沙重点区域，构筑起防止首都风沙侵蚀的前沿屏障，使得地区由沙尘暴加强区变为阻滞区。森林对水源涵养也具有重要意义，改善了京津“三盆生命水”——官厅、密云、潘家口水库上游地区的生态环境，降低了入库泥沙量，构筑护卫京津的绿色生态带。

图4-18 京冀生态水源保护林项目成效

资料来源：京冀生态水源保护林项目已造林80万亩，初步形成生态护卫带[EB/OL]. https://www.thepaper.cn/newsDetail_forward_1998982[2021-09-20]

图4-19 坝上地区林场造林工程

资料来源：河北：坝上地区添新绿[EB/OL]. http://heb.hebei.com.cn/system/2020/05/14/100307103.shtml[2021-09-20]

依托上述生态工程，京津冀三地森林面积大幅增加，而沙化土地面积减少。各土地类型面积变化如表4-10所示。2017年森林面积达509.3万公顷，较2012年增加了6.17%，三地森林覆盖率都有显著提升。沙化土地面积减少了2.27%，土壤侵蚀强度下降，基本遏制沙土地扩张。

表4-10　2012年和2017年京津冀各土地类型面积变化

土地类型	2012年面积/万公顷	2017年面积/万公顷	变化百分比/%
森林	479.7	509.3	6.17
沙化土地	219.31	214.34	−2.27
湿地	128.56	128.56	0.00

在湿地方面，虽然京津冀湿地面积基本没有变化，不过三地协同展开永定河、大清河、潮白河等流域沿线湿地保护和恢复工程，打造连接京津冀的湿地群。在“京津保平原生态过渡带”的建设上，着重规划北京平原地区森林和湿地与天津、廊坊、保定、沧州城镇周边地区、湖淀周围的森林及湿地的有机连接，形成京津保地区的生态廊道、绿色生态板块和森林湿地群。

5. 生态治理政策支持

京津冀在区域生态安全格局构建、自然保护区建设、植被修复等方面取得的成就离不开治理体系和有关政策的支持。近年来，三地逐步推进协同合作，制定了一系列政策文件以统筹生态建设，为京津冀协同发展提供体系完备、功能稳定的生态保障（表4-11）。2017年，国家林业局与三地政府签订了《共同推进京津冀协同发展林业生态率先突破框架协议》，成立京津冀协同发展生态率先突破工作领导小组，共同推进京津冀生态协同治理①。在林业生态修复方面，三地强化森林保护合作机制，制定了林业生态建设的专项规划，以构筑区域绿色生态屏障。另外，针对水土流失问题，对重点生态区域建设进行布局，如河北承德和张家口，作为京津冀的水源涵养功能区和生态环境支撑区，对京津的风沙问题有重要的屏障作用。在三地政府的共同努力下，京津冀生态方面的联防联控体系初步形成，为生态协同治理提供了制度保障。

表4-11　京津冀生态治理联防联控体制建设相关政策文件

层级	主要政策文件	具体内容
国家	《共同推进京津冀协同发展林业生态率先突破框架协议》	协议明确京津冀近期合作的六项重点工作，包括加快国土绿化步伐、提升森林资源质量、推动金融与科技创新、扩展自然保护空间、生态产业精准扶贫、区域联防联控

① 携手共治，为更多碧水蓝天[EB/OL]. http://www.tj.gov.cn/sy/ztzl/ztlbtwo/jjjyth/ghjjscg/sthj/202105/t20210518_5453645.html[2021-09-20].

续表

层级	主要政策文件	具体内容
国家	《京津冀协同发展林业生态建设规划（2016—2020年）》	构建“一圈五区”：京津保核心生态屏障圈、京北高原生态防护区、燕山–太行山水源涵养区、蒙辽防风固沙区、低平原生态修复区和沿海生态防护区，全面建设区域生态安全格局
国家	《京津冀生态协同圈森林和自然生态保护与修复规划（2016—2020年）》	以京津冀为核心区，辐射太行山、燕山和渤海湾区域，严格遵循保护优先、自然恢复为主、量水而行、以水定林的原则，推进京津冀地区造林绿化，培育健康稳定的森林生态系统
省级	《河北省太行山绿化规划（2016—2018年）》	加快防护林建设步伐，提升廊道等重点区域绿化水平，打好太行山绿化三年攻坚战，同时发展绿色林果产业，推进生态扶贫
省级	《河北省密云水库上游承德、张家口两市五县生态清洁小流域建设规划（2015—2017年）》	总体上发挥了保护水土资源、控制面源污染的作用，确保沟道保持自然生态状态，行洪安全，人类活动对自然的扰动在生态系统承载能力之内，生态系统良性循环
省级	《北京市水土保持规划》	北京开展水土保持工作的纲领性文件，以全面推进山水林田湖统一保护为重点，构建“生态修复、生态治理、生态保护”三道防线，从源头保护水资源，建成与全市经济社会发展相适应的水土流失和面源污染综合防治体系
省级	《河北省建设京津冀生态环境支撑区规划（2016—2020年）》	河北省内环京津、外沿渤海，目标是通过生态环境支撑区建设，使全省环境容量、生态空间逐步扩大，生态环境得到有效保护和治理，资源节约和综合利用成效显著，生态文明体制机制基本健全。同时，与京津共同建立区域生态环境保护协作机制并有效运行，重大生态环境建设工程全面启动实施
地级市	《张家口首都水源涵养功能区和生态环境支撑区建设规划（2019—2035年）》	明确张家口作为首都水源涵养功能区、生态环境支撑区、京津冀绿色发展示范区、国际冰雪运动与休闲旅游胜地四个功能定位，旨在提升水源涵养功能、促进河流生态径流恢复、地下水位回升，生态环境质量得到根本改善

从上可见，在京津冀三地的共同推动下，初步形成了有效的联防联控体系，在政策与组织机构的建设上，加强了京津冀生态环境保护，而针对大气、水、生态三个层面的治理也初见成效。下面根据基于序参量的复合系统协同度测量模型，对生态环境协同度进行指标评价。

第三节　生态环境协同度的指标评价

一、模型构建——基于序参量的复合系统协同度测量模型

基于序参量的复合系统协同度测量模型是基于协同学理论而构建的模型。协同学最初是由赫尔曼·哈肯受激光理论启发而创立的，它解释了远离

热力学平衡的开放系统中模式和结构的形成与自组织。随着协同学理论的发展，它被广泛用于物理学、化学、生物学、社会学、经济学等领域，成为一门跨越社会科学和自然科学的学科。它研究系统从无序到有序转变的规律和特征，可用于理解不同的系统在宏观尺度上所经历的质变。

协同论中最为重要的是序参量思维概念，它最初引入的目的是描述热力学中的相变。序参量的概念被赫尔曼·哈肯归纳为“奴役原理”，即快速稳定模态的动力学完全由慢的动力学决定，则少数的“序参量”（不稳定模态）决定了系统由无序走向有序的进程。有序意味着系统自由度（熵）的极大降低，宏观上显示出“秩序”的增加，这种意义深远的宏观秩序与各子系统的微观相互作用的细节无关。

1. 建立指标体系

在本研究中，为了研究京津冀的生态环境协同度，将京津冀生态环境系统作为一个复合系统，将北京、天津、河北三地的生态环境系统作为三个子系统，认为只有各子系统的有序度都提高时，复合系统的协同度才能提高。

各子系统的有序度通过序参量的有序度进行衡量。首先选取序参量，然后确定不同序参量之间的权重。在本研究的背景下，序参量反映的是各子系统的发展程度，即北京、天津、河北三地的生态环境系统的发展程度。序参量的选取应当能够体现一个地区生态环境系统运行的质量和效率，不仅集中于生态环境状况的各项指标，更要将地区的经济发展程度、政府的治理情况一起纳入指标体系的构建中。因此，将序参量指标的选取划分为三级指标体系：一级指标为生态环境系统发展指数；二级指标包括生态保护、环境质量、生态环境治理、产业与经济；三级指标为具体各项指标。

当前，关于生态环境综合评价、生态环境治理效率、生态环境绩效、城市化与生态环境、经济与生态环境评价指标体系构建的研究已经相当丰富。因此，三级指标的选取基于已有研究成果，通过对主流文献的查阅和归纳，从生态、环境、治理、经济四个方面挑选出现频率较高的指标，认为其具有较高的科学性和代表性。此外，准确的数据是获取科学评价结果的基础，因此剔除主观性较强和获取途径不可得的指标，最终形成本研究的序参量指标体系，时间范围为2012～2017年，如表4-12所示。

表4-12 序参量指标体系

一级指标	二级指标		三级指标	单位	指标属性
生态环境系统发展指数	生态保护		森林覆盖率	%	正
			人均公园绿地面积	平方米	正
			建成区绿化覆盖率	%	正
			总耕地面积	万公顷	正
			自然保护区占辖区面积比重	%	正
	环境质量	大气	氮氧化物排放量	吨	负
			二氧化硫排放量	吨	负
			烟（粉）尘排放量	吨	负
			$PM_{2.5}$年日均浓度	微克/米^3	负
			全年空气质量达到及好于二级的天数	天	正
		水	工业废水排放量	万吨	负
			人均水资源量	立方米	正
			城市污水处理率	%	正
		固体废物	工业固体废物产生量	万吨	负
			工业固体废物综合利用率	%	正
			生活垃圾清运量	万吨	正
			生活垃圾无害化处理率	%	正
		能源	能源消费总量	万吨标准煤	负
	生态环境治理		环境污染治理投资占GDP比重	%	正
			万元GDP能耗降低率	%	正
			当年完成保护验收项目总投资	万元	正
			突发环境事件次数	次	负
	产业与经济		人均GDP	元	正
			城镇化率	%	正
			全市居民人均可支配收入	元	正
			第三产业占GDP比重	%	正

在生态保护方面，森林覆盖率是衡量地区生态平衡状况的重要指标；土地荒漠化带来耕地面积下降问题突出，耕地保护对地区生态安全格局有重要意义，因此总耕地面积成为衡量生态保护质量的重要指标；人均公园绿地面积、建成区绿化覆盖率是衡量城市建成区生态状况的重要指标；自然保护区占辖区面积比重可衡量地区生态系统多样性保护进展。上述五个指标涵盖了地区土地利用、城市建成区土地利用、生物多样性保护等完整的生态保护评

价指标。

在环境质量方面，包括大气、水、固体废物、能源四方面，基本参照各省（市）每年发布的环境统计年报的指标。具体来看，在大气质量评价方面，包括氮氧化物排放量、二氧化硫排放量、烟（粉）尘排放量、$PM_{2.5}$年日均浓度、全年空气质量达到及好于二级的天数；在水环境评价方面，包括工业废水排放量、人均水资源量、城市污水处理率；在固体废物方面，包括工业固体废物综合利用率、工业固体废物产生量、生活垃圾清运量、生活垃圾无害化处理率；在能源方面，包括能源消费总量。

在生态环境治理方面，环境污染治理投资占GDP比重可衡量地区在生态环境治理方面的经济投入力度，万元GDP能耗降低率可衡量地区节能降耗工作成效，当年完成保护验收项目总投资可衡量地区采取生态环境保护措施的项目投资规模，突发环境事件次数可衡量地区环境应急预防工作成效。

在产业与经济方面，人均GDP、城镇化率、全市居民人均可支配收入可衡量地区基本社会经济水平，第三产业占GDP比重可衡量地区的产业结构，提供地区经济发展的评价依据。

2. 序参量样本数据处理

在进行数据处理之前，要对各个指标属性进行判断。对于序参量 x_{ij}（表示某地区第i年、第j个指标的数值），如果其取值越大对应系统有序度越高，即生态环境系统发展程度越高，为正向指标，反之，如果其取值越小系统有序度越高，为负向指标。

之后运用最大最小值法对原始数据进行无量纲化处理，以解决原始数据由于计量单位不同、取值范围不同带来的不可比问题。经过处理后的数据值在0～1，保留了同一指标时间序列数据之间的差异性，越接近1代表系统有序度越高，即生态环境系统发展程度越高，越接近0代表系统有序度越低。

对于正指标：

$$X_{ij} = \frac{\max(x_{ij}) - x_{ij}}{\max(x_{ij}) - \min(x_{ij})} \tag{4-1}$$

对于负指标：

$$X_{ij} = \frac{x_{ij} - \min(x_{ij})}{\max(x_{ij}) - \min(x_{ij})} \tag{4-2}$$

式中，X_{ij}为经过无量纲化处理后各指标数值。

3. 确定指标权重——熵值赋权法

对于子系统的序参量指标体系而言，每个测评指标与其他指标相比，对于系统的影响程度不尽相同，需要根据每个指标的重要程度赋予其不同的权重，以体现这一指标对总体的贡献度。熵值赋权法是一种客观的确定指标权重的方法，它不依赖于专家、学者的人为经验判断，而完全依赖于数据的表现。

熵值赋权法是根据序参量的信息熵来确定序参量权重的一种方法。根据信息论基本原理，信息是系统有序程度的度量；而熵则是系统无序程度的度量。因此，可以用信息熵来反映其提供给决策者的信息量大小，一个评价指标的无序程度越高，即信息熵越大，那么对于综合评价而言，该指标对评价结果的重要性就越低。作为权数的熵权，是在给定被评价对象集后，各种评价指标值确定的情况下，各指标在竞争意义上的相对激烈程度的系数，即表明该指标提供有用信息量的多寡。

熵值赋权法的操作步骤如下。

1）计算指标数据比重 P_{ij}：

$$P_{ij} = \frac{X_{ij}}{\sum_{i=1}^{m} X_{ij}} \tag{4-3}$$

式中，m表示年份数，由于本研究评价时间为2012～2017年，因此m=6。

2）计算熵值 E_j：

$$E_j = -k\sum_{i=1}^{m}\left(P_{ij} \times \ln P_{ij}\right) \tag{4-4}$$

$$k = \frac{1}{\ln m}$$

3）计算熵权 W_j：

$$W_j = \frac{1 - E_j}{\sum_{i=1}^{n}\left(1 - E_j\right)} \tag{4-5}$$

式中，n代表评价指标的个数，本研究共选择26个三级指标，因此n=26。

根据式（4-1）～式（4-5）计算各地区生态环境系统评价指标体系权重，最终结果如表4-13所示。

表4-13　京津冀地区生态环境系统发展指数指标体系权重

一级指标	二级指标		三级指标	北京	天津	河北
生态环境系统发展指数	生态保护		森林覆盖率	0.0181	0.0183	0.0189
			人均公园绿地面积	0.0080	0.0547	0.0329
			建成区绿化覆盖率	0.0145	0.0842	0.0367
			总耕地面积	0.0174	0.0720	0.0524
			自然保护区占辖区面积比重	0.1526	0.0288	0.0189
	环境质量	大气	氮氧化物排放量	0.0315	0.0494	0.0388
			二氧化硫排放量	0.0362	0.0763	0.0357
			烟（粉）尘排放量	0.0514	0.0223	0.0491
			$PM_{2.5}$年日均浓度	0.0380	0.0252	0.0353
			全年空气质量达到及好于二级的天数	0.0585	0.0630	0.0487
		水	工业废水排放量	0.0457	0.0205	0.0291
			人均水资源量	0.0392	0.0272	0.0274
			城市污水处理率	0.0489	0.0314	0.0427
		固体废物	工业固体废物产生量	0.0468	0.0266	0.0359
			工业固体废物综合利用率	0.0178	0.0225	0.0354
			生活垃圾清运量	0.0444	0.0391	0.0476
			生活垃圾无害化处理率	0.0250	0.0338	0.0399
		能源	能源消费总量	0.0234	0.0624	0.0253
	生态环境治理		环境污染治理投资占GDP比重	0.0479	0.0408	0.0325
			万元GDP能耗降低率	0.0156	0.0220	0.0421
			当年完成保护验收项目总投资	0.0955	0.0197	0.1023
			突发环境事件次数	0.0176	0.0189	0.0222
	产业与经济		人均GDP	0.0327	0.0260	0.0309
			城镇化率	0.0140	0.0255	0.0357
			全市居民人均可支配收入	0.0213	0.0478	0.0423
			第三产业占GDP比重	0.0380	0.0416	0.0414

4. 耦合协同度测算

计算出各项评价指标的权重后，可以得到各年份北京、天津、河北三个子系统的生态环境系统发展指数，具体公式如下。

北京第i年生态环境系统发展指数为B_i：

$$B_i = \sum_{i=1}^{n} \left(W_j \times X_{ij} \right) \quad (4\text{-}6)$$

天津第i年生态环境系统发展指数为T_i：

$$T_i = \sum_{i=1}^{n} \left(W_j \times X_{ij} \right) \quad (4\text{-}7)$$

河北第i年生态环境系统发展指数为H_i：

$$H_i = \sum_{i=1}^{n} \left(W_j \times X_{ij} \right) \quad (4\text{-}8)$$

计算京津冀三地第i年生态环境系统发展的耦合度CI_i：

$$\mathrm{CI}_i = \frac{\sqrt[3]{B_i \times T_i \times H_i}}{B_i + T_i + H_i} \quad (4\text{-}9)$$

再引入生态环境系统发展综合水平变量F_i：

$$F_i = \frac{B_i + T_i + H_i}{3} \quad (4\text{-}10)$$

最终得到第i年京津冀三地生态环境系统发展协同度D_i：

$$D_i = \sqrt{\mathrm{CI}_i \times F_i} \quad (4\text{-}11)$$

根据计算出的京津冀生态环境系统发展协同度结果如表4-14所示。

表4-14 2012～2017年京津冀生态环境系统发展协同度

指标类比	2012年	2013年	2014年	2015年	2016年	2017年
北京子系统有序度函数值B_i	0.130	0.236	0.355	0.362	0.813	0.710
天津子系统有序度函数值T_i	0.402	0.343	0.304	0.349	0.588	0.638
河北子系统有序度函数值H_i	0.245	0.266	0.376	0.445	0.578	0.802
综合水平变量F_i	0.259	0.282	0.345	0.385	0.660	0.717
耦合度CI_i	0.904	0.988	0.996	0.994	0.987	0.996
协同度D_i	0.484	0.527	0.586	0.619	0.807	0.845

5. 协同类型划分

协同度D_i越接近1，表明京津冀三地生态环境系统发展的协同度越高，子系统的耦合越有序，三地生态环境状况的提高越一致，共好程度越高。协同度越接近0，表明京津冀三地生态环境系统发展的协同度越低，子系统相互对立。参考协同度评价的相关文献，将协同类型按表4-15划分为10类。

表4-15　京津冀生态环境系统协同发展协同类型划分

等级	协同度 D_i	协同类型	等级	协同度 D_i	协同类型
1	0～0.09	严重失调	6	0.5～0.59	勉强协同
2	0.1～0.19	重度失调	7	0.6～0.69	初级协同
3	0.2～0.29	中度失调	8	0.7～0.79	中级协同
4	0.3～0.39	轻度失调	9	0.8～0.89	良好协同
5	0.4～0.49	濒临失调	10	0.9～1	完美协同

二、京津冀生态环境协同度评价

1. 总体评价

从表4-14来看，2012～2017年，三地的生态环境系统发展协同程度逐年提高，由2012年低于0.5的濒临失调走向2017年高于0.8的良好协同。从增长速率来看，2015～2016年，协同度提高幅度最大，接近0.2，且2015年以后每年协同度的增加幅度大于2015年前。可以判断，2015年《京津冀协同发展规划纲要》的颁布与实施对于京津冀生态环境系统协同发展有重要的积极影响，效果显著。

2. 分地区评价

如图4-20所示，北京2012～2015年，生态环境系统发展速度较为平稳，总体发展程度偏低，2015～2016年迅速提升，生态环境质量大幅提高至较高水平，而2016～2017年则有所下降。这可能与京津冀协同发展战略提出之后采取的强有力措施密切相关，但政策效力的可持续性不强，在2016年后出现了懈怠的局面，导致2017年生态环境系统发展指数出现下降。从原始数据［未经过标准化处理的真实数据，即式（4-1）中的序参量 x_{ij}］来看，主要是由氮氧化物排放量和工业固体废物产生量增加造成的。

从北京子系统各序参量所占权重来看，排名前三位的指标分别为自然保护区占辖区面积比重、当年完成保护验收项目总投资、全年空气质量达到及好于二级的天数。序参量的权重能够体现某个指标对子系统整体的重要程度。而基于熵值赋权法得到的权重与数据序列所蕴含的信息量直接相关，权重较高的指标的数据序列变化幅度一般较大，但未必表示其有很大的正向进展，还要结合实际数据进行分析。

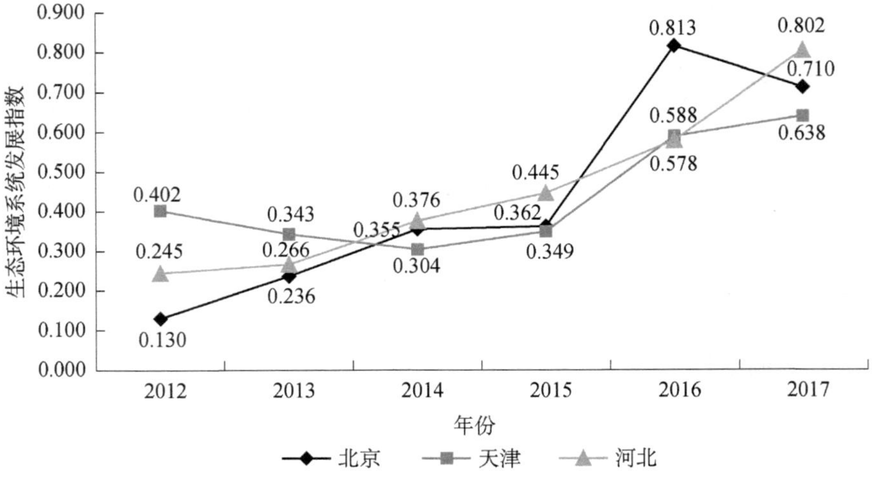

图4-20　2012～2017年京津冀三地生态环境系统发展指数折线图

对北京而言，在生态保护方面，北京的自然保护区建设所带来的植被修复、野生动物保护工作进展对北京的生态环境发展有重要意义。在生态环境治理方面，北京在建设项目的环保验收方面的管理范围的不断扩展有助于减少城市新建项目对环境的破坏。此外，空气质量的改善是北京在环境治理方面的一个突出成就。所占权重较低的指标包括人均公园绿地面积等，说明在城市建成区的绿化和绿地增加方面，北京近年来的作为不多，未来应对这类指标进行评估，关注其是否有必要进一步提高。

从天津来看，2012～2014年的生态环境整体呈恶化趋势，从2015年开始有所好转，2015～2016年提升幅度最大，2016～2017年转好趋势变缓。由此可见，2015年提出的《京津冀协同发展规划纲要》对于天津而言是一个重要的转折点，将其生态环境发展从逐渐恶化的境地中逆转回来，逐步走向绿色发展之路，生态环境保护工作进展明显加快。但2012～2017年的评价结果基本在0.30～0.65，没有达到一个较高的值，说明改善幅度有限，天津仍然没有做到覆盖大气、水、固体废物、能源等方面的保护和治理，短板依然较多。

从天津子系统各序参量所占权重来看，排名前三的指标为建成区绿化覆盖率、二氧化硫排放量、总耕地面积。结合原始数据，天津同样在大气污染物排放的治理上有显著成效，同时在土地利用方面的变化幅度也很大。但从原始数据来看，总耕地面积正在逐年递减，作为一个重要指标，其逐年恶化应当引起关注。所占权重最小的为森林覆盖率，说明天津在森林资源保护方面的进展有限，但恶化也不明显，较为稳定。

从河北来看，2012～2017年，生态环境系统发展指数的提高幅度每年较为稳定，且由一个极低值0.245上升到了较高的0.802，说明对于河北生态环境系统而言，整体变化相当显著。2015年《京津冀协同发展规划纲要》实施以后，河北虽然没有像北京、天津一样出现一个明显变陡的趋势折线，但增长幅度依然在稳步提高，且河北是三地中唯一在2016～2017年上升趋势超过2015～2016年的地区。

从河北子系统各序参量所占权重来看，排名前三的指标为当年完成保护验收项目总投资、总耕地面积、烟（粉）尘排放量。新建项目的环保验收管理对于河北的生态环境系统发展的贡献最大。此外，同北京、天津一样，河北在大气污染物排放治理方面进展明显，总耕地面积逐年减少也是河北一个值得引起关注的生态问题。所占权重较低的指标是森林覆盖率和自然保护区占辖区面积比重，说明河北在森林资源保护和自然保护区管理方面进展有限，保持稳定。

结合表4-13和图4-20来看，三地在大气质量改善方面都有相当显著的成效，全年空气质量达到及好于二级的天数所占权重在京津冀子系统分别为第三位、第四位、第四位，且从数据来看在逐年增加。当年完成保护验收项目总投资在北京子系统和河北子系统所占权重较高，均在2016年达到最高值，通过对新建项目提出环境保护要求并组织监督验收的手段能够为地区生态环境系统发展提供有力保障。总耕地面积在天津子系统、河北子系统也占有较高比重，但是其面积逐年递减，因此应当引起更大的重视，未来应在耕地保护方面有所作为。森林覆盖率在天津子系统、河北子系统则相对稳定，虽然没有明显提高，但也保持良好，没有退化。

3. 分类评价

对京津冀三地在生态保护（eco）、环境质量（env）、生态环境治理（gov）、产业与经济（ecm）四方面的协同度进行计算和评价。具体步骤如下：

1）对每一类指标，首先计算第 i 年北京、天津、河北三地该指标的得分，这里以生态保护为例：

$$B_{\mathrm{eco}_i}=\sum_{i=1}^{n_{\mathrm{eco}}}\left(W_j\times X_{ij}\right) \tag{4-12}$$

$$T_{\mathrm{eco}_i}=\sum_{i=1}^{n_{\mathrm{eco}}}\left(W_j\times X_{ij}\right) \tag{4-13}$$

$$H_{eco_i} = \sum_{i=1}^{n_{eco}} \left(W_j \times X_{ij} \right) \quad (4\text{-}14)$$

式中，n_{eco}表示生态保护类三级指标的个数。

2）计算第i年京津冀三地生态保护方面的耦合度：

$$CI_{eco_i} = \frac{\sqrt[3]{B_{eco_i} \times T_{eco_i} \times H_{eco_i}}}{B_{eco_i} + T_{eco_i} + H_{eco_i}} \quad (4\text{-}15)$$

3）计算第i年京津冀三地生态环境保护综合水平变量F_{eco_i}：

$$F_{eco_i} = \frac{B_{eco_i} + T_{eco_i} + H_{eco_i}}{3F_i} \quad (4\text{-}16)$$

4）计算第i年京津冀三地生态环境保护协同度D_i：

$$D_{eco_i} = \sqrt{CI_{eco_i} \times F_{eco_i}} \quad (4\text{-}17)$$

重复以上步骤依次计算出京津冀三地在生态保护、环境质量、生态环境治理、产业与经济四方面的协同度结果如表4-16和图4-21所示。

表4-16　2012～2017年京津冀三地分类别协同度计算结果

协同度类别	2012年	2013年	2014年	2015年	2016年	2017年
生态保护	0.19	0.41	0.35	0.31	0.26	0.28
环境质量	0.68	0.65	0.62	0.76	0.79	0.79
生态环境治理	0.36	0.45	0.52	0.37	0.30	0.33
产业与经济	0.00	0.25	0.31	0.37	0.34	0.37

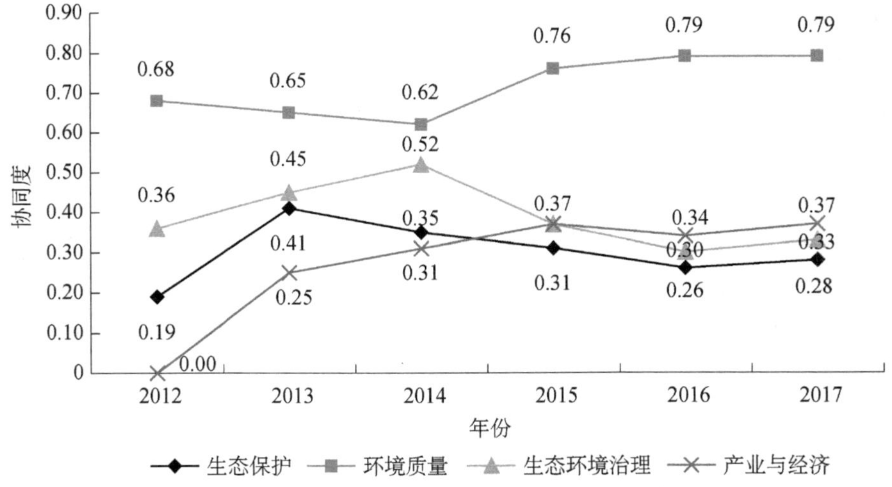

图4-21　2012～2017年京津冀三地协同度分项折线图

从图4-21来看，京津冀三地在环境质量改善方面的协同度远高于其他三项，接近良好协同状态，而其他三项则处于轻度失调，各类别之间存在协同发展不平衡现象。自2015年《京津冀协同发展规划纲要》颁布以来，三地在环境治理尤其是大气、水环境治理方面开展了一系列合作，包括政府间的行政组织设立、协同监督执法行动的开展等，而生态保护方面的合作仍停留在协议和框架层面，落实和实施的部分进展缓慢。

在生态环境治理方面，统一的行政治理框架尚未形成，京津冀生态环境协同治理的总领导机构体系设置和权责分配模糊，现有合作治理机制限于大气、水、生态等单独领域，因此仍有改革空间。在产业与经济方面，京津冀三地的差异依然较大，作为政府绩效的主要考察指标，地区经济发展的不平衡将带来各地方对生态环境保护支付意愿的不一致，京津冀生态环境共保联治的基础依然要依赖经济投入，政府之间生态环境治理专项转移支付机制的建立具有重大意义，而这无疑要依赖更完善、更有力的组织机构体系的完善。因此，联防联控体系的建设对现阶段京津冀生态环境保护协同发展而言是关键的一环。

综上所述，模型分析的结果对于京津冀生态环境共保联治未来应当重点关注的问题给出了初步的方向，但由于数据时间跨度、模型准确性等原因，政策建议的提出不能完全依靠数学模型的计算，还应当结合实际，对京津冀生态环境保护的关键问题进行探究和分析，从模型和事实两方面给出完整解答。

第四节　生态环境保护存在问题和成因机制

一、联防联控治理体系仍未健全

1. 环境属地治理模式存在目标差异

京津冀长久以来实行基于行政区划的属地治理模式，这种模式在横向和纵向方面都导致了不同区域和层级政府的目标不一致，与需要区域合作的生态环境协同治理产生了直接冲突，在联防联控治理体系中设立了多层壁垒。

从中央和地方的关系来看，整体上属于科层治理运行，中央政府制定总目标和宏观计划旨在从深层次上实现全面目标完成、产业结构调整、经济运作模式优化；地方政府则在“压力型体制”下对这些指标进行分解和落实，以完成量化责任目标为首要目的，从而陷入对政绩考核、政府本身运营的追求，而舍本逐末。

在地方政府之间，不同行政区主体往往以特定城市的环境质量而非整个区域为目标，对重点污染源的认识、生态环境质量的需求不同，进而支付意愿、治理措施、力度、效果等也不同，甚至滋生治理中的地方保护行为，以行政区划为界线架起一道道政策、信息、组织壁垒。

2. 行政与管理手段、机制不完善

在京津冀生态环境联防联控治理体系中，政府作为最重要的主体管理角色，在行政机制的建设和举措上，实际还存在较多不足，主要体现在组织领导松散、标准不统一、信息共享程度不足等方面。

虽然当前不乏高于三地层级的纵向府际治理主导机构，如京津冀及周边地区大气污染防治领导小组，但由于成立时间短，机制尚未完善，形成由北京一方牵头、津冀处于被动接受命令状态的松散非协调模式，规范化、常态化、权威化有待提高。在同一地区的行政机制内部，由于碎片化运营而发生不同级别和部门之间互相扯皮、推诿，问题不能得到有效解决。

京津冀在排放目标、环保标准、产业准入条件、执法效力等方面协同度低，如三地有自己的《大气污染防治条例》，地方环境标准体系的强度也不同，各地对于标准的执行不一致，标准在制定和执行时不协调的情况时有发生。

3. 行政管制压力下，市场力量难以发挥

吴芸和赵新峰[①]通过对2004～2017年京津冀三地377份政策文件的统计分析发现，北京、天津和河北大气污染治理都重视管制型政策工具的使用，其使用频率明显高于市场型和自愿型两种政策工具。王清军[②]将这种自上而下的行政命令管制模式形容为“运动式”执法，并指出该模式具有不可持续性。

市场的力量一方面受各地利益不一致影响导致技术、行业等壁垒的形成，另一方面受上述“运动式”行政手段的压制，从生态补偿机制、市场化配置机制，到生态环境保护专项资金、碳排放交易机制等，配套经济政策不完善，市场化调节能力难以显现，京津冀区域生态环境联防联控机制难以长

---

① 吴芸，赵新峰. 京津冀区域大气污染治理政策工具变迁研究——基于2004—2017年政策文本数据[J]. 中国行政管理，2018（10）：78-85.

② 王清军. 区域大气污染治理体制：变革与发展[J]. 武汉大学学报（哲学社会科学版），2016，69（1）：112-121.

期可持续运行。

从根本原因来看，还是区域发展不平衡，地方利益分割造成上述问题。欠发达地区存在经济发展与生态保护之间的矛盾，若要与发达地区共同推进生态保护建设，就势必要在一定程度上以地方经济发展放缓、财政收入缩减、就业降低等为代价。这种各地的发展水平差异，一方面对应着经济社会以及生态发展目标、环境治理阶段的不同，另一方面也造成投入意愿、支付能力的差别。三地都持自我利益最大化的地方本位，缺乏利益协调、合作共赢的生态补偿制度保障，市场经济的力量难以发挥，利益平衡无法实现。

二、大气污染物排放形势依然严峻

1. 区域内大气污染物治理仍有欠缺

相比全国其他区域，京津冀的大气污染情况最为严重，虽然近年来治理颇有成效，但与其他地区相比仍具有较大差距，需要加大治理力度。以2017年为例，在六大污染物中，除了SO_2和CO，其他污染物均未达到《环境空气质量标准》（GB 3095—2012）中规定的二级限值，空气质量优良天数比例也远低于全国平均水平（表4-17）。

表4-17　2017年全国及重点地区污染物浓度及空气质量优良天数占比

地区	污染物浓度/（微克/米^3）						空气质量优良天数比例/%
	$PM_{2.5}$	PM_{10}	O_3	SO_2	NO_2	CO	
京津冀	64	113	193	25	47	2.8	56.00
长三角	44	71	170	14	37	1.3	74.80
珠三角	34	53	165	11	37	1.2	84.50
全国平均	43	75	149	18	31	1.7	78.00
二级限值	35	70	160	60	40	4	—

资料来源：2017年全国及京津冀三地生态环境状况公报

在京津冀区域内具体的污染物方面，虽然几项主要污染物都有一定的治理成效，但O_3污染问题突出，近年来在整个区域的浓度值一直居高不下，甚至呈增加趋势（图4-22）。此外，空气质量平均达标天数比例有所回弹，根据《2017中国生态环境状况公报》，京津冀2017年空气质量优良天数比例比2016年降低0.8个百分点，空气质量平均超标天数比例提高1.2个百分点。

分地区而言，基于对北京2017年排放$PM_{2.5}$来源解析，显著问题包括两方面。

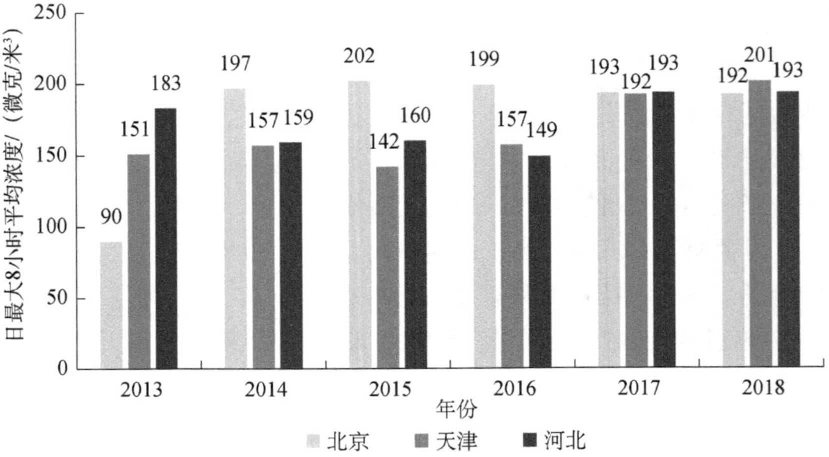

图4-22　2013～2018年京津冀三地 O_3 日最大8小时平均浓度

资料来源：2013～2018年京津冀三地生态环境状况公报

第一为区域间污染传输比重大。2017年，北京重污染日 $PM_{2.5}$ 本地贡献率为25%～45%，而区域传输则占55%～75%，且随着空气污染级别增大，区域传输贡献呈现上升趋势。根据黄蕊珠等[①]的研究，北京的污染物外源中廊坊、保定、张家口、沧州等周边城市贡献较大。

第二为本地污染物贡献中移动源占比大。如图4-23所示，北京本地排放 $PM_{2.5}$ 来源中，移动源、扬尘源、工业源、生活面源和燃煤源分别占45%、16%、12%、12%和3%，其他占12%，而在移动源排放中，又以重型柴油车的排放为最高，占比达32%。

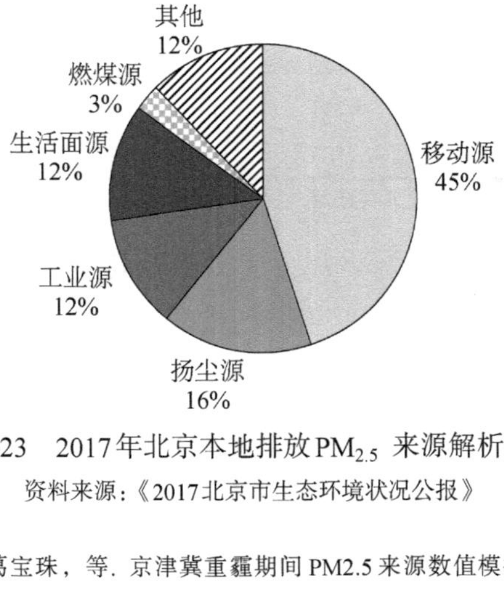

图4-23　2017年北京本地排放 $PM_{2.5}$ 来源解析结果

资料来源：《2017北京市生态环境状况公报》

① 黄蕊珠，陈焕盛，葛宝珠，等. 京津冀重霾期间PM2.5来源数值模拟研究[J]. 环境科学学报，2015（9）：19-29.

天津则存在各区大气污染物达标率普遍欠佳的问题，根据《2019天津市生态环境状况公报》，除了SO_2和CO全市各区均达到国家年平均浓度标准，以及NO_2多数市区达到国家年平均浓度标准外，PM_{10}只有蓟州区达标，$PM_{2.5}$和O_3各区均未达标。此外，根据天津市环境保护局在2014年通报的本市大气颗粒物来源解析研究结果，天津的大气颗粒物来源多为本地贡献，其中扬尘和燃煤占比较大，两者在PM_{10}和$PM_{2.5}$来源占比中分别为42%、23%和30%、27%①。

河北是京津冀大气污染问题最突出的症结所在，在多方面都存在较大问题。从全国范围看，河北处于落后水平，根据《2017中国生态环境状况公报》，在全国重点监测的74 个城市中，河北的6个城市石家庄、邯郸、邢台、保定、唐山、衡水分别为空气质量排名后10名的倒数第1、2、3、4、5、8。在京津冀区域内，河北各市空气质量除秦皇岛和张家口排名靠前，其他城市排名均落后于北京和天津。表4-18为2018年京津冀三地六大主要大气污染物浓度对比。

表4-18　2018 年六大主要大气污染物浓度河北相比于北京、天津的倍数

主要污染物	SO_2	NO_2	PM_{10}	CO	O_3	$PM_{2.5}$
相比于北京	3.33	1.02	1.33	1.35	1.01	1.08
相比于天津	1.67	0.91	1.27	1.21	0.96	1.06

资料来源：2018年京津冀三地生态环境状况公报

此外，河北内部存在较大差异，如图4-24所示，冀南（石家庄、邯郸、邢台、保定、衡水）除SO_2、NO_2其他污染物浓度都总体高于冀中（唐山、沧州、廊坊）、冀北（秦皇岛、张家口、承德），大气污染情况更严重。

另外，河北与京津在经济发展水平、城镇化进程和质量、社会发展情况等方面存在很大差距，尤其是河北在京津周边形成的“环京津贫困带”，经济基础更加薄弱，发展模式粗放且对生态环境消耗大，从而导致散煤燃用多、推广清洁能源难等具体问题，存在较大的治理障碍。

2. 客观自然条件影响治理难度

在京津冀形成的大气污染问题成因中，首先客观自然条件为治理问题设下了第一道障碍。从地形地势上看，京津冀地势西北高、东南低，高原、

① 环保局解析颗粒物来源PM2.5主要源于本地排放[EB/OL]. http://tj.sina.com.cn/news/m/2014-08-23/091991761.html[2021-06-22].

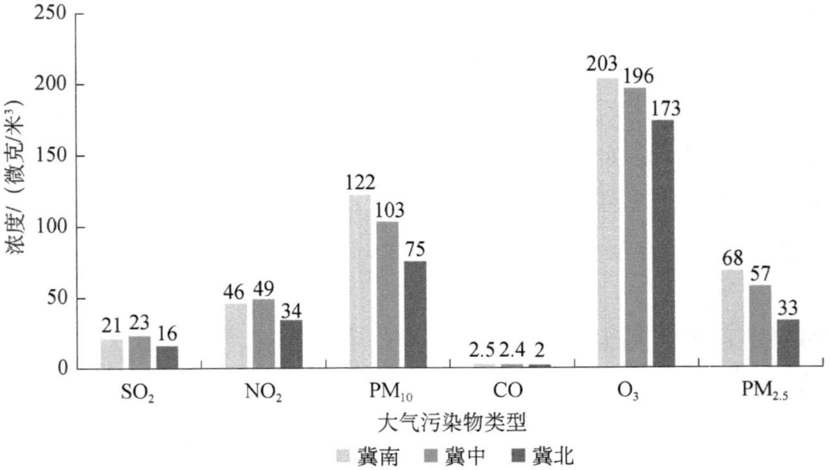

图4-24 2018年河北不同区域的大气污染物浓度情况

资料来源：《2018年河北省生态环境质量状况公报》

山地、平原依次排列，呈现带状分布，三面环山地形导致南来气流的停滞堆积，同时造成西来冷空气过山后形成逆温层，大气稳定；山地和平原间的热力差异小使得山谷风环流受抑制，从而造成污染物在局地堆积。

在气候条件方面，京津冀处于暖温带大陆性季风气候带，总体多半干旱、半干旱偏湿气候类型，总降水量偏少，不利于大气污染物的冲刷和对地面扬尘的抑制；冬季冷空气强，受弱高压系统控制，下沉气流强，不利于污染物的扩散。

此外，风速风向也是一个较为重要的影响条件，京津冀地区总体来说全年风速较小，而在冬季大气污染情况严重，且刮偏南风时产生弱辐合作用，与地形共同抑制污染物的扩散；但春季干旱多风，常导致灾害性风沙天气，造成扬尘。

3. 经济社会快速发展增大环境压力

除自然因素之外，人为因素是带来京津冀大气污染问题的要害所在。总体来说，在经济效益高速增长的追求中，不可避免地会带来人口膨胀和无序城镇化。根据京津冀各地的统计年鉴，2019年京津冀常住人口达到11 308万人，占全国总人口的比重为8.1%；城镇化率为66.7%（其中北京、天津、河北城镇化率分别为86.6%、83.5%和57.6%），比上年提高0.8个百分点，而同期全国城镇化率为60.6%，两个指标均处于较高水平。经济社会快速发展由此很容易突破环境容量，生产生活中对能源的需求和污染物的排放都不断增加。

具体来说，首先体现在产业结构方面，从三次产业比重来看，虽然三地的第三产业占比在不断提高，但根据2018年的数据，天津和河北第二产业仍然高于平均水平，第三产业低于平均水平（表4-19），仍以第二产业为主的唐山、保定、衡水、邯郸等，都是污染较重、主要污染物浓度较高的区域。

表4-19　2018年京津冀三地三次产业比重　（单位：%）

地区	第一产业	第二产业	第三产业
北京	0.40	18.60	81.00
天津	0.90	40.50	58.60
河北	9.30	44.50	46.20
平均	3.53	34.53	61.93

尤其是河北仍然以高碳化传统产业为主的格局可能还将长期存在，致使其经济活动对碳排放贡献度较高，由表4-20可知，2017年河北每亿元GDP固体废物排放量远高于京津。同时，在河北"壮士割腕"对高污染产业进行整治的同时，北京和天津对河北的高技术产业转移和布局工作未能及时衔接，从而影响到了河北的地方财政、就业、居民福利等，进一步打击了其治理积极性。

表4-20　2017年京津冀三地GDP比重及主要污染物排放状况比较（单位：吨）

地区	每亿元GDP固体废物排放量	每亿元GDP二氧化硫排放量	每亿元GDP氮氧化物排放量
北京	231.49	0.72	5.16
天津	805.97	3.00	7.67
河北	9675.01	17.70	31.04

除产业之外，能源利用的优化状况仍需改善。在能源利用总量上，由图4-25可知，除天津以外，北京和河北2016年和2017年能源消耗总量增长率连续上升。煤炭消耗比重仍需进一步降低，尤其是河北，根据历年《河北经济年鉴》，虽然煤炭消耗比重逐年减少，但仍然维持着80%以上的高水平，且缺乏水电、天然气等低碳能源，在新能源和可再生能源开发利用上相对滞后，清洁能源推广难。

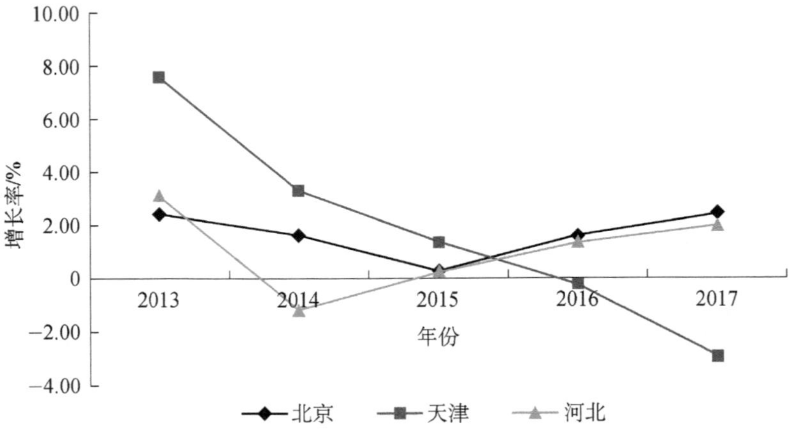

图4-25 2013～2017年京津冀三地能源消耗总量增长率

三、水资源短缺与水生态破坏

1. 水资源短缺与水资源利用效率低下

根据《中国统计年鉴2019》，京津冀三地2018年人均水资源量分别为164立方米、113立方米、218立方米，全国人均水资源量为1972立方米，而一般认为人均水资源量低于500立方米的地区为极度缺水区。一方面，由于地区降水补给季节差异大、年际变化大，直接造成水资源总量的不足；另一方面，京津冀人口的高度密集促使其成为淡水供应最短缺的地区之一。

如图4-26所示，2012～2018年京津冀三地人均水资源量呈明显的波动变化趋势，这可能与年际不均的降水量有关，受自然条件的限制，水资源短缺问题短时间内难以解决。虽然人均水资源量不足，但从京津冀的供水来看，除地区内的地表水和地下水用于供水以外，南水北调的水资源补给以及再生水的利用效率提高都可以大大提高地区的供水量。因此，虽然京津冀三地面临着水资源短缺的现实难题，但依然可以通过南水北调工程和发展再生水技术的方式提高地区的供水量从而支撑社会经济发展。

截至2020年6月21日，南水北调中线一期工程自2014年12月12日全线通水以来，累计向河北供水80亿立方米、向天津供水52亿立方米、向北京供水53亿立方米[①]，经计算平均每年向河北供水14.5亿立方米、向天津供水9.4亿立方米、向北京供水9.6亿立方米。

① 南水北调中线加大流量输水 提升华北地下水超采综合治理成效[EB/OL]. http://nsbd.mwr.gov.cn/zx/zxdt/202006/t20200622_1409438.html[2021-06-22].

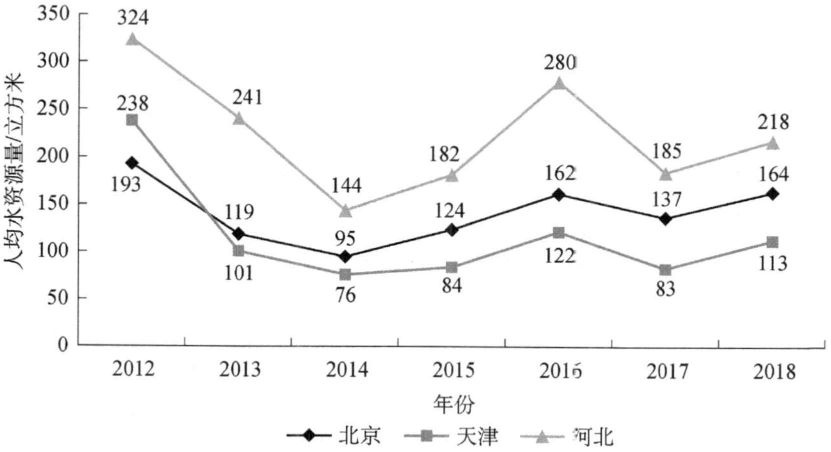

图4-26 2012～2018年京津冀三地人均水资源量变化折线图

再生水是指经过深度处理后达到一定水质标准可进行有益使用的水，它的广泛推进具有节水和减排的双重功能，是水资源短缺地区应当发展的重要战略。2017年，国家发展和改革委员会、住房和城乡建设部联合印发《"十三五"全国城镇污水处理及再生利用设施建设规划》，要求至2020年京津冀地区再生水利用率达到30%以上，北京68%，天津30%，河北30%[①]。这部分供水主要用于农业灌溉、工业等方面。

在再生水方面，北京发展早，再生水利用率高。1987年以来，北京市人民政府先后制定了一系列再生水设施建设管理的相关政策和再生水利用相关标准。2003年起，以密云再生水厂为开端，北京开始大规模利用再生水，2006年先后建成怀柔、平谷、亦庄、海淀温泉、永丰、北小河及顺义等再生水厂，2008年后启动清河二期、卢沟桥、北小河二期、高碑店、酒仙桥等再生水厂；2012年后在怀柔庙城镇、顺义赵全营镇、丰台河西和高安屯、海淀稻香湖等地又开始建设再生水回用工程与配套管网。2018年，北京再生水利用量为10.7亿吨，占全市用水总量的27.35%，再生水已成为北京稳定可靠的第二水源[②]。

因此粗略估计，北京、河北每年可以通过南水北调和再生水处理增加20亿立方米的供水量，天津约增加12亿立方米。南水北调工程的年供水量配额

① 两部门印发《"十三五"全国城镇污水处理及再生利用设施建设规划》[EB/OL]. http://www.gov.cn/xinwen/2017-01/23/content_5162482.htm[2021-06-22].

② 北京市人民代表大会常务委员会执法检查组关于检查《中华人民共和国水污染防治法》和《北京市水污染防治条例》实施情况的报告[EB/OL]. http://www.bjrd.gov.cn/rdzl/rdcwhgb/sswjrdcwhgb201903/202101/t20210105_2197923.html[2021-06-22].

目前相对稳定，污水处理技术和再生水利用的提高是破解京津冀水资源短缺难题的关键。

在用水结构方面，当前京津冀用水结构逐步优化，如图4-27所示，2012年和2018年京津冀三地农业用水和工业用水比例减少、生活用水和生态用水比例增加趋势明显。但从地区间来看，天津、河北的农业用水和工业用水依然远高于北京，说明其农业灌溉方式效率不高，会造成水资源的浪费。此外，区域水资源空间配置不合理问题依然存在，河北承担着北京81%、天津93.7%的工农业生产和生活用水①，需求量已突破了能提供水资源的红线利用效率。因此，统筹区域水资源利用、建立横向水资源补偿机制、推广农业节水技术具有重要意义。

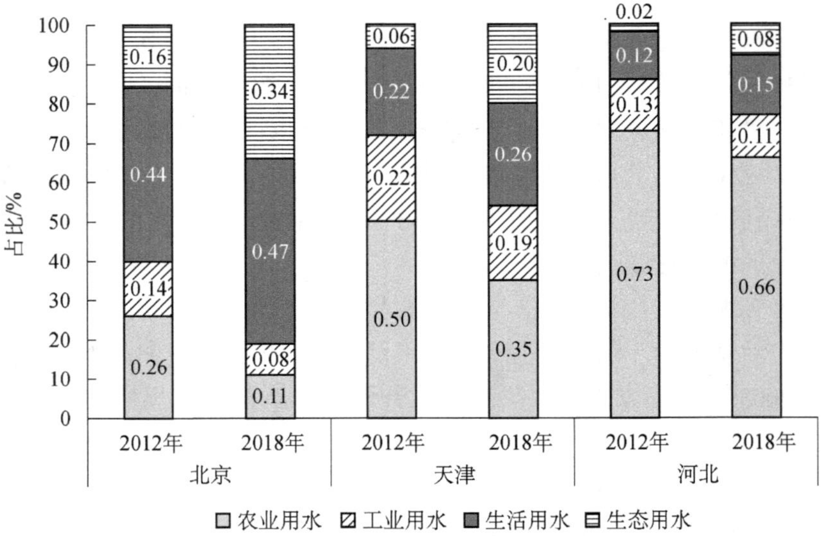

图4-27 2012年和2018年京津冀用水结构图

2. 水生态破坏问题突出

地表水的严重不足促使京津冀各地采取大量开采地下水的方式补给用水，使地下水位大幅下降，形成了众多的地下水漏斗。平原区地下水超采严重，2011年地下漏斗区面积已超过7万平方千米②。2019年1月，水利部、财

① 冯海波，王伟，万宝春，等. 京津冀协同发展背景下河北省主要生态环境问题及对策[J]. 经济与管理，2015，29（5）：19-24.

② 环境保护部关于印发《全国地下水污染防治规划（2011–2020年）》的通知[EB/OL]. http://www.gov.cn/gongbao/content/2012/content_2121713.htm[2021-06-22].

政部、国家发展和改革委员会、农业农村部共同印发《华北地区地下水超采综合治理行动方案》，南水北调中线工程向华北地区进行地下水超采回补。2020年4月29日起向沿线35条河流生态补水9.5亿立方米[①]，根据2020年6月河北地下水超采区地下水位监测情况通报，部分超采区地下水位有所提升。但彻底修复京津冀地区地下水位大幅下降的问题依然道阻且长。除工程措施外，地下水禁采制度也应加大管制力度。

根据第三次全国生态状况变化遥感调查评估结果，京津冀地区全年存在断流现象的河流比例约为70%[②]。2018年，京津冀地区春季河流呈现重度干涸断流；纳入监测的345条河流中有267条存在干涸断流现象，干涸河道长度占河道总长度的25%[③]。京津冀地区13个地级及以上城市均有干涸河道分布，其中保定、张家口、北京、石家庄四市的干涸河道长度较长，均超过500千米；石家庄、张家口、廊坊、保定河道干涸比较高。当前，永定河、潮白河补水工程都在稳步推进，但相比京津冀地区河流断流的数量和规模而言形势仍不乐观，区域完整的生态补偿机制和规划急需纳入政府间的讨论。

3. 水污染防治仍需稳步推进

从流域水质来看，京津冀地区地表水污染情况已经有了极大的改善，如图4-28所示，2019年海河流域总体处于轻度污染水平。但是与全国其他主要流域相比，海河流域Ⅰ～Ⅲ类水质占比最低，而劣Ⅴ类水质占比较高，污染程度在全国七大流域中排名依然靠前，但差距在明显缩小，已经彻底改变了2016年海河流域劣Ⅴ类水质占比接近50%[④]的局面。

虽然各地区近年来的水污染状况有明显好转，但与全国其他流域相比，水污染问题依然突出，尤其是在京津冀地区水资源相当短缺的背景下，保护地表水水质更应该引起重视，要一刻也不能放松地持续推进水污染治理工作。

---

① 南水北调中线加大流量输水 提升华北地下水超采综合治理成效[EB/OL]. http://www.gov.cn/xinwen/2020-06/22/content_5521039.htm[2021-06-22].

② 生态环境部：70%河流全年存在断流，京津冀水资源极短缺！[EB/OL]. https://baijiahao.baidu.com/s?id=1612911880269749056&wfr=spider&for=pc[2021-06-22].

③ 王晨，郅晓沙，吴传庆，等. 京津冀地区春季河流干涸断流时空分布特征遥感分析[C]. 中国环境科学学会（Chinese Society for Environmental Sciences）.2019中国环境科学学会科学技术年会论文集（第二卷）. 中国环境科学学会（Chinese Society for Environmental Sciences）：中国环境科学学会，2019：282-286.

④ 海河流域水资源公报2017年[EB/OL]. http://www.hwcc.gov.cn/hwcc/static/szygb/gongbao2017/index.html#szgk[2021-06-22].

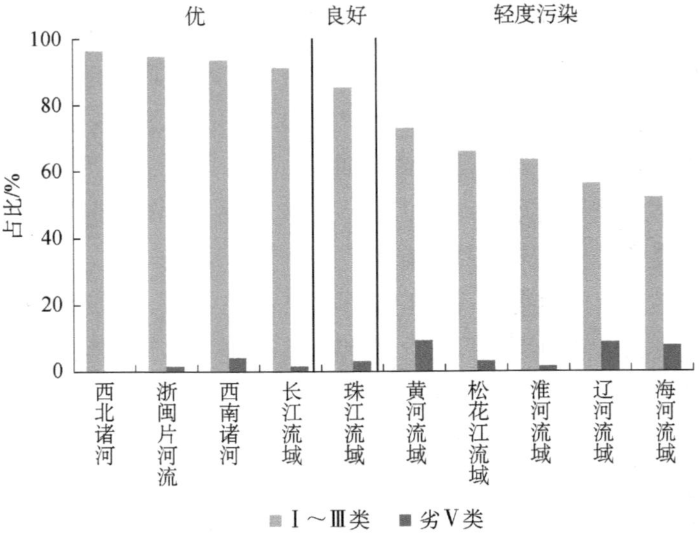

图4-28　2019年1～12月七大流域和西南诸河、西北诸河及浙闽片河流水质类别比例

资料来源：2019年全国地表水、环境空气质量状况[EB/OL].

https://www.mee.gov.cn/hjzl/shj/qgdbszlzk/202002/P020200220742981170464.pdf[2021-09-20]

四、生态退化与发展格局失衡

1. 建设用地侵占生态用地现象明显

由于城市快速扩张，对资源的不合理利用导致京津冀地区生态功能与发展格局失衡和紊乱。京津冀主要土地类型是耕地、林地（森林生态系统），主要分布在承德、保定西北部、邢台、邯郸西部，形成东北–西南走向的森林绿带。西北部的山地丘陵地带以草地和耕地为主，主要是张家口所在区域，而东南平原以城镇和农耕区为主。水域分布在渤海湾沿岸地区，主要是天津、唐山所在区域。2000～2018年建设用地扩张明显，建设用地占用了一部分耕地，而城镇扩张主要发生在北京、天津、石家庄、唐山等城市。从具体数据来看，2000～2018年建设用地比例从8.25%上升到12.87%，而耕地比例则减少了约6%（表4-21）。土地利用类型改变主要表现在城镇建设用地侵占了耕地和一部分草地，进而限制了植被覆盖度。虽然林地面积有所增长，但是草地生态系统仍然比较脆弱，需进一步修复。另外，水域面积也有所减少，渤海湾沿岸地区湖泊、滩地、坑塘等缩减。在高强度大城镇建设下，人类活动干扰自然生境质量，生境和景观破碎化问题突出，生物多样性减少，京津冀生态圈呈现出生态容量和环境承载力超载的现象。

表4-21　2000～2018年京津冀土地利用类型面积和所占比例

土地利用类型	2000年		2010年		2018年	
	面积/平方千米	比例/%	面积/平方千米	比例/%	面积/平方千米	比例/%
耕地	101 793	47.41	97 844	45.54	89 518	41.54
林地	69 368	32.30	71 648	33.35	73 109	33.93
草地	19 160	8.92	18 979	8.83	19 279	8.95
水域	6 105	2.84	5 987	2.79	5 267	2.44
建设用地	17 710	8.25	19 808	9.22	27 731	12.87
未利用地	594	0.28	580	0.27	572	0.27

资料来源：中国土地利用现状遥感监测数据（2000～2018年）

2. 生态环境支撑基础薄弱

综合地形地貌、气候、水文条件等因素进行考虑，京津冀地区生态环境薄弱，受客观自然条件的严重制约，给区域生态保护增加了难度。京津冀的生物丰度指数普遍偏低，大部分地区在20～40，城市区域在0～20，只有北部和中部少数地区在60以上，这反映出区域整体的生态系统多样性较低，而且生境和物种多样性也不高。

京津冀地区以高原、山地、丘陵和盆地四种地貌类型为主，同时被河流（永定河、潮白河等）割裂成支离破碎的地形地貌区，存在大面积的“基底式”风沙区和河流退化后河床裸露形成的“廊道式”风沙区，导致区域内风沙侵蚀难以消除。北京和天津本身并不具备发生大规模沙尘暴天气的物质基础，但是北部地区存在面积辽阔、植被稀疏的沙地，尤其是张家口、承德一带，地处内蒙古高原和华北平原过渡带，属于半干旱区，分布着两大沙区（坝上农牧交错区和坝下燕山丘陵山地水源区），拥有四条风沙移动带、六大风口和九条风沙通道，导致北京乃至整个华北地区成为主要沙尘暴源区。同时，风沙活动具有季节性和原生性强的特点，沙尘活动本身控制难度大，加上北部地区植被退化、土地沙化、盐碱化程度高，导致京津冀沙尘天气仍时有发生。例如，2018年春季北京发布沙尘蓝色预警，首要污染物PM_{10}浓度接近2000微克/米^3，西北部、东南部和西南部的PM_{10}均已超过2000微克/米^3[①]。

除了风沙侵蚀尚未根本消除以外，京津冀的水土流失问题依旧突出。太

① 中央气象台：受沙尘天气影响北京定陵PM10达3157微克[EB/OL]. http://news.sina.com.cn/o/2018-03-28/doc-ifysspnz9100925.shtml[2021-06-22].

行山、燕山山区、坝上高原地区受到严重的水力和风力侵蚀，高原荒漠化、河道、水库淤积现象严重，平原洼淀萎缩和消失。根据《2018年中国水土保持公报》，2018年京津冀水土流失面积共4.47万平方千米，占土地总面积的20.74%。其中，河北水土流失最为严峻，面积高达4.22万平方千米，占河北土地总面积的22.53%。城镇化进程，尤其是农林开发、农村基础设施建设等加剧了水土流失，使得该问题仍然威胁区域生态环境。

3. 人为因素导致生态系统功能退化

尽管京津冀生态环境质量受到客观自然条件的限制，但人为因素仍是生态退化的根本原因，林地建设经验不足导致人工林质量不高，而在草地管理上，超载放牧现象严重。

首先，在林地修复方面，京津冀在防风固沙上做了很多努力，并开展了一系列植树造林工程。早在20 世纪 80年代就开始了“三北”防护林工程，京津冀地区也有大量的林地修复项目，以建设环京津的人工防护林、打造水源涵养生态绿带。但是，人工林与天然林的生态系统功能和价值始终有一些差距，人工林的物种多样性较低，生态稳定性较差。加上早期工程开展时，对森林生态系统功能的认识不够全面，在树种选择、种植过程、经营管理等方面存在问题，导致林草资源质量不高，总量仍然偏低，覆盖率不高，甚至出现人工林退化现象。

其次，草地生态系统受到严重的人为干扰，草地生产力衰退。坝上草原有大规模的农牧区，由于风蚀和水蚀作用强烈，土壤中大量的有机质，如氮、磷、钾等营养成分容易流失，牧场载畜量低，加上地区人口不断增长，过度垦殖、超载放牧现象严重，导致草场退化，坝上、接坝、坝下山区水土流失和沙化严重，进一步降低了土地承载力，导致生产力衰退。坝上地区理论载畜量400万羊单位，实际承载462万羊单位，超载率达15.6%①。土地超载导致水土流失、农田沙化，如承德围场满族蒙古族自治县每年因水冲沙埋使上千亩农田被迫弃耕。可见，京津冀对林草资源的利用管理不足，过度开发和治理、维护力度不够强，土地退化、沙化和盐碱化严重，制约了京津冀农牧业生产，导致林地和草地生态质量降低。

---

① 河北八大工程推进坝上生态环境治理修复[EB/OL]. http://www.heb.chinanews.com/hbzy/20190102389617.shtml[2021-06-22].

第五节　生态环境保护对策

一、完善联防联控治理体系

1. 打破属地分割，构建多元共治体制

针对京津冀生态环境联防联控治理体系的属地化、碎片化固有模式，需要以“利益协同”为深层动力、“价值协同”为统合导向、“目标协同”为直接引领，强化不同地方和主体在利益协调上的主动性和内驱力，秉持共治、共生、共荣的合作理念，制定集体目标和行动规划，从而打破种种壁垒，厘清中央与地方之间及地方内部的关系，强化涉及生态环境资源的一体规划和综合统筹的能力，建立起职能有机统一、权责清晰分明的生态环境管理协同体制。

在治理主体视角下，需建立中央政府、地方政府、市场、社会公众有效联动的综合网络体系（图4-29）。其中，中央政府应综合考虑各方利益，基于区域生态环境现状制定治理方案，统筹协调生态环境规划，协调组织各个层面的机构，推进生态环境保护措施落实；地方政府则发挥强力的引导作用，推动地方落实生态环境有关政策，对生态环境破坏行为加强管理和监督；在市场方面，建立健全大气、水、森林等资源资产市场交易体系，促进不同层次的生态资产交易，构建市场化补偿长效机制；同时，提升社会公众的参与度，推广绿色生活方式，践行可持续发展，且鼓励公众舆论监督，建立公益诉讼机制。最终，形成中央、地方政府、市场和社会公众多元主体共治的联防联控体系，共创共享生态环境“协同红利”。

2. 进一步提升政府协同治理能力

基于京津冀生态环境联防联控多元共治体系，首先从政府主体视角来看，应以府际协同治理为切入点，探索政府间的横向协调机制。目前，京津冀三地的环境治理组织机构缺乏强制约束力，如水污染防治、生态率先突破工作协作小组等是由三地政府派代表负责，但是在各地经济发展和环境治理目标有所不同的情况下，各地政府仍秉持着以行政单元来解决生态问题的思路，缺乏宏观思维。因此，应完善这些协作小组的领导职能，建立一体化领

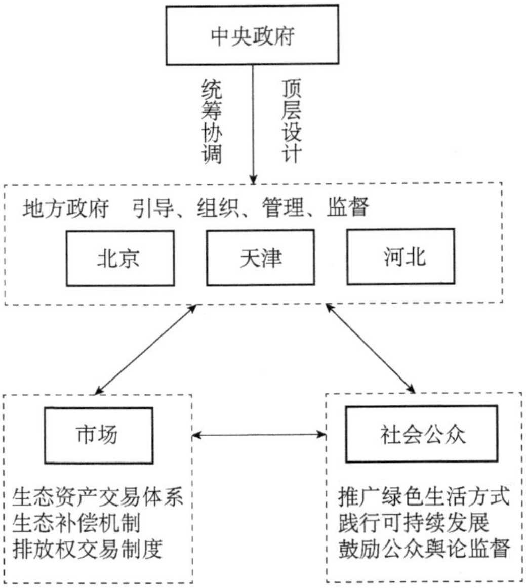

图4-29　京津冀生态环境联防联控多元共治体系图示

导机制，如增设区域生态环境协同治理委员会等权威机构，独立于三地政府，明晰权责，有助于协调利益冲突。此外，要建立一体化共生协调机制，实现跨区域协同治理机构统一规划、统一决策和统一管理，纵向上促进上下级政府的沟通协调，横向上推动京津冀三地的合作。还需要建立信息共享机制，搭建信息共享平台。整合京津冀生态环境资料和数据，利用地理信息系统、遥感等技术监测各地排污情况，以监察生态破坏和环境污染事件，打破各地信息壁垒，同时联合执法，共建管理、监督的一体化合作机制。

3. 完善生态环境的市场化机制

在协同治理的市场化机制方面，生态补偿制度是一项以利益杠杆为核心的有效补偿手段。

在大气补偿机制方面，由于大气污染物流动性较强，三地必须联合共治，推动建立以排污权交易为核心的大气生态补偿制度，同时鼓励京津清洁技术和生态型产业向河北转移，通过投资、技术扶持等方式，促进河北产业升级。

在流域补偿机制方面，京津冀区域水生态改善尤其是地下水开采过量，以及河流断流等重大问题的解决依赖南水北调、流域横向补偿等生态补偿措施。应当对各省（市）每年的水资源补偿量进行预估，通过基于市场导向的水资源成本核算和基于流域水环境承载能力导向的纳污总量核算，建立起对水资源价值的理性认识，并且统筹配置全流域资源，理清流域干支流和上下游的关系，建立流域性水资源使用权转让制度。另外，按照“污染者付费、受益者补偿”的原则，促进流域生态公平，建立水生态利益共同体，全面提升海河流域水质水量。

在森林补偿机制方面，京津冀北部地区森林建设是维护区域生态安全的重要地带，但由于当地经济发展较为落后，缺乏资金，造林工程缓慢，若只依赖于中央政府财政拨款有一定的局限性。因此，北京、天津应与河北建立横向补偿机制，结合资金补偿、实物补偿、对口协作等多种方式，完善补偿制度。例如，京冀生态水源保护林工程项目就是北京投资、河北建设造林的项目，不过该项目资金渠道较单一，项目地的立地条件较差，施工成本较高，资金不足，导致植树造林的质量不高，后期对林地的维护和管理更加困难，使得生态效益和价值锐减。因此，应进一步拓宽资金渠道，保障林地修复项目的质量，提高人工林的生态系统功能和价值。

此外，建立健全碳排放权、排污权、能源使用权的初始分配制度，建立排污收费、排污权交易、低效燃煤配额交易、碳排放交易等市场交易机制，通过土地、财政、税收、信贷等政策，激发企业在末端治污、技术升级、管理体制创新、探索循环经济上的活力等，也属于京津冀生态环境联防联控体系健全完善的重要市场手段，需要三地进一步发掘潜力、发挥效能。

二、深化大气污染协同减排

基于京津冀三地的现状及问题分析，在大气污染治理方面的对策需强调“重点突破”，主要包括三个重点：重点污染物、重点地区、重点问题。

1. 重点污染物和重点地区识别

京津冀地区雾霾严重状况一直以来居全国首位，因而$PM_{2.5}$在短期内仍是首要的重点污染物；此外，O_3污染问题也在逐渐发酵，必须作为重点污染物及时采取防控措施。针对此，建议京津冀三地加强对$PM_{2.5}$和O_3的系统性监测和分析，考察其主要来源，并采取源头控制措施；同时，在重污染天气预警系统上提高对重点污染物的敏感度。此外，也不能忽视其他污染物的治理，以实现多污染物协同减排的最终目标。

在重点地区上，从大区位维度看，京津冀三地仍以河北的大气污染防治为主要切入点。在小区域维度，则是京津冀三地各自的重点大气污染地区，如根据《2019北京市生态环境状况公报》中提供的各区主要大气污染物浓度，朝阳、大兴、通州等都是$PM_{2.5}$、PM_{10}、NO_2排放量较高的地区，应当是重点考察和治理区域。而河北更需重视对冀南地区的污染防治。

在上述重点方向的指导下，需要对各地进行重点问题的剖析和对症下药，采取实质性措施。

2. 重点问题的防治措施

北京区域移动源污染情况最为突出，需要以运输结构调整为主要着力点，主要措施包括控制机动车保有量，对机动车实行限购限行，从而降低私家车使用强度，减少尾气排放；加强用车执法监管，采取现场随机抽检、排放检测比对、远程监控排查等方式，实现对排放检验机构的监管全覆盖；统筹城市交通管理，实施公共交通优先战略，尽快落实京津冀三地绿色交通网络体系建设；加大绿色交通投资，促进公共交通绿色化等。另外，虽然北京在产业及能源结构调整方面已成就显著，但也仍需往更加深入、全面、针对性的方向改进，包括完善市场管理机制，制定更加科学的行业标准，提高市场准入门槛，探索碳排放权的市场调节机制，完成对直接和潜在对大气污染有贡献的行业排污许可证核发工作等。

天津环境质量处于整个区域的居中水平，在产业、能源、移动源管理等方面均需加强举措的变现。严格落实钢铁行业结构调整和布局优化规划方案，加快推进分布区域、污染排放、能源消耗减量和产能结构、产品结构、物料运输优化“三减三优”措施；针对扬尘作为天津主要大气污染源问题，还需加强对工地的围挡覆盖、运输车辆清洁和密封化、工地防尘监管、道路清扫等工作的推进；提升煤质监管，建设洁净煤供应网络，同时加快清洁能源、可再生能源开发，促进能源结构去污化、多样化。

河北则既需要在一般的产业、能源方面采取全面措施，也需针对自身存在的特殊问题加强治理。在产业方面，化解煤炭、钢铁、水泥等过剩产能；在淘汰落后产能、推进产业转移的同时，做好产业升级的衔接，吸引北京、天津的高技术和清洁化企业产业落地，同时完善对“散乱污”企业的动态监管治理体制。在能源方面，加强散煤治理力度，城市区域大力推进集中供热，农村地区探索洁净燃料替代，推行合同化能源管理模式，挖掘市场机制下的企业行动力；同时借力京津，加强对新能源产业和能源再生利用技术的承接、发展，优化能源结构。此外，针对“环京津贫困带”的经济发展和生态保护之间的矛盾探索、推广生态补偿制度，对农村地区加强环保知识和技术的宣传普及，对大气污染区域差异情况进行全面研究并采取差异化措施等。

总体来说，京津冀三地还需加强对大气污染联防联控机制的建设，在组织建设上成立统筹合作、多方联动的正规化区域大气污染防治组织，完善保障大气污染联防联控机制的法律法规和配套政策；在具体措施上，建设通畅的信息监测共享和通报机制，探索研究复合型大气污染的区域控制指标，健全统一的污染物监测和排放标准，建立重度污染天气的应急联动机制等。

三、统筹水环境治理

1. 水流域从区域分治到协同共治

京津冀同属于海河流域，过去区域分治难以提高整个流域的生态环境。因此，应改变以往各地分治的局限性，促进海河流域上下游联动治污，加强跨界断面污染治理。首先，从全局角度统筹管理，宏观配置流域水资源，提高水环境承载能力。其次，从流域点—线—面逐步改善水生态环境。先针对点源、面源污染，加强治理，以污染减排为抓手，调控重点河段，根据污染程度分阶段治理，并进行全流域统一规划管理。然后从水质和水量两方面提高流域水生态空间，推动水质达标，动态调整水量平衡，保障各地区需求。

2. 加快建立高层领导机构

目前，京津冀及周边地区水污染防治协作小组是在生态环境部的主导下，京津冀三地定期就关键问题进行协商的管理模式，在层级上与三省（市）同级。这样以协商、通报方式为主的合作较为松散，约束力不足，对于三地之间的利益冲突和意见分歧等关键问题难以给出有说服力的解决办法，在信息通报、标准统一、联合监督检查等方面依然进展缓慢。

应加快建立高于三省（市）级别的独立区域水环境治理政府机构对三省（市）环保部门进行统一指挥，具体承担工作如下：

1）领导各省（市）的协商会议，进行京津冀水污染防治的年度计划、区域生态补偿的年度计划交由各省（市）执行。形成各省（市）与区域水环境治理机构的信息共享系统，统一发布京津冀区域水质月报一类的信息公开文件。

2）对当前三地的水污染和水资源数据统计方式、污染物排放标准、水污染监督检查标准、行动细则、惩罚力度进行汇总与研究，形成京津冀统一的政策法规标准体系，经由地方反馈再次修改协调。如确实有三地标准相差过多之处短期内难以统一，或者因经济发展需要而应当因地制宜的情况可保留争议，但应该在京津冀统一政策法规标准体系中明确标示，并经由各地区协商达成一致。

3）对国家发放的京津冀环境治理专项费用进行转移支付。京津冀主要河流水系的上游均位于河北，而中下游位于北京和天津，河流天然的地理流经顺序要求河北在河流上游的水源涵养、水生态保护做出更大的努力以保障中下游地区的水资源利用和经济发展。这样的保护格局要求京津两市对河北进行水环境治理的转移支付以平衡河北的经济损失，只有这样才能使三地在经济平等的基础上谈生态环境保护的合作，缓解地方支付意愿不同的矛盾。

3. 共同破解水资源短缺难题

京津冀水资源短缺问题的缓解可以从提高再生水利用率以增加供水量和改善用水结构两方面入手。

在再生水方面，北京较河北和天津技术先进、相关政策和规范完善，未来应当承担起领导京津冀再生水工作推进的重任，帮助天津和河北提高再生水工艺，指导其再生水发展规划，在资金投入、设备建设等方面寻求共同发展。

在用水结构方面，应提高农业用水和工业用水的效率以减少在这两方面的水资源浪费，从而提高生活用水和生态用水的占比。相比北京，天津和河北在用水结构方面依然有较大的提高空间，这也是由产业结构的差异所造成的。河北在农业方面，应进一步发展节水、高效、精准的灌溉技术，提高灌溉效益和土壤有效水分利用率，提升农业用水效率。天津和河北在工业方面，考虑将耗水企业搬迁至沿海地区，并要求新建企业采用节水技术，严格控制工业废水的排放。

四、加强生态修复，筑牢生态安全屏障

京津冀受制于客观自然地理条件，脆弱的生态系统需要合理规划土地利用、合理配置生态要素，推动山水林田湖全方位的保护和修复。

首先，要继续加强区域生态安全格局的构建，现有的生态格局确立了以太行山、燕山为生态屏障，以坝上高原防风固沙带和沿海地区为生态防护带，不过还没有更完整地形成生态安全体系。针对主要河流和重要的野生动物通道，应进一步构建生态廊道，再打造城市外围的楔形绿地以作为生态基底，而将京津冀三地散落的自然保护区、渤海湾沿岸的水域以及湖泊和湿地作为生态斑块，打造由点线面组成的网状生态格局和生态安全体系。

其次，在土地利用布局方面，目前建设用地侵占生态用地现象严重，需要进一步加强土地利用的管控，约束城镇空间过度扩张，科学划定生态红线，实行严格控制用地指标和耕地林地保护制度，保障京津冀北部地区林草资源的生态效益和东南部耕地的产量。同时，推进构建“一带十三区”区域永久基本农田保护格局①，稳定耕地面积，提升耕地质量。

最后，针对林草资源质量低、人工林退化、管理经营不善等问题，京津冀应构建多因素的防风固沙空间优化配置模式，结合植被物种、气候条件、沙化程度、混交模式等因素，进行科学规划和合理搭配，打造点–片–带的林网体系。同时需要加强管理经营，已建成的防护林要定期维护，保持人工林的生态系统多样性和生态效益，结合地方情况和特色，增强林地生态系统的适应能力，提升生态价值。

京津冀地区重要的水源涵养和土壤保持区都是在较为贫困的地带，针对这些重点生态区域和“环京津贫困带”（如张承地区），在继续推进其作为京津冀水源涵养功能区和生态支撑区建设的同时，还需要探索经济欠发达地区生态兴市、生态强市的发展道路，平衡生态保护和经济发展。要充分发挥市场配置资源的作用，利用林业修复项目，开拓相关产业发展，令环境保护产业化。通过加快农业产业化的发展来增加贫困居民的收入，形成农业生产、食品加工制造等产业优势，同时也要挖掘特色旅游业的优势，如张家口崇礼滑雪场、蔚县剪纸等都具备良好的旅游资源和条件。以绿色发展理念引导“环首都贫困带”脱贫，对于区域一体化发展、缩小地区差距具有重要作用。

---

① 京津冀将实施“一带十三区”永久基本农田保护[EB/OL]. http://www.gov.cn/xinwen/2016-05/03/content_5070108.htm[2021-06-22].

五、协调区域生产生活生态格局，做好跨区域国土空间规划

当前正在开展的国土空间规划体系构建，是推进区域协调发展的重要契机。借体系构建，需进一步明确京津冀协同发展的规划内涵和实施保障。国土空间规划作为国土空间布局优化的核心手段，覆盖国土资源的各个层级，应展开针对城乡全域的“山水林田湖草”全要素全方位管控，将国家战略落实到国土空间，再进一步指导京津冀生产、生活和生态空间的布局。具体而言，将主体功能区规划、土地利用规划、城乡规划等融合为统一的国土空间规划，综合考虑人口密度、经济社会发展、生态环境要素、资源环境承载力等因素，明确国土空间用途分区和生态保护格局，然后科学管理“生产空间、生活空间、生态空间”（图4-30），构建以空间规划为基础、以用途管制为主要手段、以“三生空间”为具体空间活动分区的国土空间开发保护制度，应进一步解决因无序开发、过度开发、分散开发导致的优质耕地和生态空间过度侵占、水和大气污染等问题。京津冀目前以生产空间为主，主要包括城镇空间中的工业区和农业空间中的耕作区，要进一步明确城镇建设区、工业区等的开发边界，严格控制生产空间的扩张。同时，平衡生产空间和生态空间之间的关系，划定生态保护红线，确立耕地、林地、草原、河流、湖泊、湿地等的保护边界。另外，京津冀的生活空间存在较大差异，无论是城镇空间中的居住区还是零散村庄，地区间的经济社会发展差异明显，具体表现在一些地方基础设施不足、居住条件差、生活空间质量低等。要进一步缩小地区差异，在保障重要生态区修复的同时，也要加强基础设施建设，提升生活空间的质量。

在京津冀协同发展的背景下，全域全要素管控还涉及跨行政单位的协作，应加强省级政府之间的合作，强化省级国土空间规划对区域协调发展的决定性作用。以往省级层面的规划，或一些特定区域的协同发展规划，存在法定地位不足、规划内容粗略、执行力较弱等问题。在新的空间规划体系构建中，应明确跨区域规划的法定地位，进一步细化协同发展的相关内容，纳入省级国土空间规划，并突出京津冀三地省级政府有关管理部门的具体职责，发挥其领导作用。通过“自上而下”引导的方式，结合“自下而上”的推动，促进京津冀三地多元主体共同参与规划建设。

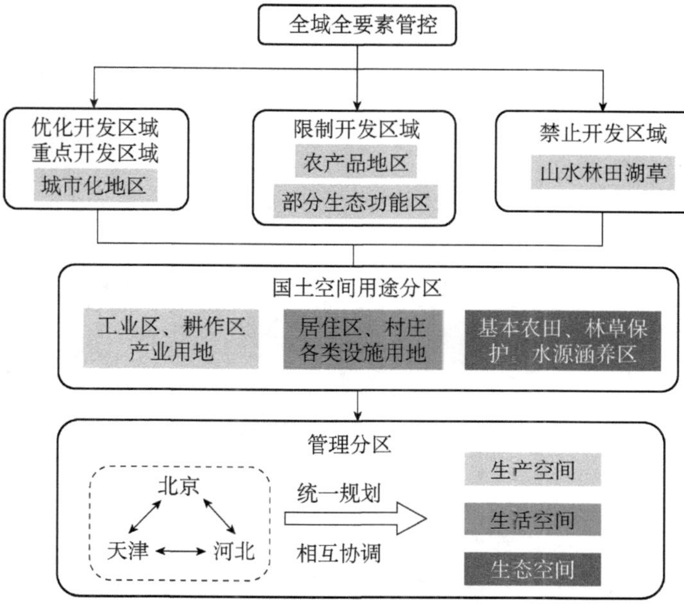

图4-30　京津冀国土空间规划与“三生空间”布局示意图

在生态文明建设、区域协同发展的战略背景下，京津冀作为全国重要的战略区域，其生态环境协同治理是区域发展的关键课题之一。生态系统本身就是一个复杂的对象，区域环境要素的相互耦合与行政边界上的相互分割给区域环境治理带来了极大的挑战。以区域规划为导向的生态系统保护研究，能够对生态系统本身有充分的认识，也能够结合各地区之间的经济发展差异，从而提出因地制宜的保护和发展策略。京津冀生态环境方面仍然面临巨大挑战，协同发展机制需要进一步完善，本研究就此提供一种建立生态系统长时序保护机制的政策建议，旨在构筑“生态修复、生态治理、生态保护”三道防线，拓展三地“生产空间、生活空间和生态空间”，为生态文明建设和区域协同发展提供具体意见，为区域协同共进、生态文明和绿色发展献言献策。

5 第五章 京津冀交通网络互联互通

第一节 京津冀交通网络互联互通的重要性及研究进展

一、京津冀交通网络互联互通的重要性

京津冀地区位于华北地区环渤海心脏地带，是我国重要的区域经济增长极，具有十分重要的战略地位，包括北京、天津和河北的保定、唐山、廊坊、石家庄、邯郸、秦皇岛、张家口、承德、沧州、邢台、衡水11个地级市以及定州和辛集2个省直管市。北京作为全国最重要的交通枢纽和最大的空港城市，不仅承担着大量周边城市的过境运输，而且在国家综合运输大通道中发挥着重要作用。尽管北京疏解人口的力度越来越强，但庞大的人口规模在推动北京经济发展的同时，也给北京的生态环境带来了一定影响。近年来，随着京津冀一体化进程的不断加快，北京非首都功能得到有效疏解，推

动大北京的可持续发展。交通是连接城市的重要纽带，也是为城市发展运送人流、物流的重要通道。交通作为城市发展的主要动力，决定着生产要素的流动、城镇体系的发展甚至是城镇的兴衰。交通一体化作为京津冀协同发展的骨骼系统，势必要实现率先突破。按照规划目标，到2020年，京津冀基本形成多节点、网格状、全覆盖的区域交通网络，城际铁路的主骨架基本建成，公路网络完善通畅，港口群、机场群整体服务水平、交通智能化、运营管理力争达到国际先进水平，基本建成安全可靠、便捷高效、经济适用、绿色环保的综合交通运输体系。综合京津冀的发展现状来看，京津冀在结构体系、行政区划、体制机制等方面存在一定的问题，这些问题直接或间接地制约京津冀交通一体化发展，从而限制京津冀协同发展的实现。

因此，若要解决京津冀的交通问题，对京津冀交通网络结构加以调整很有必要。基于京津冀协同发展的背景，本章旨在分析京津冀的交通发展现状和交通需求新趋势，从而发现和分析问题，并在此基础上提出一些针对性建议和措施，促进京津冀城市群大交通圈的未来发展。

二、相关研究进展

贾姝敏[①]基于京津冀区域的人口概况和经济发展概况，分析京津冀交通一体化发展的要求和挑战，从硬件设施和软环境两个方面提出解决对策。张焕生等[②]针对基础设施建设、运输结构体系等方面存在的问题，基于智能交通体系提出京津冀区域交通发展策略。连忻杰[③]通过探究京津冀区域城乡轨道交通建设的发展现状和存在问题，针对性地提出发展对策。李攀科[④]从京津冀城市群轨道交通体系的衔接关系出发，为京津冀轨道交通发展和京津冀轨道交通一体化提供理论参考。卢同和孙钰[⑤]基于系统论的观点，将京津冀地区与日本东海道城市群进行对比，从而总结出京津冀一体化的发展问题与策略。张晶洁[⑥]则是通过分析交通一体化对区域经济协同发展的影响，确定京津冀综合运

① 贾姝敏. 京津冀交通一体化发展的现状与存在问题及对策[J]. 山西建筑，2018，44（1）：40-41.

② 张焕生，郝国芬，李国芹，等. 推进京津冀交通一体化发展的策略研究[J]. 现代营销（下旬刊），2018（2）：108.

③ 连忻杰. 京津冀协同发展视域下城乡轨道交通建设问题的对策分析[J]. 中国战略新兴产业，2018（40）：87.

④ 李攀科. 京津冀城市群轨道交通体系研究[J]. 铁道运输与经济，2019，41（1）：106-110.

⑤ 卢同，孙钰. 推进京津冀交通一体化建设的策略研究[J]. 城市，2019（8）：19-24.

⑥ 张晶洁. 京津冀交通一体化对区域经济协同发展的影响[J]. 合作经济与科技，2019（7）：38-39.

输体系的发展思路。

国内学者多聚焦于京津冀交通一体化发展存在的问题与解决对策，多从基础设施建设的角度出发，缺乏针对京津冀交通互联互通特点的细致分析，图文结合的分析相对较少。综合上述分析，本章利用GIS技术制作交通专题地图，在分析基础设施建设等方面的基础上，侧重京津冀城市群交通互联互通的特点，剖析京津冀一体化进程中出现的问题。

第二节　国外典型都市圈交通体系

京津冀都市圈是中国都市圈兴起的典型代表，在中国的经济社会发展中具有重要战略地位。在京津冀交通一体化快速发展的背景下，分析东京、纽约、巴黎和伦敦世界四大都市圈轨道交通线网的发展现状（表5-1），总结其交通体系的发展特点，可为京津冀交通一体化发展提供借鉴。

表5-1　国外都市圈轨道交通规模指标

项目	东京都市圈	纽约都市圈	巴黎都市圈	伦敦都市圈
面积/平方千米	16 382	1 569	12 012	34 490
统计年份	2016	2016	2017	2017
地铁/千米	362	402	214	416
区域轨道交通/千米	2 910	788	1 466	2 849
其他轨道交通/千米	243	66	176	92
合计/千米	3 515	1 256	1 856	3 357

资料来源：禹丹丹，徐会杰，姚娟娟，等. 国外都市圈轨道交通互联互通运营对我国的启示[J]. 综合运输，2019，41（5）：115-120

一、东京综合交通体系

东京是位于日本关东平原中部面向东京湾的国际大都市，是日本政治、经济、文化、交通等领域的枢纽中心。经过第二次世界大战后的发展，东京不仅成为世界商业金融、流行文化与时尚重镇，而且是世界经济发展度与富裕程度最高的都市之一。

东京的交通十分畅通，主要依赖其发达的城市综合交通系统。东京公共交通最核心的部分是轨道交通，由地铁、轻轨、单轨、高铁等多种形式的城市轨道组成，包括地下交通和地面交通两大类。东京地区的轨道交通网络最显著的特色之一是采用直通运营模式，该模式既能节省乘客换乘的时间，又能缓解换乘站的客流压力。东京的公路系统是以日本皇宫为中心，建立一个放射状公路与环状公路相结合的高速公路网，在交通运输中同样发挥着重要作用。

二、纽约综合交通体系

纽约位于美国纽约州东南部大西洋沿岸，是美国第一大城市和第一大港口，纽约都市圈是世界上最大的都市圈之一，在商业和金融方面发挥着巨大的影响力。同时，纽约设有联合国总部，被世人誉为“世界之都”。

纽约的交通设施包括公路交通和轨道交通两大系统，其中轨道交通系统主要包括地铁、城际铁路等。纽约的轨道交通以曼哈顿为中心呈现放射型网络布局，主要用于缓解中心城市的交通拥堵以及满足庞大的运输需求，相比而言，纽约公路交通系统更加发达，曼哈顿与纽约其他区域更多通过高速公路联系起来，公路交通仍是纽约主要的交通模式。

三、巴黎综合交通体系

巴黎位于法国北部巴黎盆地中央，横跨塞纳河两岸，是法国的首都和欧洲最大的城市。巴黎是一座世界历史名城，建都已有1400多年历史，不仅是法国，也是西欧的政治、经济和文化中心。

巴黎作为世界上公共交通网络最为完善的城市之一，主要依靠其发达的轨道交通系统，特别是地区快线和市郊铁路的协同。巴黎轨道交通呈现出层次化特性，多斜线贯穿市区向外发散，并以支线、并行线等形式向内组成类环线，向外形成发射线。地区快线具有的快速性、连接性、穿越性和互联互通性等是巴黎交通组织成功的制胜特性，市郊铁路更多起到的是辅助作用。

四、伦敦综合交通体系

伦敦是英国首都，全球最富裕、经济最发达、商业最繁荣、生活水平最高的城市之一，在政治、经济、文化、教育、科技、金融、商业、体育、传媒、时尚等方面影响着全世界，一直在世界上保持着巨大的影响力。

伦敦城市综合交通系统包括轨道交通、公共汽车、泰晤士河水上交通在内的多种交通方式。伦敦位于泰晤士河下游，便利的水路交通是其不同于其他都市的特色。与巴黎类似，伦敦采用多层次、多类型的轨道交通方式，即由市郊铁路、地铁、轻轨、有轨电车等50余条线路组成“放射+环线”结构，构成纵横交错的地上地下轨道交通系统。

东京、纽约、巴黎、伦敦等都市圈的综合交通体系表明，层次合理的线网体系是交通网络互联互通的基础条件，灵活多样的运输组织模式是交通网络互联互通的实现形式。因此，京津冀都市圈交通网络互联互通应当充分汲取国内外相关经验和教训，牢牢把握住京津冀都市圈交通网络过去、现状和未来的发展关系，同时对比贯穿、放射、环形等不同布局形式的优劣势以及与不同城市的适应性，选取适当的布局结构，合理构建京津冀交通线网体系。

第三节　京津冀交通发展现状分析

一、交通通道发展现状

1. 区域内联外通运输通道

根据京津冀交通运输发展的规划，未来将形成“四纵四横一环”的运输网络格局，通过对外和内部的运输通道建设，将形成立体化、多层次的运输网络格局。

（1）主要对外运输通道

1）北京—沈阳运输通道。进出关通道之一，同时也是我国南北沿海运输大通道的一部分，该通道由贯穿全线的铁路、公路、民航航路，部分陆上油气管线以及沿海主要港口间航线组成，形成沟通我国南北沿海的综合运输走廊。

2）京沪运输大通道。连接京津冀和长三角两个经济引擎区域，途经天津、济南、徐州、蚌埠、南京、苏州等区域中心城市，区域内串联廊坊、沧州，形成沟通华北与华东，北京与上海两大国际都市直接相连的综合运输走廊。通道以北京和上海两个国际航空枢纽为节点衔接国际航线，天津和上海承担国际海上运输中转功能。

3）北京—石家庄运输通道。属于满洲里至港澳台运输大通道，通道北端通过满洲里口岸与俄罗斯交通网连接，南端以香港国际航运中心和香港国际机场为内外海运和空运网络连接枢纽。

4）北京—唐山运输通道。属于西北北部出海运输大通道，通道东起天津、唐山，经大同、呼和浩特、包头、临河、哈密、吐鲁番、喀什，西至新疆吐尔尕特口岸，形成西北联通东部的出海运输通道。通道以天津港、唐山港为枢纽连接海上运输网络，以吐尔尕特口岸与中亚交通网络连接。

（2）对外综合运输通道项目

干线铁路包括：京广铁路及京广高铁、京九铁路及京港高铁、京沪铁路及京沪高铁、京哈铁路及京哈高铁、京包铁路、北煤南运通道等。

1）京广铁路及京广高铁。京广铁路是重要的南北方向铁路干线之一，为我国铁路网的中轴，连接六座省会城市和数十座大中城市，并与多条铁路相接，在国民经济中起到非同寻常的作用，在京津冀地区共经过五座城市，分别为北京、保定、石家庄、邢台、邯郸。铁路等级为客货共线Ⅰ级。京广高铁设计时速为350千米，现期最高运营时速为300千米，是横贯我国南北的一条客运专线。

京广高铁与京哈高铁是京津冀“四纵四横一环”综合交通网络和我国“八纵八横”高速铁路主通道的重要纵向通道。

2）京九铁路及京港高铁。连接北京至香港的国铁Ⅰ级客货共线铁路；线路呈南北走向，串联中国华北、华中、华东和华南地区。在京津冀地区内经过北京、廊坊、沧州、衡水、邢台。

未来，京雄商高铁的修建将与南部商合杭高铁、合安高铁等区段构成新的京港高铁，京港高铁是“八纵八横”高速铁路网的主通道之一和“京港（台）通道”的重要组成部分。

3）京沪铁路及京沪高铁。京沪铁路是一条连接北京和上海的国铁Ⅰ级客货共线铁路，线路呈南北走向，是中国铁路网中南北走向的大动脉。在京津冀地区经过北京、天津、廊坊、沧州。京沪高铁由北京南站至上海虹桥站，中途连接天津、济南、徐州、蚌埠、南京、苏州等人口众多的大城市，联通京津冀和长三角两大区域，设计最高时速为380千米，现期最高运营时速为350千米。

京沪铁路和京沪高铁是京津冀“四纵四横一环”综合交通网络和我国“八纵八横”高速铁路主通道的重要纵向通道。由于京沪高铁在京津冀地区主要设有北京南、天津南和沧州西三站，所以这条高速铁路主要满足的是对外交通的需求。

4）京哈铁路及京哈高铁。中国境内一条连接北京与哈尔滨的客货共线Ⅰ级线路，线路呈南北走向，也是中国与俄罗斯联运旅客列车的重要通道之一。

随着京哈高铁京承段在2021年1月开通运营，京哈高铁实现全线贯通，北京至承德1小时可达，北京至沈阳、哈尔滨最快2小时44分、4小时52分可达。其作为“八纵八横”高速铁路主通道京哈—京港澳通道的一部分，是南北走向的交通大动脉。

5）京包铁路。京包铁路旧称京张铁路，是通向中国西北地区的铁路干线。沿线经冀北山地（燕山—太行山山脉）、张北围场高原、大同盆地、内蒙古高原到达河套平原。京包铁路既是一条晋煤外运线，又是一条与蒙古国、俄罗斯相通的国际线的一部分，属于客货共运线路。

6）北煤南运通道。

大同—秦皇岛：第一条现代化重载运煤专线——大秦铁路，是连接山西大同与河北秦皇岛的国铁Ⅰ级货运专线铁路，也是中国境内首条双线电气化重载铁路、首条煤运通道干线铁路，在2008年实现煤炭运量3.4亿吨，成为世界上年运量最大的铁路。大秦铁路将山西主要的煤炭产地与中国最大的煤炭外运基地连接起来，构成山西煤炭的重要运输线。

神木—黄骅：神黄铁路西起山西神池神池南站，东至河北黄骅黄骅港站，线路横跨山西、河北两省，与神朔、北同蒲、京广、京九等铁路干线接轨，属国家Ⅰ级、双线、电气化、重载铁路，全线共设33个车站，是神华集团煤运专线和黄骅港主要的铁路集疏运通道，线路东端直通黄骅港煤炭港区。截至2020年，朔黄铁路开通运营20周年，累计运送煤炭等货物33.86亿吨，2017～2019年连续三年突破3亿吨①。

2018年4月2日，中央财经委员会第一次明确提出要调整运输结构，减少公路运输量，增加铁路运输量，根据近年来京津冀及周边地区大气污染防治方案，煤炭运输的两条北煤南运通道将成为煤炭运输“公转铁”的重要支撑力量。未来，铁路运输在港口铁矿石集疏运中的比重将会逐渐提高，唐山港、黄骅港作为矿石的主要接卸港，与其接驳的两条北煤南运通道也将发挥重要作用。

国家高速公路和国省干线具体如下：

京津冀地区主要高速干线包括七条首都放射线（G1京哈高速、G2京沪高速、G3京台高速、G4京港澳高速、G5京昆高速、G6京藏高速、G7京新高速）及其联络线、并行线，如秦滨高速、京秦高速、津石高速，两条南北纵线（G25长深高速、G45大广高速），三条东西横线（G18荣乌高速、G20青

---

① 朔黄铁路开通运营20年运量累计超33亿吨[EB/OL]. https://www.ceic.com/gjnyjtww/chnjcxw/202005/d0674fe047af48b798f55dca76b2a273.shtml[2021-09-20].

银高速、G22青兰高速）及其联络线，如G1811黄石高速、G1812沧榆高速。除此以外还有首都环线高速和北京、天津、石家庄绕城高速。

国省干线则是地区交通网络的基础，即未来应当构建以首都放射线高速公路为骨干，G105、G230、G337等国道为基础，民航为补充，北京、天津、石家庄、唐山、秦皇岛等综合交通枢纽为支点的多节点、网格状、全覆盖的快速城际交通网。

从结构上看，京津冀地区公路网络是以北京为中心发出放射线，连接西北、东北、南部区域，两条纵线、三条横线将京津冀其他地区串联起来。总的来说，在现有公路网络结构上，通过高速干线承接南北和东西向的运输大通道沟通内外交通需求，国省干线基本打通区域内“断头路”，覆盖京津冀地区，联通内部交通流量。

未来区域高速公路建设重点项目：G3京台高速北京段、G1N北京至秦皇岛高速公路、G0211津石高速、首都地区环线高速剩余路段等国家高速公路和北京大兴国际机场配套公路。公路网的未来建设将以存量更新为主。

2. 城际交通网络

京津冀交通一体化的核心是打造“轨道上的京津冀”，结合国家干线铁路，辅以区域内部的城际铁路、市郊铁路、城市地铁等，建立多层次、互相联通的轨道交通网络，实现客流量的高效转乘，基本实现京津石中心城区与周边城镇0.5～1小时通勤圈，京津保0.5～1小时交通圈，有效支撑和引导区域空间布局调整及产业转型升级。

（1）城际铁路重点工程

既有高速铁路包括京津城际、津秦高铁、津保铁路、石济客专、京哈高速铁路、京雄城际、京张城际等。

1）京津城际。京津城际途经北京南站、天津站、滨海站等车站，是连接北京和天津的城际客运专线，是我国第一条高标准、设计时速为350千米的高速铁路，也是中国《中长期铁路网规划》中环渤海地区城际轨道交通网的重要组成部分。

2）津秦高铁。津秦高铁是中国东北至华北、华东地区的主要通道之一。西起天津西站，东至秦皇岛站，途经天津站、军粮城北站、滨海西站、滨海北站、唐山站、滦河站、北戴河站，全线设计时速为350千米。津秦高铁在秦皇岛站与秦沈客运专线连接，在天津站与京津城际铁路连接，可经地下直径线与京沪高速铁路、津保铁路连接，是我国“八纵八横”高速铁路主通道的横向动脉组成部分。

3）津保铁路。津保铁路由津霸客专线、霸徐线组成，该线路起自天津西站，终至保定站，最高设计时速为250千米，是京津冀“四纵四横一环”综合交通网络的一条横向交通通道，横向连通京广、京九、京沪铁路三大繁忙干线。

4）石济客专。石济客专是连接河北石家庄与山东济南的客运专线，设计最高时速为250千米，在河北境内共设置石家庄、石家庄东、藁城南、辛集南、衡水北、景州六站。石济客专属于“八纵八横”通道的横向通道青银通道的一部分，其中石家庄—衡水段是京津冀“四纵四横一环”综合交通网络中石沧横向通道的一部分。

5）京哈高速铁路。京哈高铁设计时速达350千米，在北京和河北段共设9站，北京段4站（北京朝阳、顺义西、怀柔南、密云），承德设5站（兴隆西、安匠、承德南、承德县北、平泉北）。京哈高铁作为东北地区进关内的第二条快速铁路通道，未来将成为2022年北京冬奥会重要的交通保障设施。

6）京雄城际。目前已全线开通，起自北京西站，途经北京大兴站、大兴机场站、固安东站、霸州北站，最后到达雄安站。大兴机场站至雄安站设计时速为350千米，其余设计时速为250千米。

7）京张城际。京张城际铁路连接北京和河北张家口，是2022年北京冬奥会的重点交通配套项目，主线共设10站，北京境内设北京北、清河、沙河、昌平、八达岭长城5座车站，张家口境内设东花园北、怀来、下花园北、宣化北、张家口5座车站。线路包括两条支线：崇礼支线设计时速为250千米，起自下花园北站，至太子城站，未来将服务于2022年北京冬奥会崇礼赛区。延庆支线设计时速为160千米，自八达岭长城站引出，通往既有延庆站，本质上属于市郊铁路。京张城际铁路是京津冀“四纵四横一环”综合交通网络的横向通道之一。

在建高速铁路或工程包括：京唐城际铁路、北京首都国际机场至北京大兴国际机场城际铁路联络线一期工程、京滨城际铁路。

1）京唐城际铁路。全线共设置车站8座，分别为北京城市副中心站、燕郊站、大厂站、香河站、宝坻南站、鸦鸿桥站、唐山西站和唐山站，其中新建车站6座(北京城市副中心站、大厂站、香河站、宝坻南站、鸦鸿桥站、唐山西站)，需改建既有站1座（燕郊站），已建成既有站一座（唐山站）。北京城市副中心站站至香河站路段为设计时速200Km/h 的快速铁路；香河站至唐山站路段为设计时速350Km/h的高速铁路。

2）北京首都国际机场至北京大兴国际机场城际铁路联络线一期工程。一期工程全长39.7千米，共设4座车站，分别为廊坊东站、空港新区站、新航城站和新机场站，将北京大兴国际机场的辐射范围延伸到廊坊。

3）京滨城际铁路。2017年，京滨城际铁路天津段开工。天津境内设宝坻南、京津新城、北部新区、滨海机场和滨海5座车站。该线路与京唐城际铁路共用北京境内线路，是连接北京城市副中心与天津滨海新区的第二条京津城际铁路。建成后将进一步沟通京津两市之间的区域。

规划高速铁路具体如下：

规划中的高速铁路包括天津至北京大兴国际机场联络线、北京首都国际机场至北京大兴国际机场城际铁路联络线二期工程、京雄商高铁（是未来“四横四纵一环”中的一纵）、滨曹城际（“十四五”规划项目）、雄忻高铁、京秦高铁、津承城际铁路、廊涿城际铁路、石雄城际、环北京城际铁路、津沧城际、石沧黄城际和京石城际。

规划中的高速铁路主要围绕以下几个方面设计、考量：其一，北京大兴国际机场的配套铁路建设。由于北京大兴国际机场距离天津、河北重要节点城市（如保定、廊坊等）距离较近，因此相比北京首都国际机场，北京大兴国际机场在京津冀区域内的辐射范围更广一些，建设北京大兴国际机场联络线可以带动北京大兴国际机场的辐射范围，起到区域重要交通枢纽的作用。其二，区域重要运输通道。主要包括京雄商高铁（“四横四纵一环”中的一纵）、滨曹城际（环渤海湾高铁线路，将与京沪二通道连接）、雄忻高铁（将京津冀高速铁路网向西延伸，是“四横四纵一环”中的一横）、京秦高铁。其三，城际铁路。如果要构建都市圈通勤网络，城际铁路的建设必不可少。目前，京津冀范围内的城际铁路发展空间较大，未来城际铁路的规划建设将逐步加速。

（2）省级高速公路工程

省级高速公路主要为国家级高速公路和国省干道的补充，有利于提升城际间公路交通的便捷度。

2017年，北京、天津、河北引入跨省市京津冀高速公路命名和编号规范，编号为S加以3开头的4位数字。不过除去2017年后新建的高速公路以外（如S3801京礼高速），原有线路在信息查询中还是保留着原来的编号，需要跟进区域一体化规定。

（3）市郊铁路

天津开通有津蓟市郊铁路，利用既有津蓟铁路，起自天津站，终到蓟州北站，途经天津北站、宝坻站等7站。

北京开通四条市域（郊）铁路，分别为市郊铁路城市副中心线（北京西站—乔庄东站，途经北京站、通州站等），市郊铁路S2线（黄土店站—延庆站），市郊铁路S2线支线（黄土店站—沙城站），市郊铁路S5线（清河站—古北口站）。将北部郊区与市域内的地铁线路连接起来，城市副中心线则可有效缩短城市中心与城市副中心之间的通勤时间。

（4）市域轨道交通

目前，京津冀共有三城市开通市域轨道交通。2018年推出京津冀互联互通卡，可以在北京、天津和河北的所有城市使用。

石家庄目前有3条地铁线路，连接石家庄站和石家庄东站，另有3条地铁线路在规划建设中。

天津目前有7条轨道交通线路，已将天津站、天津北站、天津西站、天津南站以及天津滨海国际机场串联起来。未来，将规划建设8条轨道交通线路，市域轨道交通网络覆盖主城区和滨海新区，滨海站和滨海西站将有市域轨道交通配套。

北京目前有23条轨道交通线路，基本覆盖开通的火车站、机场，在清河站实现地铁和铁路的同台换乘。

3. 机场群和港口群建设

（1）机场群建设

1）机场群建设概况。

目前京津冀地区有9座民用机场，北京2个（北京首都国际机场，北京大兴国际机场），天津1个（天津滨海国际机场），河北6个（石家庄正定国际机场、张家口宁远机场、秦皇岛北戴河机场、唐山三女河机场、邯郸机场和承德普宁机场）。邢台褡裢机场在建设中。其中，北京和天津的三座机场为4F级机场，石家庄正定国际机场为4E级机场。

根据《推进京津冀民航协同发展实施意见》，未来石家庄正定国际机场和天津滨海国际机场将进行改扩建，天津滨海国际机场的目标是利用天津港和地区铁路网的优势，建设成为国际航空物流中心，石家庄正定国际机场将成为区域航空枢纽，增强对河北南部的集聚辐射能力。同时，会新建邢台、沧州、康保、丰宁等支线机场，推进唐山、张家口、邯郸等中型机场改扩建工作。

京津冀未来将围绕北京大兴国际机场建设“五纵两横”交通网，“五纵”为轨道交通大兴国际机场线、京雄城际铁路、京开高速公路、京台高速公路、北京大兴国际机场高速公路，即三条高速两条轨道。“两横”则为北京大兴国际机场北线高速公路、廊涿城际铁路（在建）。由于北京首都国际机场的地理位置原因，北京大兴国际机场对京津冀区域整体的带动作用将会更强，结合“五纵两横”交通网的建设，不但可满足旅客出入机场的交通需求，同时也成为京津冀交通一体化的主骨架。

2）机场群发展问题。

京津冀机场群主要以“三地四场”为核心，通过轨道交通连接四个核心机场，初步形成统一管理、差异化发展的格局，同时以支线机场为节点，建设城际铁路，实现主要机场与周边地区的快速连接，最终目标形成分工合作、优势互补、协同发展的世界级机场群。但是三地机场差异化发展受到互相之间距离的影响。

纽约都会区机场群、大伦敦地区机场群各机场间的距离大多在60千米以内。与这些机场群相比，京津冀主要机场间距离较远。由于国外较成熟机场群内各机场间距离较近，各机场的腹地重叠度高，因此航空公司可以在都市圈内不同的机场进行差异化布局。京津冀“三地四场”的空间距离决定其差异化运行模式与国外其他成熟机场群也将有所不同，因此四个核心机场在通航市场上的差异化发展将受到地理位置的掣肘。

不过在满足腹地需求之后，机场群内部可以在此基础上形成一定的差异化，如运营航空公司的差异化（北京大兴国际机场相比于北京首都国际机场承担更多廉价航空公司航班的运营），通航市场的价格和服务等方面的差异化，由此可使京津冀机场群得到协调发展。

3）联络分布。

在运力分布方面，2018年京津冀三大机场旅客吞吐量分别为1.01亿人次、2350万人次、1130万人次，约3/4的旅客集中在北京首都国际机场，相比之下，北京首都国际机场的通航线路数量只占三地的47%。可以说，三地机场的资源与市场份额的匹配程度差别较大，原因在于：一方面是城市发展和定位，另一方面是空铁联运的相关设施正在规划中，未来随着空铁联运的展开，势必可以分流部分北京机场的客运量。

在国内航线方面，华东地区是京津冀三大机场航线最多的地区，占航线总数的24%，其次是西南地区，占航线总数的18%；再次是东北和华南地区，华北和华中地区最少①。在重叠市场上，北京首都国际机场在运力上几乎全面超过另外两个机场，在上海、成都等重点市场中更占有绝对优势。天津滨海国际机场几乎完全覆盖石家庄正定国际机场重点市场，且运力投入份额较石家庄高。

在国际航线方面，北京首都国际机场的国际通航区域数量远高于天津和石家庄，与北京国际门户枢纽城市的定位是分不开的。天津滨海国际机场的国际通航区域主要集中在亚洲、欧洲、大洋洲及北美洲，石家庄正定国际机场国际通航区域主要集中在亚洲。

（2）港口群建设

京津冀地区主要有四大港口，按照年货物吞吐量从小到大排序为秦皇岛港、黄骅港、天津港、唐山港。其中，天津港为我国北方航运中心。

1）秦皇岛港。秦皇岛港是我国首条煤运通道干线铁路大秦铁路的终端港口，是“西煤东运”和“北煤南运”的主要枢纽港。秦皇岛港年货物吞吐量在22 000万吨左右，靠泊能力最大为15万吨级。

2）黄骅港。黄骅港分为三个港区：综合港区、煤炭港区、河口港区，其中煤运铁路神华铁路终端直接衔接煤炭港区，是山西、陕西的煤炭转运出海距离最短的港口之一。黄骅港主营业务为煤炭，年货物吞吐量在28 000万吨左右，靠泊能力最大为20万吨级。

3）天津港。天津港位于海河入口处，是全国最大的人工港和北方航运中心，天津港由北疆、东疆、南疆、大港等8个港区组成，是国家重要的石油储备基地。天津港年货物吞吐量超过5亿吨，靠泊能力最大为30万吨级。

4）唐山港。唐山港有京唐和曹妃甸两大港区，如今已是我国最大的煤炭货物转运枢纽，主要承接来自内蒙古、陕西、山西的煤炭，实现海铁联运，运往东南沿海等地区。唐山港年货物吞吐量超过6.5亿吨，靠泊能力最大为25万吨级。

按照《加快推进津冀港口协同发展工作方案（2017—2020年）》，京津冀港口群的建设以天津港为核心，河北港口为两翼，未来将建成合理布局、功

---

① 亓洋洋，韦薇，刘畅. 京津冀三大机场航线布局现状研究[J]. 物流科技，2019，42（9）：66-70

能互补的世界级港口群。

天津港主要以集装箱、商品汽车滚装和邮轮运输为重点，与唐山港同为外贸原油运输主要接卸港，与唐山港、黄骅港同为矿石主要接卸港。未来随着区域内机场群、公路铁路网的完善，天津国际邮轮母港将得到进一步的发展。河北港口以大宗物资运输为主，辅以临港工业、现代物流等服务功能，发展内贸运输。在港口群发展过程中，河北港口主要与天津港进行差异化发展。

根据城镇化地区综合交通网规划，京津冀地区未来将建设四个港区深水航道工程，扩建天津港东疆港区、南疆港区、大港港区和大沽口港区，唐山港曹妃甸港区，黄骅港码头工程等，推进秦皇岛港东港区扩建工程，并加快唐山港曹妃甸港区水曹铁路、天津港南疆港区铁路系统扩容等港口专用线和支线项目建设，以配合水铁联运项目。

二、交通物流发展现状

区域物流是满足区域经济和政治等发展需要、适应区域环境特征、提供区域物流功能的物流活动体系，全面支撑区域可持续发展总体目标，需要对物流活动进行有效组织与管理，使其具有合理空间结构和服务规模。

区域经济的加速发展在很大程度上依赖交通物流系统的服务能力，现代化的交通物流系统是保证城市群实现资源整合、产业整合和功能整合的重要支撑。京津冀作为我国交通物流网络最为密集的区域之一，从港口与海岸线分布、地理位置、自然资源等方面看都有很大优势。本部分主要从仓储物流和货物运输两方面对京津冀交通物流的发展现状进行分析。

1. 仓储物流

源于国际地缘政治和区域经贸合作理念，仓储物流是国家战略中不可忽视的生产力。近年来，随着京津冀协同发展的日趋成熟和雄安新区规划的稳步推进，京津冀地区仓储物流呈现出许多新的特征，同时将迎来新的发展机遇。

根据物联云仓仓储数据，截至2018年底，京津冀城市群仓库面积超2499万平方米。其中，通用仓库面积超1999万平方米，立体库约占1.33%、高台库约占49.76%、平库约占41.58%、楼库约占11.58%。京津冀城市群冷库面积超103万平方米，冷冻库约占52.08%、冷藏库约占47.92%。按仓库资源分布来看，京津冀城市群资源主要集中在北京、天津两大核心城市。截至2018年底，两个城市仓库总面积占京津冀城市群总面积的74.16%。2018年，京津冀城市群中，仓库资源分布最多前五市分别为天津、北京、石家庄、廊坊和保定①。

总体而言，京津冀地区仓储物流发展现状具有如下特点。

（1）天津成为仓储物流中心

从京津冀城市群仓库资源分布的数据不难看出，北京、天津仓储市场发展水平远高于城市群内其他城市，次级城市之间发展也不均衡，其中石家庄、廊坊、保定地区仓储市场发展较明显。随着北京部分仓储物流企业外迁，北京物流功能渐渐弱化、仓储需求外溢，天津、廊坊、保定等北京周边城市的仓储需求增加，仓储物流功能得到发展。天津凭借国际性综合交通枢纽地位和优越的经济基础，利用京津冀城市群协同发展机遇，靶向施策、精准发力，有成为京津冀地区仓储物流中心的趋势。

（2）仓储市场规模不断扩大

近年来，在国际贸易不断加深的趋势下，京津冀仓储物流市场迅速扩大，无论是货运量还是行业生产总值，都呈现出逐年增长的明显趋势。以天津为例，“十二五”期间天津仓储物流行业的货运量与货物吞吐量年均增长速度均在5%以上，物流业增加值的年均增长更是接近10%，天津港在此期间一跃成为世界十大集装箱港口之一，2018年其货物吞吐量为44 604万吨，外贸货物吞吐量为25 864万吨②。此外，根据《全国民用运输机场布局规划》，以天津滨海国际机场货机坪为中心，由空侧至路侧依次布局一级货站区、仓储物流区、配套服务区，其发展规模：航空仓储物流区规划就业规模为5.2万人，用地规模为7.6平方千米③。这些数据都是京津冀仓储市场规模不断扩大的表现。

（3）软硬件设施正逐渐完善

在市场规模不断扩大的同时，京津冀地区仓储物流行业的软硬件设施建设也在逐渐完善。在硬件基础设施方面，铁路部门利用自身优势涉足物流领域，将京津冀打造成为物流枢纽，截至2017年底，北京铁路局已建成开通货

---

① 京津冀城市群仓储市场呈双核增长极，丙一类仓库资源紧缺[EB/OL]. https://m.50yc.com/information/hangye-cangchu/14509[2021-09-20].

② 杨玺东. 天津仓储物流市场分析[J]. 全国流通经济，2018（10）：24-25.

③ 深度报告|中国航空物流行业发展前景与投资预测分析[EB/OL]. https://www.sohu.com/a/161246283_800248[2021-09-20].

物快运作业站76个、办理站185个、无轨站35个，覆盖京津冀区域内200多个县市地区[①]。对仓储物流最为关键的交通条件也得到极大改善，如京津冀货物快运列车的开行以及本章第三节第一小节中提到的铁路、公路、轨道、机场群和港口群，在打造仓储物流中心过程中发挥着举足轻重的作用。在软件设施方面，多个高科技产业园区的产业落地和企业进驻，将衍生高标仓存储、专业仓储等方面的需求，这些需求将助推京津冀城市群仓储市场转型升级。同时，京津冀仓储物流在电子商务平台的基础上创建统一的综合物流服务平台，在信息资源共享、数据共用方面取得很大成果。

2. 货物运输

随着京津冀协同发展的加速，京津冀地区的物流业进入高速发展、重新整合的新阶段，区域综合物流网络空间布局和综合货物运输体系将随之转变，分析京津冀货物运输发展现状，对降低京津冀物流网络成本、提高区域物流网络利用率，进而促进区域协调发展具有重要意义。

（1）公路运输

公路运输从某种程度上影响和决定着城市的发展，掌握着地方经济的命脉，对国家经济社会建设产生了尤为深远的影响。公路具有灵活、快速的特点，能够提供高效、快速的物流服务。根据《2016年国民经济和社会发展统计公报》，2016年，京津冀地区全年铁路货运量为2.5亿吨，而公路货运量为24.3亿吨，二者相差8.7倍，运输结构极其不合理，公路货运量在京津冀地区货运中占比过高。京津冀地区铁矿石的疏港运输90%以上通过公路进行疏港，各种运输方式的比较优势未得到充分发挥，仍有很大的发展空间。交通运输部拟定的《推进运输结构调整三年行动计划（2018—2020年）》提出，在全国范围内实施六大行动，在京津冀及周边地区实施九大工程。到2020年，实现全国铁路货运量增加11亿吨，主要港口公路货运量减少4.4亿吨，同时水运货运量增加5亿吨[②]。为此“公转铁”模式和海铁联运模式应运而生。

（2）“公转铁”

近年来，国家提出要调整运输结构，增加铁路运输量，减少公路运输量，对于实现交通运输业的环保目标、缓解道路交通压力都大有裨益。2018

① 京津冀货物快运列车开通3年运量稳步增长[EB/OL]. http://www.xinhuanet.com/local/2017-07/21/c_1121358975.htm[2021-09-20].

② 到2020年实现铁路货运量较2017年增长30%[EB/OL]. http://www.gov.cn/xinwen/2018-07/03/content_5303041.htm[2021-09-20].

年3月开始，北京铁路局对唐呼线（唐山—呼和浩特）管内行车组织、轨道、信号、接触网线路等基础设备设施进行升级改造。北京铁路局唐山机务段将肩负起滦平东站至曹妃甸西站间万吨列车牵引任务，并按照运能运量需求达到计划每天20对满编运输①。北京铁路局积极践行“公转铁”战略部署，京津冀货物运输“公转铁”步伐大大加快。截至2019年5月，唐呼线万吨列车达到39对，列车运行间隔缩短为10分钟②。同时，北京铁路局加强铁路货场向配送中心转型升级，积极探索搭建开放共享的“智慧物流信息平台+绿色集疏运网络”新模式。

（3）海铁联运

随着中国铁路货运改革的深入，铁路与海港的海铁联运模式在不断发展。2016年6月28日，京津冀地区第一个海铁联运综合性集装箱铁路枢纽——中铁天津集装箱中心站正式开通运营，中心站开通运营后将全面加强与集装箱码头、船公司、物流公司等的深度合作，充分整合天津港区的集装箱物流资源，实现铁路、公路、水运、航空在内的业务整合，降低社会综合物流成本，打造天津港区集装箱枢纽。此外，中铁天津集装箱中心站的开通也将使天津港通过铁路网连接二连浩特、阿拉山口、霍尔果斯、满洲里四个过境口岸，进而联通亚洲和欧洲，实现天津港集装箱海铁联运功能布局的全面升级，形成新的国际集装箱运输快速通道，提升国内集装箱发运和接卸能力，为京津冀一体化发展提供动力引擎。

---

① 京津冀开行“公转铁”万吨列车[EB/OL]. http://www.xinhuanet.com/politics/2018-05/21/c_1122861835.htm[2021-09-20].

② 河北日报：京津冀区域货运“公转铁”步伐加快[EB/OL]. http://jtt.hebei.gov.cn/jtyst/jtzx/mtjj/101555495292923.html[2021-09-20].

6 第六章 京津冀协同治理创新与保障

第一节 区域治理的概念、内涵与体系

一、区域治理的概念与内涵

区域治理是指基于一定的政治、经济、文化和自然等因素而联系在一起的地域，其政府、非政府组织及社会公众对区域公共事务进行协调治理的过程。区域治理涉及多主体、多领域，是一种需要持续互动、多方协商的治理手段。

随着全球化、市场化、区域一体化的持续深入，资源、资本、信息的无障碍流通，区域的功能边界愈发薄弱，跨区域公共事务也不断增多，区域治理作为区别于以往行政主导的治理模式应运而生。

二、区域治理的体系

虽然我国在20世纪80年代已经开始了区域治理的相关探索，建立了华北

经济技术协作区等区域间合作组织，但最终并未形成成体系的区域治理理论。西方国家对于区域治理理论的研究和实践探索开始得更早，经历了区域主义、公共选择学派和新区域主义三个阶段，所形成的区域治理体系已较为成熟，对于推进京津冀协同治理具有借鉴意义。

1. 区域主义

区域主义是西方国家最早形成的区域治理体系，其特点是延续了传统治理模式的单中心体制，试图在区域这一更大的范围内打造一个相应的单一的更加强有力的区域地方政府。单中心体制指的是这一模式要求所在区域内具有唯一的决策中心，即一个地位最高的凌驾于其他治理机构的区域政府。这一模式的代表有英国的大伦敦政府、日本东京首都圈等。

2. 公共选择学派

从公共选择学派开始，区域治理体系进入多元主体共治的时代。这一学派关注的是政府与社会的关系，认为公共服务并不必然由政府来提供，若引入社会机构与政府相互竞争，则能够促进公共服务质量与效率的提高。在区域内，不同政府的管辖权往往存在重叠现象，因此这一体系不仅鼓励政府与社会机构竞争，也鼓励政府之间相互竞争。这一体系本质上遵循的是市场化的思路，能够让公民在区域事务上具有更大的选择权，实现社会资源的合理配置。这种体制的实现一般通过地方政府之间的协议，或是建立区域联合会。

3. 新区域主义

新区域主义的区域治理体系呈现出前述两个学派的综合倾向，在强调合作的同时也强调竞争，试图建立起多层次、多主体的合作治理网络。该模式下区域治理不依赖统一的区域性政府，主张在多主体间形成合作，促进治理能力的发展而不是政府职能的扩张。该体系下的治理网络通常以任务和项目为驱动力，区域内的竞争力来源于区域公共机构、私人机构和非营利组织之间的自发协商和分享。

第二节　区域协同发展历程梳理

一、京津冀协同发展历程

纵观京津冀区域发展历程可以发现，其经历了从一体化治理到协同治理的演变。20 世纪 80 年代起，京津冀区域一体化发展概念被提出。1985 年，中国科学院地理所副所长李文彦首次提出大渤海地区的概念；2001 年，两院院士、清华大学吴良镛教授主持的“京津冀北城乡空间发展规划研究”提出了“京津冀一体化”的发展构想，将京津冀区域一体化看作推动环渤海区域一体化发展的重要内容；2004 年 2 月，国家发展和改革委员会召集京津冀发改委部门负责人在河北廊坊召开京津冀区域经济发展战略研讨会，经充分协商，达成旨在推进京津冀地区实质性合作发展的“廊坊共识”，正式确定了“京津冀经济一体化”发展思路；2004 年 11 月，国家发展和改革委员会决定正式启动京津冀都市圈区域规划的编制工作；2012 年 3 月，首部京津冀蓝皮书《京津冀区域一体化发展报告（2012）》发布。蓝皮书探讨了京津冀三地区域一体化发展的热点事件，展望了 2012 年京津冀三地空间结构、人口、资源等发展趋势，并指出京津冀区域一体化已迈入实质性操作阶段。

2013 年前后，“京津冀协同发展”的概念进入官方政策议程。

2013 年 8 月，习近平在北戴河主持研究河北发展问题时提出要推动京津冀协同发展。

2014 年 2 月，习近平在北京主持召开座谈会，听取京津冀协同发展工作汇报，提出实现京津冀协同发展，是面向未来打造新的首都经济圈、推进区域发展体制机制创新的需要，是探索完善城市群布局和形态、为优化开发区域发展提供示范和样板的需要，京津冀协同发展自此成为一项重大国家战略。

2015 年 4 月，中共中央政治局会议审议通过《京津冀协同发展规划纲要》，明确提出以有序疏解北京非首都功能、解决北京“大城市病”为基本出发点，坚持问题导向，以京津冀城市群建设为载体，着力调整优化经济结构和空间结构，着力推进产业升级转移，着力推动公共服务共建共享，努力形成京津冀优势互补、互利共赢的发展新格局。

2016年3月，中央政治局常委会会议审议并原则同意《关于北京市行政副中心和疏解北京非首都功能集中承载地有关情况的汇报》，确定了新区名称和规划选址。习近平指出，从国际经验看，解决“大城市病”问题基本都用“跳出去”建新城的办法；规划建设北京城市副中心和集中承载地，形成北京新的“两翼”，也是京津冀区域新的增长极。

2016年5月，中央政治局会议审议《关于规划建设北京城市副中心和研究设立河北雄安新区的有关情况的汇报》。会议提出，建设北京城市副中心和雄安新区两个新城，形成北京新的“两翼”，是千年大计、国家大事。

2017年10月，党的十九大报告提出以疏解北京非首都功能为“牛鼻子”推动京津冀协同发展，高起点规划、高标准建设雄安新区。以此为标志，京津冀协同发展形成了更为清晰、更具操作性的行动路径，即以“一疏一建”为抓手，推动北京非首都功能向雄安新区定向疏解，推动北京与雄安新区共享优质公共服务资源。

2018年11月，中共中央、国务院明确要求以疏解北京非首都功能为“牛鼻子”推动京津冀协同发展，调整区域经济结构和空间结构，推动河北雄安新区和北京城市副中心建设，探索超大城市、特大城市等人口经济密集地区有序疏解功能、有效治理“大城市病”的优化开发模式。

二、京津冀协同发展指数评价

如图6-1和图6-2所示，从地区角度看，京津冀三地的协同发展综合指数整体上呈逐年上升趋势，并且增长速度相对平稳。同时，津冀两地协同发展指标得分在北京之下，且三地指标差异波动较大。究其原因：一方面是由津冀两地初始发展阶段的自身资源禀赋造成的，另一方面是由于各地对于协同发展战略执行力度不一，且北京对天津和河北的辐射带动效应尚未发挥到最佳水平。

从图6-2中可以看到，京津冀协同发展各项指标之间得分差异相对较大，变化趋势也不尽相同。其中，市场协同发展指数的发展趋势相对较好，交通协同发展指数自2011年起便一直处于末位，而生态协同发展指数在2013年则遭遇了重大滑坡。从现实政策的角度看，这体现了近年来京津冀协同发展相对更重视与经济相关的市场协同，对交通运输和生态环境的重视程度有待提高。

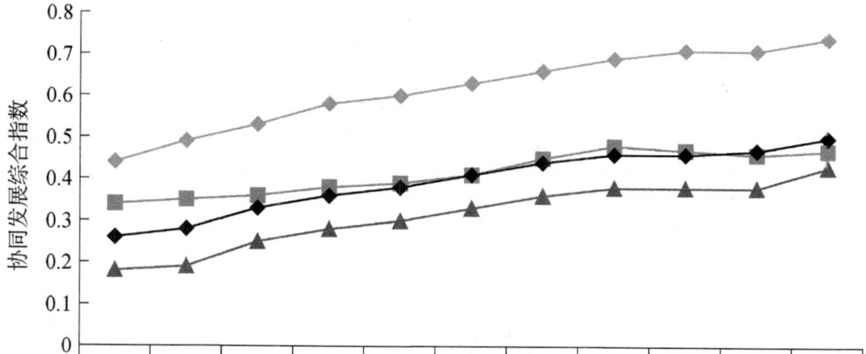

	2005年	2006年	2007年	2008年	2009年	2010年	2011年	2012年	2013年	2014年	2015年
京	0.44	0.49	0.53	0.58	0.60	0.63	0.66	0.69	0.71	0.71	0.74
津	0.34	0.35	0.36	0.38	0.39	0.41	0.45	0.48	0.47	0.46	0.47
冀	0.18	0.19	0.25	0.28	0.30	0.33	0.36	0.38	0.38	0.38	0.43
综合	0.26	0.28	0.33	0.36	0.38	0.41	0.44	0.46	0.46	0.47	0.50

图6-1　2005～2015年京津冀协同发展综合指数对比

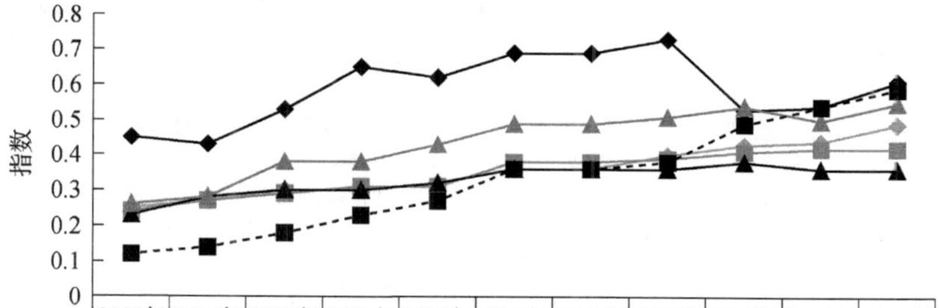

	2005年	2006年	2007年	2008年	2009年	2010年	2011年	2012年	2013年	2014年	2015年
创新协同发展	0.25	0.27	0.30	0.30	0.32	0.36	0.36	0.40	0.43	0.44	0.49
产业协同发展	0.24	0.27	0.29	0.31	0.31	0.34	0.38	0.39	0.41	0.42	0.42
交通协同发展	0.23	0.28	0.30	0.30	0.32	0.35	0.36	0.36	0.38	0.36	0.36
生态协同发展	0.45	0.43	0.53	0.65	0.62	0.66	0.69	0.73	0.53	0.54	0.61
公共服务协同发展	0.26	0.28	0.38	0.38	0.43	0.45	0.49	0.51	0.54	0.50	0.55
市场协同发展	0.12	0.14	0.18	0.23	0.27	0.29	0.36	0.38	0.49	0.54	0.59

图6-2　2005～2015年京津冀协同发展一级指标变化趋势

三、近年各领域政策梳理

表6-1为近年各领域政策梳理。

表6-1 近年各领域政策梳理

项目		相关政策
区域共建		《贯彻落实京津冀协同发展重大国家战略推进通武廊战略合作发展框架协议》《中国开发区协会与京津冀开发区协会共同推进京津冀开发区协同发展战略合作框架协议》《共同打造曹妃甸协同发展示范区框架协议》《共建北京新机场临空经济合作区协议》《共建滨海—中关村科技园合作框架协议》《共同推进中关村与河北科技园区合作协议》《关于共同推进天津未来科技城京津合作示范区建设的合作框架协议》
产业协作		《京津冀渔业协同发展合作框架协议》《京津冀现代农业协同发展规划（2016—2020年）》《京津冀休闲农业协同发展框架协议》《全面支持林业发展战略合作框架协议》《京津冀信息化协同发展合作协议》《京津冀协同制造工业云战略合作框架协议》《京津冀农业技术推广战略合作协议》《共同推进物流业协同发展合作协议》
交通建设		《京津冀口岸深化合作框架协议》《民航局关于推进京津冀民航协同发展的意见》《交通一体化合作备忘录》《共同成立京津冀城际铁路投资公司合作协议》《河北机场管理集团有限公司委托首都机场集团公司管理协议书》《京津冀船检机构协同发展合作备忘录》
生态保护		《共同推进京津冀协同发展林业生态率先突破的框架协议》《京津冀区域环境保护率先突破合作框架协议》《京津冀清洁生产协同发展战略合作协议》《散煤清洁化治理协议》《共同加快张承地区生态环境建设协议》《关于进一步加强环境保护合作的协议》
文化创新		《京津冀协同创新发展战略研究和基础研究合作框架协议》《京津冀新闻出版广播影视协同创新战略框架协议》《京津冀残疾人文化体育发展框架协议书》《京津冀三地文化领域协同发展战略框架协议》
市场合作		《商务领域京津冀协同发展对接协作机制》《"聚焦京津冀协同深化国地税合作"区域税收协同共建框架协议》《京津冀协同发展税收合作框架协议》《关于落实京津冀共同推进市场一体化进程合作框架协议商务行动方案》《共同加快推进市场一体化进程协议》《金融服务京津冀协同发展战略合作协议》《京津冀协同发展金融服务战略合作框架协议》
人才交流		《京津冀高校毕业生就业创业协同创新框架协议》《推动人力资源和社会保障深化合作协议》《加强人才工作合作协议》《留学人员创业园共建协议》《外籍人才流动资质互认手续合作协议》《京津冀三地文化人才交流与合作框架协议》《京津冀侨联战略合作协议》《专业技术人员继续教育合作协议》
社会保障	民生事业	《京津冀民政事业协同发展合作框架协议》《京津冀养老工作协同发展合作协议（2016—2020年）》《京津冀救灾物资协同保障协议》《京津冀协同构建人道应急体系创新发展合作联盟框架协议》《京津冀社会工作发展合作战略合作框架协议》
	医疗卫生	《京津冀红十字系统应急工作总体规划》《京津冀卫生计生事业协同发展合作协议（2015—2017年）》《京津冀协同发展采供血工作合作框架协议》《卫生应急协议》《津冀医疗保险跨省异地就医直接结算经办合作协议》《京津冀中医肿瘤专科协作协议书》《医疗卫生全面协同发展的协议》《药品医用耗材的联合采购协议》《京津冀卫生计生事业协同发展合作协议》
	食品安全	《京津冀食品案件稽查联动工作协议》《深化京津冀食品药品安全区域联动协作机制建设协议》《京津冀药品生产监管工作合作协议》《京津冀食品领域全产业链追溯模式示范工作合作协议》《关于建立京津冀区域安全生产应急联动工作机制的协议》《京津冀质量发展合作框架协议》
	法制建设	《司法行政工作服务京津冀协同发展框架协议》《京津冀监狱工作协同发展合作协议》《京津冀法治宣传教育工作区域合作协议》《京津冀公证工作协同发展合作协议》《京津冀加强律师代理重大敏感案（事）件协调指导工作合作协议》

第三节　京津冀协同发展机制现状

一、京津冀总体规划

根据《京津冀蓝皮书：京津冀发展报告（2020）》，京津冀区域协同治理体系已初步形成，地方政府合作治理进展显著，区域产业分工趋于合理，交通一体化持续推进，生态环境联防联控成效显著，协同创新网络初步形成，公共服务水平总体提升。目前，京津冀地区协同治理的主体主要是各层级政府，政府颁布的各项政策规划是协同治理的具体内容，协同发展机制现状取决于规划实施情况，京津冀有关规划尤其是“十三五”时期的规划对区域发展现状起着决定性作用。

根据《国民经济和社会发展第十三个五年规划纲要（草案）》，以“一带一路”建设、京津冀协同发展、长江经济带发展为引领，塑造要素有序自由流动、主体功能约束有效、基本公共服务均等、资源环境可承载的区域协调发展新格局。要推动京津冀协同发展，探索人口经济密集地区优化开发新模式，建设以首都为核心的世界级城市群，辐射带动环渤海地区和北方腹地发展。有序疏解北京非首都功能，优化空间格局和功能定位，构建一体化现代交通网络，扩大环境容量和生态空间，推动公共服务共建共享。

《北京市国民经济和社会发展第十三个五年规划纲要》提出，要做到城乡发展一体化体制机制进一步健全，区域协同发展、统筹利用各级各类资源的体制机制基本建立。实施全域空间管控。破解城市管理难题、提升城市管理效能，增强城市宜居性。把推动京津冀交通一体化与解决北京交通拥堵问题紧密结合起来，立足京津冀区域更大范围谋划交通发展，加快构建安全、便捷、高效、绿色、经济的交通体系。扩大生态空间环境容量，加强环境污染联防联控，建立完善协作共赢机制，推动区域生态环境质量有效改善。依托“4+N”产业合作平台，引导和推动一般制造业龙头企业新增产能、非科技创新型企业向京外转移疏解，推进企业在京津冀全产业链布局。

《天津市国民经济和社会发展第十三个五年规划纲要》指出，要扎实推进京津冀协同发展。为此天津提出了以下目标：构建协同创新体系；构建京津冀人力资源信息共享与服务对接平台；建设支撑京津冀协同发展的生态涵养区；建成京津冀主要城市 1 小时通勤圈；促进区域环境信息共享，强化环境联合执法；推进京津冀文化协同发展；打造京津冀对外开放新平台。《中共河北省委关于制定河北省“十三五”规划的建议》指出，在京津冀协同发展的大格局下，实施主体功能区战略。支持石家庄提升省会功能，发展壮大服务经济，增强辐射带动能力，努力建成功能齐备的省会城市和京津冀城市群“第三极”。支持唐山率先转型发展，大力发展循环经济，努力建成东北亚地区经济合作的窗口城市、环渤海地区的新型工业化基地、首都经济圈的重要支点和京津唐区域中心城市。

二、京津冀专项规划

《京津冀协同发展规划纲要》对京津冀协同发展做出近、中、长期三个阶段的目标。近期到2017年，有序疏解北京非首都功能取得明显进展，在交通一体化、生态环境保护、产业升级转移等重点领域率先取得突破。中期到2020年，北京常住人口控制在2300万人以内，北京“大城市病”等突出问题得到缓解；区域一体化交通网络基本形成，生态环境质量得到有效改善，产业联动发展取得重大进展。远期到2030年，首都核心功能更加优化，京津冀区域一体化格局基本形成，区域经济结构更加合理，生态环境质量总体良好，公共服务水平趋于均衡，成为具有较强国际竞争力和影响力的重要区域，在引领和支撑全国经济社会发展中发挥更大作用。

1. 产业协同发展

市场一体化和产业协同是京津冀协同发展过程中的关键所在。市场一体化进程加快在一定程度上将引致地区产业集聚和专业化发展。

区域产权市场一体化建设。2014年京津冀产权市场发展联盟正式成立，在此框架下，三地产权交易机构共投资设立了25个专业交易平台。

产业协同发展建设。2015年6月，财政部印发了《京津冀协同发展产业转移对接企业税收收入分享办法》，明确了企业迁入地和迁出地三大税种税收收入五五分成，扫除了三地加快产业转移过程中因地区间税收利益博弈带来的障碍。2016年6月，工业和信息化部、京津冀三地政府联合印发了《京津冀产业转移指南》，将京津冀划分为五条产业带，通过产业带的划分，以打造各类产业园区为载体，进一步明确了园区中优先承接发展的产业方向，有序推动京津冀地区产业转移承接。

区域技术市场一体化建设。2015年12月，京津冀技术转移协同创新联盟成立，通过建设科技成果转化和交易服务共享平台，构建信息共享、标准统一的技术交易服务体系，促进京津冀技术要素资源的自由流动与优化配置。

区域金融市场一体化建设。2016年，由国家发展和改革委员会产业协调司、财政部经济建设司、工业和信息化部规划司联合召集，京津冀三地多家单位参与发起设立京津冀产业协同发展投资基金。同时，京津冀开发银行也在酝酿中，京津冀三地将统一抵押质押制度，推进支付清算、异地存储、信用担保等业务同城化，降低跨区划的金融交易成本。

2. 区域交通一体化

2015年12月8日，国家发展和改革委员会与交通运输部联合召开媒体通气会，发布《京津冀协同发展交通一体化规划》。规划提出，扎实推进京津冀地区交通的网络化布局、智能化管理和一体化服务，到2020年基本形成多节点、网格状的区域交通网络。其主要内容包括：构建“四纵四横一环”主骨架，“四纵”即沿海通道、京沪通道、京九通道、京承—京广通道，“四横”即秦承张通道、京秦—京张通道、津保通道和石沧通道，“一环”即首都地区环线通道。根据《京津冀协同发展交通一体化规划》，到2020年，多节点、网格状的区域交通网络基本形成，城际铁路主骨架基本建成，公路网络完善通畅，港口群机场群整体服务、交通智能化、运营管理力争达到国际先进水平，基本建成安全可靠、便捷高效、经济适用、绿色环保的综合交通运输体系，形成京津石中心城区与新城、卫星城之间的“1小时通勤圈”，京津保唐“1小时交通圈”，相邻城市间基本实现1.5小时通达。到2030年形成“安全、便捷、高效、绿色、经济”的一体化综合交通运输体系。

此外，京津冀地区将以“四纵四横一环”综合运输大通道为主骨架，重点完成八项任务。一是建设高效密集轨道交通网。强化干线铁路与城际铁路、城市轨道交通的高效衔接，着力打造“轨道上的京津冀”。二是完善便捷通畅公路交通网。加快推进首都地区环线等区域内国家高速公路建设，打通国家高速公路“断头路”。全面消除跨区域国省干线“瓶颈路段”；以环京津贫困地区为重点，实施农村公路提级改造、安保和危桥改造工程。三是构建现代化的津冀港口群。加强津冀沿海港口规划与建设的协调，推进区域航道、锚地、引航灯资源的共享共用，鼓励津冀两地港口企业跨行政区投资、建设、经营码头设施。四是打造国际一流的航空枢纽。形成枢纽机场为龙头、分工合作、优势互补、协调发展的世界级航空机场群。五是发展公交优先的城市交通。优化城市道路网，加强微循环和支路网建设；推进城市公共交通场站和换乘枢纽建设，推广设置潮汐车道，试点设置合乘车道。六是提升交通智能化管理水平。绘制京津冀智能交通“一张蓝图”，打造交通运输信息共享交换“一个平台”，推动城市常规公交、轨道、出租汽车等交通“一卡通”，实现交通运输监管应急“一张网”。七是实现区域一体化运输服务。推动综合客运枢纽、货运枢纽（物流园区）等运输节点设施建设，加强干线铁路、城际铁路、干线公路、机场与城市轨道、地面公交、市郊铁路等设施的有机衔接，实现“零距离换乘”。鼓励“内陆无水港”、“公路港”和“飞地港”建设。八是发展安全绿色可持续交通。统一京津冀地区机动车注册登记、通行政策、排放标准、老旧车辆提前报废及黄标车限行等政策。

在政策完善方面，积极探讨建立三省市对城际铁路、城际客运等建设资金、运营补贴的分担机制；充分发挥价格杠杆作用，引导不同运输方式协调发展，形成合理运输结构。

在创新投资融资模式方面，探索建立促进社会资本参与交通基础设施建设与运营的合作机制，通过投资主体一体化带动区域交通一体化。为尽快缩小河北交通运输公共服务水平与京津的差距，对河北省交通建设给予特殊政策支持。

3. 环境可持续发展

2015年12月，由国家发展和改革委员会与环境保护部会同有关部门共同编制的《京津冀协同发展生态环境保护规划》发布。

《京津冀协同发展生态环境保护规划》划定了空气质量底线、水环境质量底线、资源消耗上限。①空气质量底线。到2017年，京津冀地区$PM_{2.5}$年均浓度应控制在73微克/米^{3}左右；到2020年，京津冀地区$PM_{2.5}$年均浓度控制在64微克/米^{3}左右。②水环境质量底线。到2020年，京津冀地区地级及以上城市集中式饮用水水源水质全部达到或优于Ⅲ类，重要江河湖泊水功能区达标率达到73%。③资源消耗上限。2015～2020年，京津冀地区能源消费总量增长速度显著低于全国平均增速，其中煤炭消费总量继续实现负增长；到2020年，京津冀地区用水总量控制在296亿立方米，地下水超采退减率达到75%以上。

面对日益严峻的环境形势，《京津冀协同发展生态环境保护规划》提出了若干措施，具体如下：一是污染源综合防治。2016年底前，全部取缔不符合国家产业政策的小型造纸、制革、印染、染料、炼硫、炼砷、炼油、电镀、农药等严重污染水环境的生产项目。2016年底前，工业集聚区应按规定建成污水集中处理设施。二是加快发展清洁能源。2017年底前，京津唐电网风电等可再生能源电力占电力消费总量比重提高到15%；北京煤炭占能源消费比重下降到10%以下。三是防治机动车污染。2015年底前，京津冀全范围供应符合国家第五阶段标准的车用汽、柴油。到2017年，全部淘汰京津冀地区的黄标车；推进环境改善重点工程，实施国土生态整治、清洁水、大气污染防治等一批重点工程，将治理需求切实转换为工程措施，在改善生态环境质量同时培育新的经济增长点。

4. 公共服务一体化

2016年10月，北京市发展和改革委员会发布《北京市“十三五”时期社会基本公共服务发展规划》(简称《规划》)。其具体内容包括：

（1）优化调整社会基本公共服务资源布局

妥善处理好疏解、提升、承接、辐射之间的关系，通过服务资源布局调整，构建功能清晰、覆盖城乡的社会基本公共服务空间格局，支撑区域功能布局调整，引导人口合理分布。

（2）构建牢固的社会基本公共服务体系

《规划》针对社会发展不同领域的特点，提出要织密织牢社会保障安全网，进一步加大服务资源供给，精准补短板，提升社会基本公共服务质量效益。一是提升就业服务能力。主动适应有序疏解非首都功能和构建“高精尖”经济结构，加强精细化就业服务和管理，努力实现更高质量的就业。二是筑牢社会保障网底。统筹社会保险制度，完善社会救助和福利制度，提升社会防灾减灾能力，建设市第三儿童福利院、市级救灾捐赠物资储备库及分库等重大项目。三是推进教育优质均衡发展。重点是积极推进第二期学前教育三年行动计划及后续行动，根据城市区域功能调整和人口分布变化，差异化增加小学、初中学位，大幅增加优质高中学位。加快充实基础教育教师队伍，多种方式增加幼儿园、中小学教师配备。四是提供更好的医疗卫生服务。以全面促进人的健康为中心，强化居民健康管理，不断增强基层医疗卫生服务能力，每万常住人口全科医生数不低于3人。切实保障全面两孩政策顺利实施，重点新增妇产、儿科医疗资源，各区都要配备一所标准化建设和规范化管理的妇幼保健院。五是建设完善的养老服务体系。构建功能完备、支撑有力的社区养老服务网络，实现街道（乡镇）养老照料中心全覆盖，建设社区养老服务驿站。深入推进医养结合，鼓励为居家老人提供上门诊疗等服务，探索建立长期护理保险制度。六是提供更多更好的公共文化体育服务。推进集文化休闲、教育培训、体育健身为一体的街道（乡镇）文体综合服务设施全覆盖，深入开展全民健身，以筹办冬奥会为契机大力发展冰雪运动。

（3）增强便民利民服务能力

《规划》提出，通过加强社区建设和借助信息技术手段，解决好社会公共服务“最后一公里”的问题，进一步提高服务效率，让居民生活更便捷。一是强化社区服务功能。以社区为单元，整合服务功能，推进公共事务下沉，搭建直接服务群众的一站式社区综合性服务管理平台，实现“一刻钟社区服务圈”全覆盖。重点培育多元化的社区服务主体，如专业服务商、社会组织、志愿者、专业社工等，重点在激发社区活力，不断增强社区服务居民的能力。二是提升信息化水平。开展“互联网+公共服务”，加强公共服务物联网、云计算、大数据等信息技术应用，整合数据资源，推动信息共享，加强社区智能服务平台建设，让服务更智慧，生活更便利。

（4）推进全社会共建共享

坚持发展为了人民、发展依靠人民、发展成果由人民共享。通过作出更有效的制度安排，吸引各种社会力量参与基本公共服务供给，创新供给模式，拓宽供给渠道，提高供给质量，促进消费升级，不断增强人民群众的获得感、幸福感。一是创新社会基本公共服务供给方式。继续扩大政府购买服务范围和规模，完善社会基本公共服务市场准入机制，加强政府和社会资本合作。二是保障群众公平享有。坚持尽力而为，量力而行，建立与发展阶段和北京特点相适应的社会基本公共服务标准体系，研究编制本市社会基本公共服务清单。同时，继续深入推进教育、医疗、养老等领域改革。三是鼓励志愿服务和慈善。建立社会组织、志愿者参与社会基本公共服务的长效保障机制，力争实名注册志愿者人数占常住人口的比例达到20%以上。鼓励社会各界开展慈善活动，完善社会捐助体系，完善慈善力量参与社会救助机制。通过志愿服务和慈善，集聚社会正能量，共同创造美好生活。

第四节　协同发展的治理体系难题

一、行政问题

1. 不平等政治地位

京津冀三地之间的关系实际上是包括了中央政府在内的“三地四方”的关系。一方面三地受中央政府的统一指挥，另一方面由于北京独特的政治地位，作为中央政府的所在地，其既要承担一个独立城市的发展角色，又要服务好中央政府。北京的政治地位同时也保证了大量的权力资源、政策资源和众多公共服务资源的聚集。在三地政治地位不对等的情况下，三地之间的关系更多是单向依赖，即天津和河北需要北京，而北京不需要天津和河北（京津冀三地发展愈发不平衡）。这种不平等地位（不平衡）需要通过长期改革才能得到改变。

2. 顶层决策设计不合理，缺乏协同治理机制

在区域协同发展问题上，参与各方之间能否建立完善的协调和合作制度是区域协同发展能否顺利进行的基础和关键。相较于长三角地区，京津冀区域缺乏关于利益表达、利益分配、利益保障机制等在内的利益协调机制，这使得京津冀区域合作机制更趋于表面，各地的矛盾和冲突难以协调，各地为各自利益而战。《京津冀协同发展规划纲要》的出台有望解决这一难题，但还需观察进一步的实行效果。

二、市场问题

1. 产业结构差异问题

2019年，北京以第三产业为主导产业，第一、第二产业占比不足20%；天津以第二、第三产业为主，目前处于工业化后期阶段；河北以第二产业为主，第一产业占比较高，约为10%，处于工业化中期阶段。三地产业结构存在差异，产业相互依赖性和上下游关联性较少，需要形成产业良性互动。

2. 公共服务设施布局不合理

京津冀公共服务设施仍存在一定差距。在教育事业、医疗卫生、社会保障等领域，北京仍处于绝对领先地位，且整体差距呈现出扩大态势。公共服务作为公共物品，京津冀三地政府应积极发挥调配作用，进一步提升天津、河北的公共服务水平。

3. 核心–边缘分布格局

行政与市场等众多因素的综合作用，使得京津冀三地形成核心–边缘分布格局，核心区由于规模经济和集聚经济进一步发展，而非核心区则发展缓慢，优质生产要素进一步单向流动，集聚区与非集聚区的发展差距越来越大。

三、生态问题

1. 水资源供给问题

京津冀地区人口密集，存在水资源短缺的问题，人均水资源占有量常年低于全国平均水平。此外，京津冀地区还存在水污染问题，所在的海河流域水质为重度污染。

2. 大气污染问题

京津冀地区存在空气污染问题，近年来我国空气质量最差的10个城市中，半数以上位于京津冀地区。地区内部空气质量参差不一，北京空气质量近年来有所好转，河北空气质量仍然有待改善。

3. 管理机制问题

目前中国资源管理体制尚未统一，极度缺乏资源管理体制的系统性，城乡分割和部门分割问题严重。各地政府的生态治理处于“各自为政”的状态。政府环境执法效果不佳。地方生态治理的成本收益不对等，导致京津冀地方政府实行统一的协同机制较难。

四、国家治理能力现代化

党的十九大提出，到21世纪中叶，把我国建成富强民主文明和谐美丽的社会主义现代化强国，实现国家治理体系和治理能力现代化。区域治理现代化是国家治理体系和治理能力现代化十分重要的组成部分，京津冀地区是国家首都所在地，理应在区域治理体系和治理能力现代化方面走在全国前列，起到示范引领作用。但目前来看，京津冀的区域治理体系和治理能力还尚未达到现代化的要求，实现现代化的城市治理，这是一个系统工程，需要多方面紧密配合，要运用大数据、云计算、区块链、人工智能等前沿技术推动城市管理手段、管理模式、管理理念创新，从数字化到智能化再到智慧化。

第五节　区域协同发展的治理创新与治理体系构建

一、区域协同发展的治理创新

京津冀区域是一个超越行政区边界范围的复杂空间、联系空间、流动空间，京津冀协同发展承担着国家的战略使命。京津冀区域的治理问题也就是首都经济圈治理需要解决的主要问题，如治理主体、目标、内容、结构、机制等方面，还需要更加清晰、更加健全和更加完善。在思考如何以治理创新推动京津冀区域首都经济圈进一步发展的同时，也可以看到目前京津冀一体化存在的难题，京津冀区域需要进行适应新时代的治理体系构建。

我国的区域协同发展理念形成于21世纪初，区域协调发展的概念于“九五”计划中正式提出，“十一五”规划明确提出区域协调发展战略，指出要落实区域发展总体战略，形成东中西优势互补、良性互动的区域协调发展机制。京津冀区域协同发展工作于2014年前后逐渐开启，2018年正式发展起来，经验积累稍显不足，区域治理方式只能是“摸着石头过河”。新冠肺炎疫情之后，世界格局面临调整，首都经济圈在国家层面的重要性更加凸显，中央政府对京津冀区域的支持力度将会越来越大。京津冀区域面临着一个新的上升发展周期，治理体系创新的成果能够更快捷地转变为现实生产力。京津冀地区涉及首都区，治理体系的构建需要处理中央与地方的各方面关系，体制机制的设计面临相当多需要考量的因素，要解决这一问题就需在央地治理模式方面进行创新。

1. 顶层设计与基层首创结合治理

顶层设计是统筹考虑项目各层次和各要素，追根溯源，总揽全局，在最高层次上寻求问题的解决之道。现在颁布的各项政策、总体规划及专项规划都是顶层设计的一部分，顶层设计的全局性必然导致在细节问题上的规定不清晰，这时就需要发挥基层首创精神。基层首创精神也就是群众与地方官员的创造精神，尊重群众和基层的首创精神，是我国改革开放取得巨大成功的重要经验，也是新时代全面深化改革的重要方法。习近平总书记多次强调，要推动改革顶层设计和基层探索互动。京津冀协同发展在重视战略、顶层设计和规划等“大事”的同时，应重视可能影响协同发展的“小事”。

（1）顶层设计创新

习近平总书记在京津冀协同发展座谈会上的讲话明确了今后一个时期的六大重点工作任务：第一，紧紧抓住“牛鼻子”不放松，积极稳妥有序疏解北京非首都功能；第二，保持历史耐心和战略定力，高质量高标准推动雄安新区规划建设；第三，高质量推动北京城市副中心规划建设；第四，破除制约协同发展的行政壁垒和体制机制障碍，构建促进协同发展、高质量发展的制度保障；第五，强化生态环境联建联防联治，持之以恒推进京津冀地区生态建设；第六，促进基本公共服务共建共享。《北京城市总体规划（2016年—2035年）》中提出的“一核两翼”空间结构，即首都功能核心区、雄安新区以及北京城市副中心是京津冀区域协同持续推进的新的空间内涵，也是顶层设计中极为重要的一环，是政府组织理论创新和决策创新的重要体现，京津冀要实现区域协同发展，需要适应新时代的规划理论与决策创新。国家战略与地方规划要有机结合起来，京津冀三地要积极响应国家政策号召，投入到区域协同建设中来。例如，天津市2019年政府工作报告中提出的十项重点工作任务，其中第一项就是京津冀协同发展，其主要任务一是积极承接北京非首都功能，二是高效推动重点领域协同，三是主动服务雄安新区建设，项目化推进“一基地三区”建设。只有中央和地方在决策、理念、理论层面步调一致，顶层设计的创新才会有好的土壤。京津冀协同发展是国家三大发展战略之一。北京、天津、河北三地制定“十三五”规划的过程也体现了高度协同。京津冀协同发展中交通一体化、产业转移、环境保护是优先启动的三个项目，目前已经取得了积极进展。未来，中央政策与地方规划相协调、地方政府间互相合作、区域行政管理体制实现协同是京津冀区域实现进一步发展的基础。

（2）鼓励基层首创

京津冀交通一体化是京津冀区域协调发展顶层设计的重要组成部分，在重视交通一体化战略、顶层设计和规划等“大事”的同时，应重视可能影响交通一体化发展的“小事”，如进京证和外地车限行问题。

京津冀区域协同发展正在进行时，三地在很多方面都有着很好的服务对接，人口流动非常大，经常往返京津两地的人口非常多，然而进京证的办理过程却似乎是纯粹浪费时间，几乎没有任何车不能通过检测，但要浪费很长时间排队，且漂亮精美的进京证也是一种浪费，京津冀交通一体化的目的是提高三地之间的交通运输效率，办进京证的过程却把路途节省的时间全抵消了。此外，北京、天津限号限行有规定，除河北车辆以外，北京车辆到天津，天津车辆到北京，都非常不方便，这给三地居民往来带来了很多不便。京津冀协同发展，产业、教育医疗等资源转移将导致三地之间人流加快，取消京津冀车辆限行，对于京津冀三地协同发展意识的形成将有较大的促进作用，应当首先从京津双城联动发展开始，再推广到京津冀三地，车辆应当享受同城化待遇。这是每一位在京津冀生活的群众的迫切希望，但群众的期望往往重视自身而轻视整体的格局，车辆同城化待遇如何实行？如何保证在市民生活安全、交通顺畅、空气质量良好的情况下实行车辆同城化？这些都是迫切需要解决的难题，也是基层需要思考的问题。顶层设计往往重大格局而轻基层方面的短期利益，因此如何将长期利益与短期利益结合起来非常重要。

（3）顶底结合的治理

顶底结合的治理需要建立起上下信息对称、平等对待、互相适应的合作治理模式。以京津冀实现车辆同城化待遇为例，这是一个需要在基层层面解决的问题，顶层设计上则体现的是京津冀交通一体化水平。2014年，以习近平同志为核心的党中央站在国家发展全局的高度，做出了实施京津冀协同发展战略这一重大决策，交通一体化作为三大先行领域之一，也是京津冀协同发展的骨骼系统，必须要在实践中见真章，要在基层体现一体化带来的效益。目前，京津、京保石、京唐秦的交通联系度相对较强，已经实现较好的交通互联基础，其他区域可以以此为基础深化交通互联。顶底结合的治理，首先要找准顶层设计在基层的发力点，利用重点发展区域带来的溢出效应，实现全区域的共同发展。

顶底结合处理的是长期利益与短期利益之间的矛盾，因此就要弄清什么是主要目标，什么是次要目标。同样地，以实现车辆同城化待遇为例，其本质是消除京津冀三地的交通壁垒，实现人的自由流动，因此在考虑字面意义上的车辆同城化待遇如何实施的同时，轨道交通建设也是非常重要的一点。

轨道交通本身就具有极强的空间延展性，更容易实现区域内外互达互通，也方便管理。因此，未来京津冀三地实现人的自由流动首先需要实现轨道交通的一体化，与此同时也要解决私家车的同城化待遇问题。除了交通一体化，京津冀在环保、产业升级以及其他各个领域都要做到顶层设计与基层首创精神的结合，迎着群众的期望，以社会和谐为目标进行治理。

2. 智慧专业化的治理

顶底结合的治理是长短期利益相结合的治理，要处理的是要素在不同时空间尺度上的配置问题。因此，可以从智慧专业化（smart specialization）治理入手，从而更好地实现京津冀区域协同治理。

智慧专业化是应用于欧盟国家的创新产业集群政策框架，其特征在于将产业政策的决策过程立足于地方优势的分析之上，充分结合地方知识和国际视野，准确定位地方发展的竞争优势，并围绕该优势投入和配置资源，培育具有高度经济活力的地方专业化产业集群。当前，我国推进京津冀协同发展的重点之一在于发挥地方优势，促进具有地方特色的产业集聚。这一思路与智慧专业化高度吻合。智慧专业化治理要求：每一个“地方”都应该能平等地参与到智慧专业化中，高校也要参与智慧专业化，建立准确、动态、开放的智慧专业化信息库，促进资金与地方发展优势的匹配，降低交易成本和投资风险。智慧专业化战略有助于提升区域治理能力、完善区域制度安排；有助于加强全球价值链定位的战略性思考，要求区域创新战略和政策的设计不仅要充分考虑到本地的禀赋和潜力，还要在全球范围内进行标杆对比并明确当地产业在全球价值链上的定位；有助于推动政策学习和交流。

（1）发展能力评估

与其他产业创新政策一样，智慧专业化强调基于证据的监测和评估，并对政策设计进行反馈。它要求政策制定具有灵活性，从而能够及时终止或重新配置在研发和创新方面的公共投资资源。为此，需要清晰地设定判断成功和失败的基准和标准。智慧专业化创新政策需要明确每一个层面的可衡量目标、政策的总体目标、每一个创新行动方案或计划的具体目标。系统评估京津冀情景及创新潜力，需要一个常设评估机构，该机构需要对京津冀的内外部情景进行系统分析和评估。不仅需要对现状进行总结，还要发现优势产业以及对未来的预测，必须明确京津冀未来创新发展的愿景。应根据对京津冀各城市内部资产的分析，明确不同城市在创新领域中的愿景和目标，以确保京津冀协同发展愿景和目标的最终实现。

（2）制定发展策略

第一阶段是治理阶段，识别智慧专业化战略过程中的利益相关者和相关组织。利益相关者主要来自政府、学术界、企业和民间社会，这些利益相关者和相关组织就共同愿景达成共识。第二阶段是文本分析阶段，对区域资产、研究基础设施、集群、孵化器、创新生态系统进行分析与评估；对结构相似区域进行标杆对比；测算各区域的科学专业化指数、技术专业化指数、经济专业化指数；对区域进行SWOT分析。第三是战略形成阶段，运用德尔菲法细化区域未来的愿景并建立未来可能愿景的不同情境。第四是识别优先领域与优先事项阶段，借助创业发现过程焦点小组、外向度分析及相关多样化分析工具来识别本区域最具经济潜力的优先领域和优先事项。第五是选择政策组合阶段，选择与本区域未来愿景和发展目标相一致的政策组合、路线图和行动计划。

（3）可持续的创新产业

智慧专业化战略是一种国家或区域创新战略，通过发展和匹配满足业务需要的自身研究和创新优势来确定竞争优势，以便以连贯的方式应对新出现的市场机会，同时避免重复性和分散性。创业发现过程是一个自下而上的过程，通过企业、知识机构、政府和民间社会在内的四螺旋主体之间的相互学习、建立联系和合作将分散在不同机构的创业知识加以整合，来确定国家或区域有显著经济前景的研发资助优先领域。选择优先领域应遵循九大标准，即与市场的距离，企业活动是否能够促进大量技术创新和技术溢出，合作程度和相关合作者的数量，是否需要公共融资，企业活动对于区域经济的重要性，区域成功对接企业活动的能力，该活动能否成为某些商机的领导者，与区域其他活动的关联性，私营企业是否做好了监督和绩效审查的准备。

3. 基于区域创新系统的治理：促进创新产业健康发展

纵观国外区域发展经验可以发现，以技术创新和产业结构调整带动落后地区经济发展是非常可行的方法。例如，第二次世界大战后美国在西部和南部迅速发展宇航、原子能、计算机网络、生物工程等高新技术；日本的技术立国论、高技术聚集城市建设；德国的东部中小企业开展科研和科技创新活动；等等。区域创新系统的概念最早由库克提出，经过多年的发展，区域创新系统理论愈加丰富，不同学者都对此进行了定义。这里运用陈德宁和沈玉芳[①]的定义：区域创新系统是指由一个地区内参加技术创新技能的主体（企业、大学及研究机构、中介服务机构以及政府）之间为创造、储备、使用、转让知识和技能产品提供交流的网络系统。

（1）创新文化氛围与环境

创新环境一是非正式的制度，由区域文化环境来衡量；二是正式的制度环境，由区域内与创新相关的政策、规章来衡量；三是由区域创新系统中的生产体系和创新支持基础设施构成的区域主体要素环境。创新环境包括经济环境、社会环境、生态环境、政策环境和基础设施五个方面。其中，经济环境是创新活动的经济基础，社会环境为创新活动提供人力资本和知识积累，生态环境为创新活动提供良好的生态空间，政策环境为创新提供制度保障，基础设施有助于降低创新的交易成本。京津冀协同发展需要在创新主体内部和主体间营造这种创新文化氛围。

（2）人才资源开发：集聚效应

以工程师为代表的科技人员是科技创新活动的主要群体，也是区域创新活动的主要人力投入。只有具备一定的人力投入并且达到一定规模后，创新活动才能进行，创新能力才能发挥。集聚人才的关键在于激发科技型中小企业人才需求规模。

（3）风险投资机制：着力解决投入高、周期长、风险大等问题

创新是一项具有巨大外部经济性的活动，由于创新投入高、周期长、风险大，创新主体在没有足够强的风险承受能力的情况下不敢贸然创新，因此客观上要求有能使风险投资者“进可攻，退可守”的风险投资机制。

（4）产学研合作机制：企业与科研机构的合作

企业为技术需求方，科研院所或高等院校为技术供给方，两者通常需要合作，完成科学创新、技术创新并使取得的科技成果由知识形态向现实的生产力转化。

二、区域协同发展的治理体系构建

根据新区域主义思想，区域治理应当在多主体间形成合作，这种合作治理模式在解决中国问题时就必须牢牢扎根于中国社会，基于中国各个区域自身存在的经济、政治、社会、文化和自然等因素，然后依托政府、非政府组

① 陈德宁，沈玉芳. 区域创新系统理论研究综述[J]. 生产力研究，2004（4）：189-191.

织、社会公众等主体，形成组织化的网络体系，对区域公共事务进行的协调和自主治理。因此，区域协同发展的治理体系首先要解决的是找到区域治理的主体和客体以及主客体间关系的问题。

1. 区域治理主体

区域治理主体指的是所有京津冀区域利益相关者，他们之间的各种关系要认清分明。第一是中央政府，它是国家目标的体现，对区域治理进行指导、通过中央政策支持。第二是地区政府，它是地方目标的体现，负责决策与执行治理计划，是区域治理的核心；中央政府和地方政府主要负责政策体系的构建，包括规章制度体系、实施体系、监控体系等。第三是市场力量，包括国有企业、集体企业、私营企业等，它们的目标是实现利益的最大化，在税收和政策方面获得一定的优惠，目前中国处于国有企业改革与京津冀一体化的大背景，因此京津冀地区国有企业改革更受关注，要实现京津冀国有资本合理配置，就要建立京津冀一体化的国有资产监管体系，实现国有资产保值增值，为京津冀互帮互力，针对私人企业也要继续破除一系列障碍，实现资本自由流动。第四是社会力量，包括非营利组织的运作、公民参与社会治理，它们是政治生活不可或缺的力量，可以弥补政府和市场的不足。第五是创新机构，包括科研机构与高校的技术、理论创新、智慧库等，无论是中央层面制定政策规划，还是企业根据政策进行市场经营，都需要改革创新，为此可专门设立创新主体作为区域治理的一个主体。

区域治理是以上几种区域主体间合作共同参与某项事务的过程，这一事务就是多个区域治理主体共同涉及的区域公共利益。区域治理究其本质而言是提供公共产品的过程，如一段公路或者某类公共服务，区域公共利益或者区域公共产品就是区域治理的客体，一般称其为区域公共事务。

2. 公共事务治理体系构建

公共事务是区域治理的客体，包括设施和服务两方面，设施方面首先是基础设施，包括硬件设施（交通一体化等）和软件设施（新冠肺炎疫情期间的共享健康信息系统），完备的基础设施是区域治理的基础，因此要优先解决基础设施的问题。其次是公共设施，即满足公民教育、医疗卫生、文化娱乐、交通、体育、社会福利与保障、行政管理与社区服务、邮政电信和商业金融等服务的设施，公共设施要实现区域内的同等。

需要利用基础设施与公共设施的服务即公共服务，京津冀医疗一体化、教育资源一体化、社会保障与社会福利一体化，社会安全保障（警卫资源、监控体系）一体化、金融市场一体化等，此外还需要实现户籍制度一体化。实现一体化需要的不仅是社会各要素的自由流动，最重要的是实现要素的最合理配置。

3. 区域创新体系构建

区域创新体系是区域治理体系的一部分，其主体是区域创新机构，客体是区域创新。创新包括理论创新、制度创新、科技创新等方面，其中科技创新是最能直接影响区域发展的一种创新，科技创新应用到生产活动中，将强有力地促进一个区域的经济发展，同时制度创新与理论创新也在区域创新中发挥着重要作用。区域创新体系包括四个方面，第一是创新执行体系构建，包括企业、大学、政府、科研机构、咨询与中介机构等，这些机构资源要在区域内实现合理配置；第二是创新基础设施体系，包括一系列生产技术标准、京津冀数据库、信息网络、大型科研设施和图书馆等创新的基本条件，这是区域创新的基础力量；第三是创新资源和创新环境建设；第四是区际互动，区域创新成果应当有利于实现区域平衡发展，有利于加强该区域联合并参与到与其他区域的国际竞争和合作，包括科研交流与合作以及区际和对外贸易等。

第六节　实施区域协同治理的制度保障

提高京津冀协同治理的深度与广度，除了构建更合理、更高效的治理体系，还需要在制度层面对协同治理的各层面做出保障。苏黎馨和冯长春[①]提出，京津冀协同治理机制分为参与主体、治理手段、协调机制三个维度。在参与主体方面，京津冀协同治理目前存在各主体间权责关系不明确、不匹配的问题；在治理手段方面，目前以行政手段为主，需要加强法律手段和市场手段的作用；在协调机制方面，目前的协调机制在矛盾仲裁与动态监管方面尚有待改进。

① 苏黎馨，冯长春. 京津冀区域协同治理与国外大都市区比较研究[J]. 地理科学进展，2019，38（1）：15-25.

一、事权划分制度

“区域”以往并不存在于我国的行政体系中，因此跨域治理存在政府事权划分模糊的问题。然而，正是由于“区域”游离于我国传统行政体系之外，区域协同治理才无法高效有序地进行。

在京津冀协同治理的参与主体中，目前最为活跃的也是发挥最重要作用的是政府主体。京津冀协同发展领导小组是目前京津冀协同治理政府架构中的最顶层部分，由国务院组建，负责京津冀协同发展的顶层设计。各省份也分别设立了地方推进京津冀协同发展领导小组。但是顶层的中央治理机构目前只承担了编制相关规划与发布重大政策等方面的任务，具体的三地合作仍需地方政府来落实。如此，京津冀协同发展的运作主要通过地方政府间的协商来推动，而这种模式势必导致职权的模糊，同时资金的来源也无法保障。因此，构建一个逻辑清晰、权责明确的跨域事权划分制度十分必要。

在各国区域协同治理的先进经验中，政府不再是跨域治理的唯一主体，市场和社会等也将成为跨域治理的重要主体，跨域治理即多元治理主体基于区域公共利益共同参与区域治理，此过程必须考虑其他主体在跨域治理事权体系中承担的角色。因此，可将跨域治理的事权体系从纵向维度和横向维度两个方向进行厘清。纵向维度指中央政府与地方政府，以及地方各级政府之间的纵向协作关系，横向维度指（跨区域）同级地方政府之间的横向协作，以及不同治理主体之间的横向协作。

1. 政府事权的纵向配置

按照马斯格雷夫（Musgrave）提出的最佳社会结构模型，政府以公共利益为服务目标，其行为主要作用于公共领域，因此以公共产品的层次性对政府的事权进行划定是一个简单有效的方法。不同的公共产品具有不同的收益范围和外溢程度，根据受益地区可将公共产品由小到大划分为地方性、区域性和全国性三个层次。对于跨域治理来说，需要厘清的就是区域性公共产品的事权归属问题。

按照公共产品的层次性，跨区域性公共产品通常涵盖多个行政区域、具有明显的外溢效应和规模经济属性，因此应由所有涉及区域的地方政府共同负担。但是在我国的府际关系下，中央政府对地方政府具有绝对领导力且并未赋予地方政府财权，让地方政府独自承担区域性公共产品的供给任务显然会加重地方政府的财政负担。除此之外，十八届三中全会要求建立事权和支出责任相适应的制度，“十三五”规划也强调了适度加强中央事权和支出责任，在国务院发布的《关于推进中央与地方财政事权和支出责任划分改革的指导意见》中也提出了加强中央在保障区域协调发展等方面的财政事权，对受益范围较广、信息相对复杂的财政事权，如跨省（区、市）重大基础设施项目建设、环境保护与治理、公共文化等，根据财政事权外溢程度，由中央和地方按比例或中央给予适当补助方式承担支出责任。综上，对于跨区域性公共产品，其事权与支出责任应由中央与地方共担。

2. 政府事权的横向联合

在政府事权的纵向维度上，根据公共产品的收益范围和外溢程度可以划分为全国性、跨区域性和地方性三个级别。虽然已经明确跨区域性事权由中央政府与地方政府共同承担，但这只是纵向配置，同级政府的横向层面，各个城市之间对于跨区域性事权的划分与支出责任又该如何明确？

一般而言存在两种划分方式。第一种方式是基于京津冀城市群内部各行政区域相互区隔的现实，由各省市级人民代表大会分别对自身应承担的部分事权进行规定。这种方式是基于我国现有行政体制做出的直接延伸，但各地各自承担事权一方面会在区域协同发展工作中留下许多行政上的阻碍，另一方面也有各地承担的跨域治理职能重复、权责不清的问题。第二种方式是将跨域管理职能上移给区域性协同组织，由京津冀协同发展领导小组在三省市平等协商的基础上，对跨区域性事权进行划分，划分结果交由三省市人民代表大会进行审批，全部通过则生效。这样能够将权力集中于一个协调组织，充分发挥协调组织的作用，也避免了职能重复、工作低效的问题。

3. 多元主体横向联合

基于区域治理主体的多元性，在进行事权划分时有必要考虑到除政府外的多元主体如何参与到区域协同发展中。目前，政府主体与市场主体、社会主体通过政府和社会资本合作（public-private-partnership，PPP）模式合作，将部分适合市场、社会主体供给的公共产品责任转移是一种主要的多元治理模式。市场和社会主体敏锐、细致的治理特征的恰当引入，能够有效提高区域治理水平，也减轻了政府的治理负担。但目前该模式仍存在缺乏法律制度规范、中国社会团体不发达的现实困境，具体的治理模式仍然有待构建。

二、财政税收制度

政府事权规定了政府需要承担的社会经济事务的性质和范围，而政府在进行社会经济工作时需要相应的财政支出作为保障。因此，事权划分实际上明确了政府的支出责任。财政支出必须以财政收入为前提，因此要构建一个长效的区域事权划分制度，配套的财政税收制度是必不可少的。在国务院发布的《关于推进中央与地方财政事权和支出责任划分改革的指导意见》中也明确提出中央政府与地方政府，还有地方各级政府间的财政事权都应该以规范化、法律化的形式确定。

1. 原行政体系下的财政税收制度

基于收益范围和外溢程度，可以将公共产品划分为全国性、区域性、地方性三个层次。其中，全国性和地方性两个层次的公共产品在中国现有行政体系中都有直接对应的行政机构，即中央政府和地方政府，其事权划分制度配套的财政税收制度已经在《中华人民共和国财政法》中有了明确规定，该法遵循划分事权、确定支出责任、配套相应财力的逻辑，已经完成了财政税收的基本划分任务。

2. 跨区域性事权配套的财政税收制度

跨区域性事权由京津冀协同发展领导小组作为区域性协同组织在京津冀城市群内部平等协商的基础上统一进行划分。由于跨区域性事权属于中央政府与地方政府共担，因此中央或地方的财政资金都会对区域协同组织进行定向划拨，但这种方式不够灵活。因此，建议由各地联合设立京津冀城市群一体化发展投资基金作为解决跨区域性事权的财力保障。该投资基金应以政府出资设立投资为主，面向跨区域重大基础设施，生态环境改善、公共服务体系等京津冀协同发展的重点领域。

京津冀协同发展的最终目标是实现区域一体化和公共服务均等化，这意味着京津冀三地政府需要具有相对均等的财政能力。目前，区域内各城市经济实力有着不同程度的差异，因此不同城市的税收也会出现显著差异，最终导致不同城市政府的支出能力产生差别，对京津冀协同发展造成阻碍。除设立京津冀城市群一体化发展投资基金外，实施跨区域横向转移支付制度是一条有效的解决路径，因此将区域间的横向转移支付规范化、制度化十分必要。通过同级政府间的转移支付，能够缩小各区域政府的财政差距，平衡各区域间的治理能力，确保公共产品供给稳定。

我国目前的财政转移支付主要是纵向转移支付，基于我国纵向传导的单一制府际关系，对各地区间的财政进行调节以缩小各地区的经济发展差距这一任务主要由中央政府承担。目前，没有成形的横向财政转移支付法律制度，能够进行类似同级政府互助的只有对口援助机制，但是对口援助机制也只是政策，未上升到法律层面，没有制度保障。

地方政府间的横向转移支付仍处于制度构建期。在长江经济带内建设的生态补偿长效机制即横向转移支付中的一种，属于地方政府间横向联合的探索，虽然具体形式仍具有一定的缺点，但基于此探索可以推广到城市基本公共服务的各个领域。

三、法律保障制度

区域协同治理主要有行政手段、经济手段和法律手段三种方式，目前京津冀城市群的主要治理方式是行政手段，经济手段也有一定的体现，还需加强法律手段。根据世界各地大都市圈的发展经验，城市群协同发展中强有力的法律保障是必不可少的，因此京津冀区域急需建立完善的区域性法律制度。

1. 现有法律保障制度的不足

（1）区域规划缺乏相应的法律地位

在过去的城乡规划编制体系中，城乡规划分为城镇体系规划、城市规划、镇规划、乡规划、村庄规划五个级别，其中城镇体系规划又可以划分为全国城镇体系规划、省域城镇体系规划、市域城镇体系规划。区域规划、城市群规划并未被列入法定规划体系中。2019年发布的《中共中央 国务院关于建立国土空间规划体系并监督实施的若干意见》，明确了多规合一的要求，表明城乡规划编制体系成为过去式。但是在新的国土空间规划体系中，同样遵照国家、省、市、县层层分级，对于介于国家和省之间的跨省域城市群同样没有规定规划要求。这表明，在中国现有的法律框架下，区域规划没有相应的法律地位。

国土空间规划能够对国土空间中各项资源进行总体安排，是进行建设活动的法律依据，对于一个地区的总体布局和科学发展至关重要。如若国土空间规划体系不纳入区域规划，则该规划的实施就无法得到法律保障，当区域规划与地方规划相抵触时就无法继续推进，而由于区域规划考虑的是区域整体平衡发展，与地方规划相区别、导致部分地方利益受损的情况是有很大可能存在的。当省级区域之间因为区域规划而发生利益冲突时，没有法律地位导致无法落实规划的情况是亟待解决的问题。

除此之外，由于京津冀城市群区域规划需要三方协同编制，谁来制订、谁来通过、谁来编制内容等都是需要规划法明确的问题。

（2）缺乏区域合作组织的法律保障

对于跨区域性事务，需要建立区域合作组织来进行管理。2014 年中央成立了京津冀协同发展领导小组以及相应的办公室。京津冀协同发展领导小组在顶层设计方面的工作完成得较好，但在具体各省市之间的协调工作方面却几乎难以产生实际的效果。国内外区域协同发展的经验表明，区域协同组织在区域一体化发展过程中涉及的大量具体措施的对接以及利益的协调方面具有非常重要的作用，因此应从法律规制的角度对协调机构的权责、运行等方面做出明确的规定，使其管理协调工作有法可依。京津冀协同发展领导小组需要设立具体的执行机构，并配套相应的法律保障，才能在区域事务的协调中具有权威性和说服力。

（3）公共服务一体化缺乏法律保障

对于区域协同发展而言，最终目标是达成一体化发展，推动区域内公共产品供给相对平等化，打破行政区域壁垒，提升区域资源配置效率，保障区域协调发展。公共服务一体化的表现是区域内公民所享有的基本公共服务能够不被行政区划所限制，即河北的人民可以享受到和北京、天津同样的或接近的公共服务水平，具体而言包括教育、医疗、公共交通等领域。只有在这种情况下三省市之间才能够实现优势互补、资源共享，否则只会出现“虹吸效应”，人才和资源都向着公共服务水平最高的区域集聚，有碍区域平衡发展。

目前，由于京津冀三地在公共服务的各方面都存在差距，应注意通过制度设计促进京津冀地区公共服务一体化的发展，缓解并逆转“虹吸效应”。

2. 新型法律保障制度构建

（1）将区域规划纳入法律体系

参照其他国家会发现，大多数区域协调发展较成功的区域都有专门对区域规划的编制、实施进行相关规定的法律及政策。例如，日本在将《国土综合开发法》作为基本法（类似《中华人民共和国城乡规划法》）之外，还制定了《首都圈整备法》《首都圈工业配置法》等针对区域的相关法规；法国巴黎大都市区也制定有《大都市区法》（*The Metropolitan Law*）。

因此，为了给京津冀协同发展的区域规划提供法律保障，弥补当前国土空间规划体系的不足，应在《国土空间规划法》中添加区域规划的部分，以此对区域规划的编制主体、程序、编制内容、实施方式、监督手段等进行明确的规定。同时，确保区域规划的严谨性，严格禁止对已编制规划进行随意修改，厘清各部门在区域规划实施、监督过程中的权限和责任。为了确保区域规划的可实施性、做到因地制宜，京津冀省级人民代表大会可以共同制定区域性的规划实施条例，作为进一步的法律依据。

（2）建立区域性立法合作机制

首先，针对京津冀三地之间部分法条的差异性，建立区域立法协调委员会。立法协调委员会的职责是建立完整的信息资料库，审查各地法规，调整相抵触的部分，提出符合京津冀三地整体利益的修改意见，修改与协同发展不相适应的法条。

其次，对于部分区域性事务的法制需求，建立区域联合立法机制。虽然《中华人民共和国立法法》只承认国务院各部门之间的联合立法，但地方政府之间仍可以通过行政条例等方式制定相关规定，确保区域性事务的顺利展开。区域性立法联合机构需要各地通过平等协商的方式进行，所制定法条需要照顾到三地利益，并通过三地人民代表大会的审查。

建立区域性的立法合作机制之后，就能够通过立法在基础设施建设、产业转移、户籍改革、医疗教育等方面对河北做出一定的扶持，将北京的一部分职能转移到其他地区，在促进非首都功能疏解的同时也促进了区域共同发展。

（3）建立区域协调机制

区域间的协调机制能够确保区域合作的顺利开展，缓解区域矛盾。通过制定相关法律确保区域协调机构的有序、规范运行，最典型的例子是美国田纳西河流域管理局，美国田纳西河流域管理局会为其制定了《田纳西河流域管理局法》，将流域的开发和管理职权统一到田纳西河流域管理局手中，最终成功促进了区域协调发展。

目前，已有的京津冀协同发展领导小组作为一个区域性合作组织，存在职能不具体、管理浮于顶层的问题。应该在其之下设立一个更加强有力的中央协调机构，并配套制定相应的工作条例，对该机构的管理范围、职权、目标、程序等做出明确规定，提供切实的法律保障，保证工作的顺利推行。

（4）加强京津冀三地的司法协作

当前，由于社会、经济发展状况存在较大差别，京津冀区域内的法治建设程度是不平衡的，执法标准也不统一，这给跨省案件的处理造成了较大的阻碍。2015年3月11日，京津冀三地高级人民法院共同签署了执行工作联动协作协议书，建立执行工作协议机制，在多个层面开展了司法协作，力求解决区域性案件执行难的问题，提高司法执行效率，节约司法资源。在区域协作发展的过程中，随着区域一体化程度的提高，跨区域案件的发生率也会增加，因此加强京津冀区域司法协作的程度，也是应对未来执法工作的需要。